[新版]
グロービス
MBA
ビジネスプラン
BUSINESS PLAN

グロービス経営大学院 [著]

ダイヤモンド社

● **まえがき**

　本書は、1998年に上梓した『MBAビジネスプラン』の改訂版である。もともと、読者からの要望の中でも強かった「起業・新規事業の開始にあたって、しっかりとしたプランを策定するためのガイドブックが欲しい」という声に応えたものであるが、本書でもその姿勢は一貫している。

　旧版同様、この改訂版でも、読者対象をベンチャー起業家という狭い範囲には限定せず、広く新事業を企画するビジネスパーソン全体を想定している。それは、起業、既存企業を問わず、ビジネスプランニング（計画立案）の基本は同一であり、また、元気のよい、従来の形を覆すような新しいビジネスの出現が日本を変え、日本経済を成長させるとわれわれは信じているからである。

　本書では、「ビジネスプラン（事業計画書）の書き方」など、表面的なテクニックに終始することなく、「成功する事業を、将来の運営も含めていかに構想すべきか」という課題を新事業立ち上げの前後にフォーカスしながら、経営のさまざまな側面——戦略面、組織面、財務面——から考察している。そういった意味では、企業の新規事業担当者や起業家のみならず、一般のビジネスパーソンにも経営学の入門書として役立てていただけるものと考える。

◎**構成および旧版との違い**

　第1章では、ビジネスプランがなぜ必要なのか、その意義について解説するとともに、そこに盛り込むべき内容の全体像について述べている。

　第2章から第5章までは各論で、ビジネスプランニングの際に特に念入りに考え抜くべき4つのポイント——「ビジョンとミッション、経営理念」「ビジネスモデルと戦略」「ファイナンス」「マネジメントチームとリーダーシップ」——に関して、順次解説していく。

　旧版からの主な変更点としては以下がある。

●旧版では、「ビジョン」で1章を設け、そのつくり方とステージに応じた進化という

2つのテーマでそれぞれ節を設けていたが、本改訂版では、章タイトルを「ビジョンとミッション、経営理念」とした。ビジョンだけではなく、ミッションや経営理念も、非常に重要な要素として注目されてきたことに配慮したものである。そのうえで、ビジョンをテーマとした第1節と、ミッションと経営理念をテーマとした第2節の構成とした（第2章）。

- 旧版では、戦略部分は「ビジネスシステムと戦略」という章タイトルのもと、「ビジネスシステム」と「事業戦略」のそれぞれについて1節ずつ設けていたが、本改訂版では「標的市場と提供価値」「ビジネスモデル」「事業戦略」「マーケティングとオペレーション」の4節立てとし、より詳しく解説することとした。やはり、この戦略部分がビジネスプランの骨格であり、財務計画の裏付けともなるパートだからでもある（第3章）。

  また、旧版執筆時は「ビジネスモデル」という言葉がまだ一般的ではなかったため、事業の仕組みとしては「ビジネスシステム」の概念をベースに説明していたが、近年ではビジネスモデルという言葉が市民権を得、事業計画やその評価の場で当たり前に用いられるようになったことから、ビジネスの仕組みを表す言葉として前面に出し、章タイトルとしても「ビジネスモデル」を用いることとした。

- ファイナンス面については、盛り込んでいる中身はそれほど変えていないが、より理解しやすいよう、順序を変えるなどの工夫を加えた（第4章）。

- 人と組織の面については、旧版ではより広範にHRM（Human Resource Management：人的資源管理）やリーダーシップについて述べていたが、実際のビジネスプランにおいてHRMの仕組みまで詳細に記述することは稀であること、さらには旧版執筆時とは異なり、HRMやリーダーシップについて扱った教科書（『グロービスMBA 組織と人材マネジメント』『MBAリーダーシップ』など）が増えたことから、本改訂版では実際のビジネスプランにおいて最も重視される要素であるマネジメントチームにより強くフォーカスを当てた（第5章）。

- 全般的に、古いケースや事例はアップデートし、また世の中のルールや実態が変わったものについては近年の実情を反映させるようにした。

- 旧版ではビジネスプランニングのみならず、成長フェーズ後半の対応についてもかなりのページを割いたが（特にビジョンと組織面）、本改訂版では、そうした運営面は他の書籍に任せ、ビジネスプランニングそのものによりフォーカスを当てている。

◎**本書に込めた思い**

グロービス自身、「ビジネスプラン」というテーマについては深い思い入れがある。

第1に、グロービスは1992年にスタートした若い企業であり、実際にビジネスプランを作成して事業をスタートさせてから長い時間が経っているわけではない。また、日々、新しい事業に積極的に取り組んでいる。本書に盛り込まれた内容はまさに、われわれが考え、実行していることでもある。

 第2に、われわれは1996年にベンチャー・キャピタル事業を開始した。アーリー・ステージでの投資に重点を置き、資金の提供のみならず、われわれの持つ経営ノウハウおよびネットワークを駆使したインキュベーション（企業育成）により、投資企業を「ヒト」「カネ」「経営ノウハウ」の面から総合的に支援することがその目的である。

 事業開始以来、数多くの企業や起業家の方からビジネスプランが送られてきた。すでに投資件数は数十件を数え、ワークスアプリケーションズやグリーなど、大型の株式公開を果たした企業もかなりの数にのぼっている。そうした活動の中で感じたのは、持ち込まれるビジネスプランのレベルには大きな差があり、多くのケースで計画の検討が不十分であるということである。しかしながら、ポテンシャルのある案件では、われわれが事業計画に加わることでフィージビリティ（実現可能性）が増し、投資に至ったケースもある。

 こうした中で、われわれは事業計画立案者が習得しておくべき知識・スキルをまとめておかなくては、との考えを改めて強くした。その思いが本書には反映されている。

 本書の上梓にあたっては、その企画段階から校正に至るまで、さまざまな方から多くのアドバイスや多大なご協力をいただいた。巻末に紹介している旧版の執筆者の方々のコミットメントなくしては、この改訂版も存在しえなかった。そして今回の改定にあたっては、渡部典子さんに非常にお世話になった。また、ダイヤモンド社のDIAMONDハーバード・ビジネス・レビュー編集部からは内容について有意義なコメントをいただいた。鎌倉投信株式会社代表取締役の鎌田恭幸氏、取締役・資産運用部長の新井和宏氏には快く取材に応じていただいた。またその匿名性上、お名前を出せないのが残念だが、ケース作成にあたってはさまざまな方にお話をうかがわせていただいた。これらの方々にこの場をお借りして感謝申し上げたい。

 なお、本文中の敬称はすべて略させていただいた。

 金融システムの動揺に象徴されるマクロ環境の急変、ITの進展、消費者ニーズがより細分化・個性化することによる多様なニッチの出現、途上国市場の台頭など、現代ほどビジネスチャンスが豊富な時代はそうあるまい。

 しかし、どれだけビジネスチャンスが豊富にあろうと、競争もそれ以上に激化してい

る現在、それを現実のビジネスとして「儲かり、かつ勝ち残れる」仕組みに落とし込むことができなければ何の意味もない。スタートアップ、そしてその後の成長ステージに応じた戦略および運営までも見越しながら、きちんと事業を構想する能力が、いまこそ新規事業企画立案者、起業家に求められているのである。本書が、新事業の成功を強く求め、実際にビジネスプランニングを行う方々の一助となれば幸いである。

2010年11月

グロービス経営大学院

● 目次

まえがき

第1章 ビジネスプランのフレームワーク

第1章のはじめに［備え（ビジネスプラン）あれば憂いなし］ 2

第1節 ビジネスプランの意義 4

1 …… なぜ、ビジネスプランを作成する必要があるのか 7
2 …… 読み手に合わせた対応 11
　　　社内に資金および経営資源を要請する場合
　　　内部に対するコントロール・ツールとして用いる場合
　　　銀行に資金を要請する場合
　　　ベンチャー・キャピタルに資金を要請する場合
　　　エンジェルに資金を要請する場合
3 …… ビジネスプラン作成の手順 16
4 …… ビジネスプラン作成の際の注意点 17

第2節 ビジネスプランの構成 19

1 …… サマリー（要約） 24
2 …… ビジョン、ミッション、経営理念、事業目標 26
3 …… 製品・サービス、市場／顧客 27
4 …… ビジネスモデル、事業戦略 30
5 …… マーケティング戦略、オペレーション 31
6 …… マネジメントチーム 35

7 ……… 出資要件　36
8 ……… 財務状況および予測　39
9 ……… 補足資料　40

補◎新事業を収穫するとき：イグジット　41
1 ……… 株式売却　41
2 ……… 株式公開　43

第2章　ビジョンとミッション、経営理念

第2章のはじめに
［目標と規律でベクトルを合わせ、モチベーションを高める］　46

第1節　成功する事業を導くビジョン　48

1 ……… ビジョンとは何か　51
2 ……… なぜ、ビジョンが必要なのか　54
　　　　事業の全体像を明確にする
　　　　事業展開の道標となる
　　　　ステークホルダーへの意思表示をする
　　　　社員の自立促進
3 ……… 良いビジョンを生み出す方法　57
　　　　やりたいこと
　　　　やれること
　　　　求められていること
4 ……… ビジョンから具体的な経営計画へ落とし込む　59
5 ……… ビジョンをステークホルダーに浸透させる　61
　　　　ステークホルダーにとって魅力のあるものにする
6 ……… ビジネスの成長に合わせ、ビジョンを見直す　62
　　　　進化させたビジョンを浸透させる方法
　　　　ビジョンの浸透度を確かめる

第 2 節 ミッション、経営理念　65

1 ⋯⋯⋯ **ミッション、経営理念とは何か**　69

　　　社会的意義をアピールする

2 ⋯⋯⋯ **組織文化への影響**　72

　　　組織にとって好ましい組織文化を醸成する

　　　＜コラム＞良い企業文化

　　　組織文化の変革

第 3 章　ビジネスモデルと戦略

　　　第3章のはじめに［あなたの事業は生き残れますか？］　78

第 1 節 標的市場と提供価値　80

1 ⋯⋯⋯ **標的市場**　84

　　　セグメンテーション

　　　ターゲティング

　　　想定顧客の温度差──イノベーター理論

2 ⋯⋯⋯ **顧客への提供価値と製品・サービス**　88

　　　顧客への提供価値

　　　製品・サービス

3 ⋯⋯⋯ **製品コンセプト**　90

　　　製品アイデアを出す

　　　アイデアのスクリーニングと製品コンセプトづくり

　　　製品化

第 2 節 ビジネスモデル　93

1 ⋯⋯⋯ **ビジネスモデルとは何か**　96

　　　良いビジネスモデルとは

2 ………収益を実現する　101
　　　　エイドリアン・スライウォツキーの「23の利益モデル」
　　　　事業経済性の基本
3 ………外部機関との協力体制　108
　　　　アウトソーシング
　　　　＜コラム＞フランチャイズ方式
　　　　流通チャネル
　　　　補完財提供企業の獲得

第3節　事業戦略　114

　　　　＜コラム＞コストリーダーシップと差別化
1 ………事業特性の把握　119
　　　　＜コラム＞価値基準の基本戦略
2 ………新規事業のタイプ　122
　　　　＜コラム＞アドバンテージ・マトリックス
3 ………ニッチビジネス　125
　　　　ニッチビジネスとは
　　　　成功のカギは、事業分野の選択にある
　　　　ニッチビジネスの落とし穴
4 ………分散型ビジネス　128
　　　　分散型ビジネスとは
　　　　成功のカギは人脈、オペレーション能力、交渉力
　　　　分散型ビジネスの落とし穴
5 ………革新型ビジネス　129
　　　　新製品・新市場・新ビジネスモデル型
　　　　新競争ルール型
　　　　革新型ビジネスの勝ちパターン
　　　　成功するためのカギ
　　　　革新型ビジネスの落とし穴

第4節 マーケティングとオペレーション 140

1 …… コミュニケーションと営業戦略　143
　　　コミュニケーション戦略
　　　営業戦略
　　　キャズムを超える

2 …… オペレーションシステムの構築　148
　　　オペレーション設計のための概念と用語
　　　戦略とオペレーションの関係
　　　いったん、ビジネスプロセスに落とし込む

3 …… ベンチマークの活用　153

第4章 ファイナンス

第4章のはじめに［キャッシュがなければ始まらない］ 158

第1節 予測財務諸表とプロジェクトの評価 160

1 …… 予測損益計算書と予測キャッシュフロー　161
　　　売上げ予測の方法
　　　費用の予測方法

2 …… キャッシュフローの求め方　163
　　　＜コラム＞ターミナルバリュー

3 …… 投資評価法　169
　　　ペイバック・ピリオド法（回収期間法）
　　　NPV法（正味現在価値法）
　　　IRR法（内部収益率法）
　　　各手法のメリット／デメリット

4 …… 割引率　178
　　　＜コラム＞WACCの限界と修正現在価値（APV：Adjusted Present Value）法

第2節 .... キャッシュフロー・シミュレーション　184

1 .... キャッシュフロー・シミュレーション　187
　　　なぜ、キャッシュフローが重要なのか
　　　キャッシュフロー・シミュレーションのつくり方
2 .... 感度分析　191
　　　感度分析の実例
　　　ベスト・ケース、ワースト・ケース分析
3 .... 損益分岐点分析　196
　　　＜コラム＞借入れと株式発行：どちらの方法をとる？

第3節 .... 財務計画と管理　201

1 .... 財務計画・管理とPlan-Do-Check-Actionのサイクル　204
2 .... 事業計画と財務計画　205
3 .... 期間別の財務計画・管理　209
4 .... 財務計画・管理をバックアップする体制の確立　211
5 .... 財務計画・管理がうまくいかない場合　212
　　　＜コラム＞もう1つの運転資本調達方法

第5章　マネジメントチームとリーダーシップ
　　　第5章のはじめに［戦略は組織が実現し、組織は人で動く］　216

第1節 .... チームのあり方とリーダーの役割　218

1 .... マネジメントチームと新事業リーダー　222
　　　マネジメントチームの重要性
　　　マネジメントチームの構想
　　　新事業リーダーの決定
　　　新事業リーダーが果たすべきリーダーシップ

　　　　　新事業リーダーの要件
　　　　　マネジメントメンバーの決定
　　　　　シンプルな組織形態

2 ········· 支援体制　235
　　　　　支援体制の確立
　　　　　新事業の報奨制度
　　　　　採用や人員補充でのサポート

補◎チームマネジメント　241
　　　　　あるべきチームマネジメント
　　　　　チームマネジメントの効果を見る

補◎学習する組織　246

　　　　　あとがき　249
　　　　　参考文献　251
　　　　　索引　253

第1章
ビジネスプランのフレームワーク

● 第1章のはじめに
[備え（ビジネスプラン）あれば憂いなし]

●

　ビジネスプラン（事業計画書）は、単なる書類ではない。
　1つの事業のエッセンスが凝縮された「事業の縮図」であり、同時にその事業に関して作成者が思考したプロセスが結晶となって残ったものでもある。それは、あるときにはマネジャーや経営者が事業が順調に進行しているか否かを測り、必要があれば修正を行うための物差しとなり、またあるときには投資家のオフィスのドアをノックし、資金を引き出すツールとなる。
　どのような用途に用いるにせよ、ビジネスプランは新規事業担当マネジャーや起業家の英知が詰め込まれたものとなるはずである。なぜならば、そのビジネスプランの出来不出来が、事業の先行き、ひいては彼らの先行きを大きく左右するからである。これは決して大げさな言い方ではない。
　目の前に2つのビジネスプランがあるとする。1つは、一読しただけではビジネスの概要がまったくわからないもの。もう1つは、市場や競合の状況から財務予測、ビジネスモデルや事業戦略までが過不足なく述べられ、事業の状況がひと目で理解できるものである。他の条件が同じだとすれば、誰しも後者をとるだろう。なぜならば、読み手はそこに、作成者の事業に対する理解度や熱意、不測の事態に対する備えを読み取ることができるからである。
　成功している企業、あるいは経営者、マネジャーは、多かれ少なかれビジネスプランの重要性を理解している。彼らは、優れたビジネスプランが資金調達手段、実際の計画書、マーケティングツールとして、いかに有用かを知っている。そして何よりも彼らは、その作成過程においてビジネスプランを突き詰めていけばいくほど、実際の事業の成功の確率が高まることを知っているのである。
　新事業の立ち上げは非常に難しい仕事であり、失敗するおそれは大きい。しかし、リスクをゼロにすることは不可能であっても、事前に十分な計画を練ることによって、リスクに備え、小さくすることは可能である。ビジネスプランは、あくまで仮説に立脚しており、状況が変われば、その仮説が必ずしも正しくないことが判明する場合も多い。

ビジネスプランを仮説検証のための材料と位置付け、節目ごとにその有効性を議論したり、事業の方向性の見直しを実施できる企業や経営者、マネジャーは、そうでない者に比べ、高い成功の可能性を得ることができるのだ。
　本章では、まず第1節でこうしたビジネスプランの意義を確認し、併せてそれを準備する際の進め方、留意点などについて解説する。第2節では、書類としてのビジネスプランに盛り込むべき項目について概略を説明する。まず、ビジネスプランとはどういうものなのかを実感していただきたい。

1 ● ビジネスプランの意義

POINT

　ビジネスプランは、さまざまな目的から作成される。どの目的を重視するかによって、そのビジネスプランの内容、構成、深さなどは変わってくる。良いビジネスプランを作成することは、実際の事業を成功に導くうえで大きな助けとなる。

CASE

　丼物を主力とする和食チェーン「さくらもと」は、サラリーマンや学生がよく利用する店である。店舗そのものは小さく、席数もそれほど多くないが、カウンター越しにスピーディに料理が出てくるので混んでいる時間帯でもほとんど待つことがない。加えて、価格帯も低く、味もまずまずである。忙しいときにも手軽に安く食事ができることが支持されていた。

　顧客の構成は、圧倒的に男性比率が高かった。この点に着目した経営陣は、和食のヘルシーさを売りものにした新しい業態で、女性層を取り込めるのではないかと考えた。そこで、部門横断的に精鋭メンバーを集めて、プロジェクトチームを発足させることにした。

　新規出店が専門のスーパーバイザーとして活躍していた佐藤も、プロジェクトメンバーに呼ばれ、チームリーダーを任されることになった。佐藤の指示により、メンバーたちは早速、市場調査を行った。その結果を踏まえて議論を重ね、野菜を中心にしながらコラーゲンを多く含む食材を用いたメニューの開発、女性が好みそうなデザインの店舗設計、1人でも入りやすい店の雰囲気づくりなどを検討していくことにした。こうして固めていった新業態のビジネスプランを経営陣にプレゼンテーションしたところ、すぐにゴーサインが出た。

　その後、出店の準備は非常にスムーズに進んだ。というのは、それまで「さくらもと」で行ってきた多店舗化のやり方を基本的に踏襲するだけでよかったからだ。食材の調達、店舗のオペレーションやスタッフ管理なども培ってきたノウハウを生かすことができた。

こうして都心のオフィス街に出した1号店は、初日から好成績を収めた。野菜中心のメニューが好評で、狙いどおりに、女性客の取り込みに成功したのである。そして、今後も都心を中心に、2号店、3号店と新業態を増やしていくことになった。

＊＊＊＊＊

　この成功に気をよくした経営陣は、新たなミッションをプロジェクトチームに与えることにした。これまで二の足を踏んできた海外進出である。
　少子高齢化が進む日本市場の中だけでは、これ以上の成長は望めない。いずれは海外進出を果たさなければならないことは、経営陣の一致した見解だった。海外では寿司をはじめとする日本食ブームが起きており、「さくらもと」にとっては追い風となりそうだ。この機をとらえて、早急に近隣のアジア諸国での出店を検討するようにと、メンバーに指示が出された。
　佐藤たちが最初の進出先として考えたのが、隣国の韓国だった。2002年の日韓共催のサッカー・ワールドカップ以後、両国の交流は急速に進んでいた。日本ではドラマや映画などで韓流ブームが起こり、韓国でも若者たちを中心に日本への旅行者数が増えていた。こうした友好ムードに加えて、食文化も似ていることから、「さくらもと」のメニューは十分に受け入れられると考えたのだ。
　メンバーは早速、現地の調査会社を使って情報収集を行った。ターゲット層と目される人々を対象に試食会を開き、味の面では韓国の人にも受け入れてもらえるという感触を得た。
　「さくらもと」は昔から、勘だけに頼らず、きちんとした計数管理を重視する社風である。ビジネスプランにおいても、予想損益計算書や損益分岐点、投資回収の財務評価など、数字による裏付けの説明が必須となっていた。
　佐藤はこれまでの国内での実績をもとに、シミュレーションを行い、何パターンかの予測損益計算書を作成した。味には自信があるし、日本流の「おもてなし」のサービスを前面に出して差別化していければ、標準的なシナリオよりもさらに上に行けるのではないかとの思いがあった。
　成績トップの若手店長で片言の韓国語が話せる山田と、本部でメニュー開発を担当していた料理長を海外1号店に送り込むとともに、プロジェクトメンバーはアドバイザーとして立ち上げをサポートしていくことで韓国出店計画は動き出した。

＊＊＊＊＊

　しかし、現地に行って出店準備にかかると、さまざまな問題が噴出した。

まず、仮押さえしていたはずの出店場所が、すでに契約済みになっていたのだ。繁華街の好立地の物件は総じて家賃が高く、当初考えていた額の2倍近くにも跳ね上がっていた。飲食店は立地によって売上げが大きく左右される。「手軽さ」「利便性」は、日本でも大切にしてきた価値観であり、ここは譲れないところだ。山田は複数のエージェントを使って良い物件を懸命に探し求め、計画よりも家賃は高くなったが、何とか店舗スペースを確保することができた。

　ビジネスプランでは、価格を抑えるために現地で食材を確保する計画を立てていた。しかし、現地スタッフに調理指導にあたる料理長が、調達した食材は日本で出している味とは微妙に違い、これでは「さくらもと」が目指している味は出せないと言い出した。山田は現地食材で間に合わせるように、料理長の説得にあたった。しかし、料理長は担当役員に直談判し、担当役員の「海外でも『さくらもと』の看板は守らなくてはならない」という鶴のひと声で、食材の一部は日本から運ぶことになった。

　こうした問題が多々あり、収支計画は大幅に狂ってしまった。

　出店場所を変えたことにより、コスト面以外の問題も浮上してきた。新しい店舗の近くに、「さくもと」という「さくらもと」に似た名前の和食レストランが営業していたのである。この店は、高級価格帯のメニューを揃え、料亭クラスのサービスをアピールポイントにしていた。

　「さくらもと」は大衆向けの手頃な価格帯のメニューを用意しているので、客層そのものは競合しない。しかし、日本流の「おもてなし」のサービスを訴求していくとき、料亭並みの至れり尽くせりのサービスと比較されると、中途半端な印象を与えかねない。

　山田と料理長は知恵を絞り、「さくもと」との違いを明確にするために店舗のロゴや色づかいに配慮しながら、「おいしく、速く、手軽に食べられる庶民的な和食の店」という位置付けで大々的に宣伝活動を展開していくことにした。本来は、ここに「安い」という言葉も含めたかったが、思わぬコスト上昇のため、さほどの安さは訴求できそうになかった。

　山田と料理長はさまざまな問題に対処していったが、綿密に立てられたはずのビジネスプランと現実との間には大きな隔たりがあった。要求項目を機械的に埋めただけのプランは、現実には使い物にならなかった。山田は、経営陣に急かされているとはいえ、時間をかけてじっくりとローカル市場の実態を再調査すべきではないかと、感じ始めていた。

　しかし、ここまできた以上、もう後に引くことはできない。アルバイトの募集や教育、出店告知のための宣伝活動、細かなオペレーションのチェックなど、徹夜も厭わぬ姿勢で取り組んだ。そして、ようやく海外1号店のオープンへとこぎつけたのである。

宣伝活動が功を奏して、初日の顧客の入りはまずまずだった。狙いどおり、サラリーマンや若者層が来店し、味に対する評価も悪くない様子だった。

ところが、である。好調なのは初日だけで、日を重ねるごとに客足は遠のいていった。山田はチラシを配ったり、割引サービスをしたりなど、懸命に宣伝活動を行った。料理長も、サイドメニューを見直し、価格も平均レベルに引き下げるよう努力をした。しかし、そうしたさまざまな手を打ったにもかかわらず、顧客は増えなかった。とりわけ、二度、三度と足を運んでくれる客は皆無に近かった。

来店客にヒアリング調査を行ったところ、「さくもと」との違いを明確にするために大々的に宣伝した「おいしく、速く、手軽に食べられる庶民的な和食の店」というコンセプトが、韓国の人々にはすんなりと受け入れてもらえていないことが判明した。

韓国には、「さくらもと」よりもはるかに速く出てきて、手軽に食べられる庶民的な飲食店が多数あった。インターネットなどにも「期待はずれの店」「速い、手軽にと言いながら、ちっとも速くない」「価格もそれほど安いわけでもなく、庶民的とは言えない」と書き込まれた。大々的な宣伝をして期待を押し上げていたことがあだとなり、かえってネガティブなイメージを増進させていた。

こうした状況の中で突然、アルバイトの店員が揃って辞めると言い出した。立ち居振る舞いをはじめとしてサービス面での要求が厳しいうえに残業が多く、待遇面で不満があるというのだ。山田は日本の店舗でアルバイトに接するとき以上に細やかな配慮をしているつもりだったが、言葉の壁もあって、うまくコミュニケーションがとれていなかったようだ。しかし、これまでの教育コストを考えると、また一から出直しとなる事態は避けたい。懸命に慰留に努めたが、大多数のアルバイトが入れ替わることになった。

その後も悪いイメージを払拭しようとしたが、なかなか状況は好転せず、黒字化のめどは一向に立たなかった。こうして1年も経たないうちに、「さくらもと」は撤退を余儀なくされたのである。

注：本ケースは実在の企業をもとに作成したが、詳細はエッセンスを損なわない範囲で加筆・修正している。また、文中で使われている数値などは実際のものとは異なる。

理論

1●なぜ、ビジネスプランを作成する必要があるのか

ビジネスプランとは、これから始めようと考えている事業（あるいは始めて間もない事業）に関して、基本的なアウトラインを体系的にまとめた文書である。言葉を換えれば、

事業の将来の青写真である。これをつくる目的はいろいろ考えられるだろうが、最終的には以下に示した3つの大きな目的に集約される。

- それを投資家や銀行、あるいは自社の経営陣に提示することにより、新事業に必要とされる経営資源（ヒト、モノ、カネ、情報）、特に資金の調達を行う。
- 実際に事業を始める前に事業計画をもう一度見直し、必要があれば修正を行うためのたたき台とする。あるいは、実際に事業が立ち上がった後に、予定どおり事業が進展しているかをレビューするたたき台とする。
- 売り手、あるいは買い手といった取引先と商売を行ううえでの営業用ツールとする。

起業家や新規事業立ち上げを任されたマネジャー（以下、これらをまとめて「新事業リーダー」と呼ぶ）は多くの場合、現場を走り回る実務家であり、物書きではない。したがって、ビジネスプランのような文書を作成することに大きな心理的負担を感じることも少なくない。

しかしながら、新事業リーダーにとってビジネスプランを作成すること、そして、その作成プロセスも非常に貴重な経験となる。その理由として、以下の点が挙げられる。

- ビジネスプランを作成するプロセスにおいて、事業成功のカギや求められる経営資源などについて体系立てて考えざるをえず、それが良い経験となる。
- 頭の中にぼんやりとあった考えを言語化、可視化することで、矛盾を発見したり、より具体的に考えられるようになる。
- ビジネスプランを書いてみることで、考えられる失敗（実際の事業においてではなく）を紙の上だけにとどめることができ、事前に計画の練り直しが可能となる。すなわち、現実としてノーリスクで事業に対する有用な知見を得ることができる。

特にビジネスプラン策定において詰めるべき点としては、大きく以下の4つがある。

これらの詳細は第2章以降で述べるとして、ここではケースに取り上げた「さくらもと」の韓国への進出を題材に、いかにこれらを詰めておくことが重要かを簡単に見ていこう。

❶ ビジョンやミッション、経営理念は明確か

ビジョンとは、「将来、こんな企業になりたい」と願う具体的な姿や像である。「2020年には、△△業界において世界のリーディングカンパニーとなる」などが典型

的なものだ。

　ミッションは、日本語では使命である。つまり、その事業や企業が責任を持って成し遂げたいと考える任務である。「地球上のすべての国から貧困をなくす」などが、その例と言えよう。

　経営理念は、企業が拠って立つ信念や哲学、経営姿勢を表明したものである。「常に新しい価値の創造に挑戦し、ビジネスにおける新機軸を打ち出す」といった内容のものだ。なお、ビジョンやミッションは、既存企業における社内新事業（社内ベンチャー）の中でも独自に打ち出すことができるが、経営理念は基本的には本社の経営理念に拘束される。

　「さくらもと」のケースでは、社内新事業であるため、基本的には本社のビジョンやミッション、経営理念に沿う形になる。しかし、韓国店ならではのビジョンは明示されていないようであり、韓国の従業員のモチベーションを高めたり、求心力を高めることに成功しているとは言い難い。

❷ 製品・サービス、ビジネスモデル、事業戦略、マーケティング、オペレーションなどが、しっかり練られているか

　ここが、ビジネスプランのまさにハイライトとなる。どのような製品・サービスを顧客に提供するか（提供価値は何なのか）、いかに儲かるビジネスモデル（ビジネスの仕組み）を構築するか、市場においていかなる点を武器に競争していくか、具体的にどのように顧客を獲得し、どのようなオペレーションを行うかなどをしっかり考えなくてはならない。当然、これらは思いつきではなく、市場のファクトや業界キーパーソンの市場予測など、信頼しうる根拠に基づいていなくてはならない。

　「さくらもと」のケースでは、韓国の顧客への提供価値、競争環境、競合との意味のある差別化などについて、フィージビリティ（実現可能性）をもっと詰めるべきであった。本件では、「まず『GO！』ありき」のメンタリティがそれを阻害し、あまつさえ、事業計画自体の見直しが必要と感じたにもかかわらず、それを行わずに突っ走ってしまった。確かに「ビジネスはタイミング」という側面はあるが、会社の方向性やブランドイメージを左右しかねないプロジェクトのビジネスプランニングとしては、やはりお粗末であった。

❸ 財務的な裏付けはあるか

　ビジネスは、結局は「継続的にキャッシュを生み出してなんぼ」の世界である。そのためには、事業採算性をきちんと見積もるとともに、資金計画（資金需要に合わせた資金

調達計画）を詰めておく必要がある。

　「さくらもと」のケースでは、一応の財務シミュレーションは作成してあったが、その前提となる部分の見込みに甘さがあった。失敗するために事業を行う人はいないが、だからといって、事業採算を大きく左右する前提条件や事業の継続や成り立ちに影響する要因を楽観的に見積もってもいいということにはならない。

　本ケースでは、契約上のトラブルや、たまたま似た名称の競合が近隣に出店しているなど、不運な状況が重なった。しかし、自分が最もありえそうだと考える前提条件（実際には「こうなってほしい」と思う前提条件）だけでフィージビリティ・スタディを済ませ、楽観的に構えているとしたら、リスク対応能力の評価を怠っていると判断されても仕方ない。特に本ケースでは、当初の事業計画の策定者と実行者が異なるのだから、事業の実態に合わせ、スピーディに財務計画の見直しも行うべきであった。

　本章の「はじめに」でも述べたように、新事業の立ち上げは非常に難しい仕事であり、失敗することも少なくない。しかし、リスクをゼロにはできなくても、事前に十分な計画を練り、スピーディに修正していくことで、リスクは小さくできるということを新事業リーダーは銘記しておくべきである。

❹ しっかりしたマネジメントチームやリーダーがいるか

　ビジネスを行うのは、人である。新事業ではとりわけ、マネジメントチーム、特にリーダーの役割が非常に大きい。新事業リーダーが事業の方向性を決め、人材の育成や、経営資源の調達を行っていく中心的役割を果たすからである。極論すれば、リーダーを含めたマネジメントチームがしっかりしていれば、当初のビジネスモデルや戦略が予定どおり機能しなくても、それを柔軟に修正することができる。それだけ、人の要素は大きいのである。

　ちなみに、あるベンチャー・キャピタリストは投資の意思決定にあたって、人の要素を60％から70％のウエイト付けで見るという。

　本ケースの場合、韓国語が多少しゃべれるということもあって、既存事業で実績を残していた山田を韓国進出にあたらせたわけだが、本当に新規事業に必要な能力が備わった人材だったのか、また、起業家精神を発揮できるサポート体制や教育の機会を与えられていたかは疑問である（もちろん、人事に関することについては、ミドルマネジャーである山田だけに非を問うのは酷ではあるが）。

　特に今後、多くの日本企業が海外に進出し、単なる輸出にとどまらないローカライズ、地産地消を求められる機会が増えるはずである。そうしたときに、グローバル・マネジャーの要件（語学力、異文化コミュニケーション能力、適切な自己主張、論理思考力など）を

あまり考慮せず、社内のある事業で成功した経験があるからというだけで人材を選ぶことは避けるべきである。事業を成功に導いた経験やスキルは重視されるべきだが、それが果たして別の新しい事業にも生きるのかは十分に検討しておきたい。

2● 読み手に合わせた対応

ビジネスプランの構成やトーン、スタイルは、その目的に従って適宜変える必要がある（構成の詳細については本章第2節を参照）。

たとえば、会社が営業を行う際のツールとしてビジネスプランを用いるのならば、事業のポジティブな側面を強調して紹介するものが必要になるだろう。資金調達を行う目的で使用するのであれば、細かな事業展開計画（数種類のシナリオを準備することを要求されることもある）や事業の持つリスク、さらには債務の保証の仕方までも公開し、ある程度紋切り型の形式を使用する必要も発生する。資金調達を借入れ中心にするのか、それとも投資家に頼るのかでも、その内容は変わってくる。

したがって、ビジネスプランを書く場合には、このようないくつもの目的に合致した最大公約数的なものを念頭に置きながらも、一方で、誰が主要な読み手となるのか、正確に認識しておくことが重要となる。つまり、読み手特有の関心に合わせて構成することが必要なのだ。

以下で、さまざまな読み手がどのようなことを考え、どのような興味を持っているかを述べ、それに合わせたビジネスプランの書き方について解説する。それぞれの状況におけるFAQ（Frequently Asked Question：よく出される質問）も併せて示したので、参考にされたい。

●——— 社内に資金および経営資源を要請する場合

社内新事業と独立型ベンチャーの両者において、審査の進行プロセス上の相違点はほとんどない。その本質的な違いは、前者が資金を含む経営資源全般を要求するのに対して、後者は基本的に資金を要求するという点である。また、事業の成否が事業立案者のその後にどのような影響を及ぼすかという点も大きな違いがある。つまり、独立型ベンチャーでは、成功した場合は、その利益（多くの場合、重要な中期目標は株式公開）を創業者自らが獲得することができるが、その半面、失敗した場合には経済的にも窮地に追い込まれるというリスクがある。

一方、社内新事業の場合は、特別の成功報酬的なボーナス制度などを有する企業でない限り、一般的には、事業の成否が直接的にその個人に大きな金銭をもたらすことは少

なく、人事考課上での評価で対応することになる。

　経営サイドは、社内新事業に対して、社内での技術・製品の新規開発、取引先からの紹介など、きっかけはさまざまだが、新たな事業を興すことで売上げを拡大する、あるいは企業としてのリスクを分散するといった思惑を持っている。

　現実的には、リストラに伴う余剰要員の受け皿として新規事業を推進している企業も多いが、安易な姿勢で新規事業に取り組んだ企業のほとんどが失敗したことからもわかるように、新規事業には計画、実行、人材などすべてにおいて最高レベルの経営資源を投入しなければ成功は望めない。社内新事業は独立型ベンチャーに比べて成功の確率が高いという保証はまったくない。資金、人材、社会での認知度形成などの面で若干の優位性はあるが、過度の管理要求、実行部隊の自由裁量の制限をはじめ、必ずしも有利に働かない条件も少なくない。

　比較的大型の社内新事業は、形態として、社内に新規事業部門を新設、子会社を設立の2つに大別される。子会社設立の場合は、外部流失費用（連結ベースでは関係ない）および株式の発行などの点から1事業部の検討の範囲を越え、全社としての検討案件となることが普通である。

　事業化承認は、通常、取締役クラスが出席する経営会議において、その承認を得ることになる。ただし、いきなりこの会議に掛けるのではなく、日本企業では根回しと言われる関係者への打診を行うのが一般的である。したがって、ビジネスプランの作成者は、社内ポリティクスも念頭に置いて、「根回しの際に拒否されない」ビジネスプランをつくる必要がある。

　経営会議において経営上層部が検討する、社内新事業固有のポイント（すなわち、ベンチャー・キャピタリストが独立型ベンチャーに対して検討するのとは異なるポイント）で重要なものとしては、❶全社の中長期戦略との整合性、❷他部門とのシナジー、❸失敗・撤退の定義などがある。

　各項目の具体的な内容は以下のとおりである。

❶ 全社の中長期戦略との整合性

　企業は、会社の経営方針を定期的に中長期計画にまとめ、今後の方向性を計画している（ここでいう中期とは向こう3～5年間、長期とは5～10年間を指す場合が多い）。そして、その中長期計画に明記されている会社の今後の企業ビジョンと、社内新事業の提案案件との整合性が審査される。

　たとえば、商社の全社中期ビジョンとして「脱流通業」が謳われていれば、単なる輸入ビジネスの提案では、他の案件に比べて評価が低くなる。

❷ 他部門とのシナジー

　保有経営資源との関係を考えなければならない点が、独立型ベンチャーとの最も大きな相違である。これは、経営資源の有効活用、範囲の経済性によるコストメリットということだけでなく、大企業においては既存部門の存在意義を尊重するという、社内ポリティクスの観点からも重要となる。

　考慮すべきシナジーとしては、技術のシナジー、ブランドのシナジー、人材のシナジー、流通チャネルのシナジーなど、企業活動のありとあらゆる部分に関するものがある。シナジーを考える場合には、既存事業で培ったノウハウや保有している経営資源が活用できるということにとどまらず、新規事業を推進することで既存事業にどのようなメリットが付加されるかを考えることが重要である。

　近年では、シナジーの効かない事業への進出、あるいは企業のコア・コンピタンス（中核となる強み）の通じない事業への進出は、非効果的な多角化として株主からは敬遠される傾向が強い。

❸ 失敗・撤退の定義

　独立型ベンチャーの場合には、極論すれば、起業家が自己資金が尽きるまでその事業に固執したいと言えば、他者がそれを止めることは難しい。しかし、ほかに多くの事業を抱える既存企業としては、他事業への悪影響を避けるためにも、どの時点でその事業から手を引くか、すなわちどの時点でその事業を見切るかを決めておくことは重要である。たとえば、累積損失○○億円、3年後のシェア△△％以下、などが指標になる。

【FAQ】
- わが社がこの事業を行う意義は何か？
- この事業を行うことで、どのようなリスクが発生するのか？
- 新たな経営資源として、どのようなものが必要か？
- わが社の株主の意向に沿っているのか？
- いつまでに、どのくらいの経済的効果をもたらすのか？

◉──── 内部に対するコントロール・ツールとして用いる場合

　多くのスタートアップ企業あるいは事業部においては、ビジョンや戦略は新事業リーダーの頭の中だけにあり、新事業リーダーが思っているほどにはメンバーに伝わっていないものだ。実際、少人数で仕事を行っているわりには、意思の疎通が不十分なケースは思いのほか多い。これでは、速やかに競争優位を築いて事業を黒字化するなど、夢の

また夢である。新事業リーダーは、自分の考えをできるだけ平易にドキュメント化し、他のメンバーにもわかるようにしなければならない。

　まずはビジョンやミッション、ビジネスモデルや戦略などを再度明確にし、メンバーに理解してもらうことが必要である。メンバー一人ひとりが会社の目指す方向性や会社における自分の位置付けを理解し、おのおのが分担している仕事を高いモチベーションで進めていくことが何よりも重要だからである。

　通常は、製品やサービス、事業計画がはっきりしてきたら、さらに具体的な戦略、実行計画を文書化する。ビジネスプランを作成することによって、新事業リーダーは頭の中にあったアイデアを具体化できる。そして、その事業計画に基づいてPDCA（Plan-Do-Check-Action）を行い、事業を推進する。新事業リーダーがこと細かに指示を出さなくても、共通の目標や計画を通じて、組織的に活動できるようにするためである。

【FAQ】
- われわれはどのようなビジョンに向け、どのような戦略で動いているのか？
- 戦略がうまくいっているかどうかを判断する重要な経営上の指標（KPI：Key Performance Indicator＝重要業績指標）は何か？
- メンバーが高いモチベーションで業務を遂行できるようになっているのか？

●── 銀行に資金を要請する場合

　銀行自身も、銀行に対する資金の出し手（預金者）も、元本が保証され、それが戻ってくることを前提として融資を行う。そのため、安全性が重視され、融資の際は必ずと言ってよいほど担保を要求する。銀行からの借入資金の用途は、設備資金から運転資本までさまざまである。

　銀行が借入れに応じる金額には幅があるが、ベンチャー起業家の場合、起業家個人が信用で借り入れできるのは数百万円から5000万円程度であることが多い。審査の期間は、数週間ぐらいである。一方、企業の新規事業の資金借入れは、企業本体の体力に合わせ、数億円から数十億円にのぼることもある。

　銀行は、融資対象事業の毎月の収入、支払いが安定し、元本、利子を十分に返済できるだけの利益を確保できるかどうかを厳しく調べる。また、事業が長期間安定的に続き、将来も変わりなく利益を生み出すかについても厳しく審査する。資金繰り表は、少なくとも過去12カ月間は要求される。銀行向けのビジネスプランでは、毎月の入金、支出の流れを明確にし、元本と利子が払えるだけの利益が十分に出ていることを示すことが重要である。当然ながら、担保になるものがあれば明記し、自社の信用を裏付けてくれ

るような取引先があればそれも明記する。

【FAQ】
- ●過去の実績は？
- ●どれくらいの資金が必要で、どのように調達しようとしているのか？
- ●担保になるような資産はあるのか？
- ●特許は、誰の名義か？
- ●どのような取引先と付き合っているのか？
- ●信用保証協会などの保証はあるか？

◉────**ベンチャー・キャピタルに資金を要請する場合**

　ベンチャー・キャピタル（VC）は、リスクをとってベンチャー・ビジネスに投資し、事業を成功させて大きな利益を得ることを狙っている。その会社が公開する見込みがあるか、あるいは売却など資金を回収する別の方法が明確になっていなければ、投資を行わない。

　投資額は投資先1社に対して1000万円から数億円ぐらいで、審査期間は通常6週間から8週間程度。スタートアップ、そして成長に必要な資金などを調達するのに適している。事業が発展すれば、追加投資を行う場合も多い。VCは多数のベンチャー・ビジネスに投資しているが、だいたい10社のうち2社以上が公開すれば投資の利益を回収することができると言われている（ただし、VCの方針によって大きく異なる）。

　VCの多くの資金は投資事業組合ファンドとして集められているため、資金を回収する期限が決まっている。期限が来ればVCはそのファンドを清算し、投資家に元本と配当を支払わなければならない。したがってVCに資金を要請する場合には、いつ、どのような方法で資金を回収するのか、事前に十分話し合っておくことが必要である。

　当然ながら、VCとしては事業の発展を期待する。そこで投資先の事業の発展性、収益性、そしてビジネスプランを実行して成功させる能力が起業家にあるかどうかを厳しく審査する。したがって、VC向けのビジネスプランでは、市場の将来性、事業の発展性、収益性、そして新事業リーダーの過去の実績などが重要な点となる。

【FAQ】
- ●潜在的な市場の大きさはどのくらいか？
- ●売上げを達成するための営業方法は何か？
- ●海外市場は考えているのか？

- どのような顧客を狙っているのか？
- 現在の株価は、どのくらいの価値か？
- 株主構成はどのようになっているのか？
- いつ、株式公開や事業売却をすることを目指しているのか？

◉─── **エンジェルに資金を要請する場合**

　エンジェルとは、個人の投資家で、自分のポケットマネーを使って投資を行う人々である。VCのように他人の資金を集めてファンドを組み、期間を決めて投資を行うのではなく、自分の判断で投資を行い、期間も限定しない。エンジェルは、起業家の夢に投資をし、そしてサポートを行うのである。

　エンジェルの場合、投資家個人が出資の判断を行うので意思決定が速い。その代わり、個人のポケットマネーであるため金額は少なく、数百万円から1000万円程度のことが多い。開発資金やスタートアップ資金に適している。エンジェルの投資基準は、アイデアの新しさ、事業の発展性、自分の価値観との合致度、そして起業家の資質である。したがって、エンジェル向けのビジネスプランは、創業者のビジョンやミッション、経営理念、事業の新規性などを中心に展開することになる。

　エンジェルでは、細部まで詰められたビジネスプランでなくても、投資を検討してもらえる場合もある。また、法人組織化する前に相談に乗ってくれることもある。自分で事業を興した経験を持っている人が多いので、スタートアップ時にいろいろと助言を受けることも期待できる。また、そのネットワークによってVCを紹介してもらい、資金を集めることも可能だ。

【FAQ】
- あなたの夢は何か？
- 事業を興すきっかけは？
- 誰が中心になって事業を行うのか？
- スポンサーとの関係はどうなっているのか？
- 事業を行うための重要なパートナーとの関係はどうなっているのか？

3◉ビジネスプラン作成の手順

　ビジネスプラン作成には特に定まったプロセスがあるわけではないが、ビジネスプランは新事業の将来に大きな影響を与えるため、キーメンバー全員が多少なりとも策定に

参加できるようにしておくことが望ましい（ケースの「さくらもと」は、その意味でも反面教師と言える）。

その理由は、全員の得意分野に関するノウハウが盛り込める、あるいは議論をする中で斬新なアイデアが生まれてくるというだけではない。ビジネスプラン策定のプロセスを通じてキーメンバーの問題意識や価値観が共有化され、事業が立ち上がったときに共通の目標に向かって素早く意思決定できるという効果を生むからだ。さらに、何か問題が起きたときにも、ビジネスプラン作成を共有化しておくことで、対処のスピードは速まる。

実際には、経営に携わる各メンバーが自分の分担箇所を作成し、その後に各人が他のメンバーがつくった部分をすべて読み、互いにチェックし合うという進め方がよく用いられているようである。なお、このような場合でも、誰か1人（一般的には新事業立ち上げの核となる人物）は全体を把握・統轄する立場にいなくてはならない。

さらに、ビジネスプラン作成の際に不可欠な手順として、最終的な仕上げの前、もしくは作成過程において、第三者に見せてアドバイスを求める作業がある。ここでいう第三者とは会計士、コンサルタントなどの専門家や、新事業リーダーの先輩や上司、知人、場合によっては取引先を含む。その最も大きな効用は、ビジネスプランの作成者たちが気づかなかった（もしくは知らなかった）事業運営上の問題点や外部環境の動向を指摘してもらえる、という点にある。

また、ビジネスプランが文書としてわかりやすいか、ビジュアル的に見やすいか、エキサイティングで読んだ後に頭に残るかといったことも、「読み手」の立場から判断してもらえる。作成者たちの間ではさまざまな前提がすでに共有されているため、「なぜこれが伝わらないのか」といったもどかしさをおぼえることも少なくない。ビジネスプランを事前に第三者に見せることは、このようなハードルを乗り越えるためにも有効だ。

最後に、何らかの法的規制や法的手続きが絡む場合には、ビジネスプランを法律顧問（弁護士、場合によっては弁理士も含む）に読んでもらうことも必要である。法律の問題は素人にとっては複雑であり、これらに抵触しないようにするには専門家のアドバイスを仰ぐに越したことはない。特に、法的規制の変化をとらえるような新事業や知的財産が成功要因となるようなビジネスでは、重要なプロセスである。

4●ビジネスプラン作成の際の注意点

ビジネスプランを作成する際には、その主要な読み手を念頭に置くべきであることはすでに述べた。それ以外にも、以下のような注意すべきポイントがある。

第1に、ビジネスプランは常に変更を加えるべき「進行中のドキュメント」である、ということを忘れてはならない。特に新事業の場合には、市場・製品・経営状況は刻々と変化し、投資家や銀行も常に最新の情報を要求する。したがって、最初に項目やページ数を杓子定規に決めてしまわずに、途中で変更を加えやすい形式にしておくことが望ましい。

　第2に、ビジネスプランはあくまでも実際に事業を行う際の基本プランとして用いられるものだ、ということも忘れてはならない。ビジネスプランに限らず、企画書の作成作業では、いつのまにかそれを体裁よくつくることが自己目的化してしまい、抽象的あるいは逆に複雑精緻すぎて、実際の使用に耐えないものになることがある。常に「このビジネスプランは事業推進の手引きとして実用的だろうか」という点に留意する必要がある。

　資金提供を要請するベンチャー企業のビジネスプランでは、特に正確さを心がける必要がある。資金を提供する投資家や銀行、あるいは取引を開始しようという企業は、「見ず知らずの人間」に投資したり、取引を始めようとしているわけである。彼らの関心を引き、なおかつ信頼を得るためには、数字の正確さや確実な状況把握が欠かせない。

2. ビジネスプランの構成

POINT

　ビジネスプランには確固としたフォーマットが存在するわけではない。しかしながら、第1節に述べた目的を達成するためには、これから開始しようとする事業の全体像がつかめるよう、さまざまな視点から総合的、網羅的に記述する必要がある。一方で、その広範な説明を理解してもらうために簡潔性も大事である。

CASE

　D社はソフト業界ではそこそこ名の知れた老舗企業である。そのD社が、社内の起業家精神を持つ人材のアイデアを募って新規事業を早期に立ち上げる、という目的のもとに社内ベンチャー制度を導入したのは先月のことであった。同業他社が次々と類似の制度を導入していることもあり、「そろそろわが社も」ということでトントン拍子に実現の運びとなった。他社でのヒアリングや社内アンケートといった予備調査に基づいて制度導入が内定したのが4カ月前、担当者の人選や大枠の仕組みに関して確定するまでにさらに3カ月の時間が必要であった。以下がそのポイントである。

- ◆事業プランを最終的に採用するか否かは、しかるべきスクリーニングを経た後の、取締役数人を含むコミッティへのプレゼンテーションで決定される。
- ◆対象とする事業プランは、社内新事業の提案、新会社設立の提案、あるいは独立のための資金要請のいずれも可とする。
- ◆事前に事業プランをスクリーニングし、必要があれば改善のアドバイスを与える係として、新規事業企画室を新設する。当面は室長1人、アシスタント1人で運営する。
- ◆事業プランを提出したことで人事考課が影響されることはない。秘密は厳守される。
- ◆事業計画書（ビジネスプラン）のフォーマットは原則自由とするが、いくつかの典型例を新規事業企画室で参考用に用意しておく。

＊＊＊＊＊

「はい、新規事業企画室です」

「丸山室長ですか？　私、関西販売部の鈴木と言います。実は、半年前から数人の仲間と一緒に介護事業を始めていて、私もアドバイザーを務めています。現在、増資を検討中で、何人かの知人からはすでに了解を得ています。今度、会社に新しい制度ができたことを知り、できれば資金援助を検討していただけないかと考えまして電話させていただきました。D社本体事業との直接のシナジーはないかもしれませんが、必ず成長しますし、社会的イメージ向上という観点からも有望だと思います」

「そうですか。すでに開業しているわけですね。具体的な事業内容を知りたいのですが、ビジネスプランはお持ちですか？」

「はい、知人に説明するためのビジネスプランを用意しています。ぜひプレゼンテーションさせていただけませんか」

「ではそのビジネスプランを送ってください。私のほうで事業性や市場性などを検討させていただきます」

「わかりました。それでは、さっそくPDFファイルでお送りします」

「お待ちしております」

　しばらくして、丸山室長のもとにメールで文書が届いた。

「これが鈴木さんのビジネスプランか。しかし、ビジネスプランのわりにはやけに少ないな。まあ、ページ数の問題ではない。要は中身だ」

　送付されてきたビジネスプランは以下のような構成で、それぞれの項目についてはほんの概要のみであり、裏付けになる根拠やリサーチについては何も記されていなかった。

　　会社概要（1ページ目）
　　　　－社名
　　　　－所在地
　　　　－設立年月日
　　　　－資本金
　　　　－発行株数
　　　　－代表取締役
　　　　－業務内容
　　組織図（2ページ目）
　　ビジネスプラン（3ページ目）

- 事業所所在地
　　　- スタッフ
　　　- 営業時間
　　　- サービス内容
　　　- 利用人数
　　　- 事業設立の主旨
　　　- 事業優位性の説明
　中期事業構想（4、5ページ目）
　　　- 事業戦略
　　　- 事業所出店戦略
　　　- 提携／ネットワーク戦略
　　　- 売上計画
　　　- 人員計画
　　　- 事業展開スケジュール
　収支予測（添付資料3ページぶん）
　　　- 損益計算書／月次／2年分

「うーん、事業がスタートして半年、月次でのキャッシュフローはずっと赤字か。まあ仕方ないだろう。しかし、仮に稼働率100％でも、あまり儲かる構造になっていないようだな。戦略のほうはどうだろう？　ふむ、事業構想はだいたいわかるが、どのくらい市場があるのだろうか？　どこにも書いてないな。競合先としてどのような会社があるのだろう？　価格設定やサービスでの差別化はしっかりされているのかな？　スタッフも名前だけじゃ見当もつかない。いったいそれぞれが職務遂行に適切なスキルを持っているのだろうか？　そもそも代表者の経歴が入っていない。これでは投資適性判断どころではないな。とはいうものの、今後、高齢社会の到来に伴って在宅介護が広がることを考えれば、競争は激しいとはいえ、確かに成長していく市場だ。電話でもう少し話を聞いてみよう」

＊＊＊＊＊

「もしもし、鈴木さんですか？　丸山です。ビジネスプランの送付をありがとうございました。内容につきまして確認したいことがあって、電話をさせていただきました。まずおうかがいしたいのですが、この事業の市場規模や成長率はどうなっていますか？」
「この市場はとても大きく、また今後成長していくと言われております」

「そうでしょうね。ところで具体的に、市場規模や成長度合いがどのくらいかおわかりになりませんか？」
「具体的にと言われましても、正確な数字はちょっとわかりません」
「そうですか。では、競合大手さんはどうでしょう？　どこが大手で、どのくらいの売上げと店舗数を持っているかわかりますか？」
「大手はニチイ学館さんなどですが、売上げや店舗数までは知りませんねぇ」
「他社との価格やサービスの差別化ですが、どのように考えられたのですか？」
「うちのサービスは、他社とは比較になりません。なにせ、一流の人材を確保していますから。価格も他社とほぼ同様です」
「顧客にはそれがどのように伝わっているのでしょうか？」
「そうですねぇ、ビラとかもありますけど、来て現場を見ていただければわかると思います」
「そうですか。ところで収益構造ですけど、稼働率100％でも、あまり儲かるとはいえないようですが？」
「今後、拠点数を増やしていけば、売上げも上がっていくと思います。そのために増資が必要なのです」
「売上計画では、毎年倍々ゲームで増えていくようですが、何らかの根拠や、どの時点でいくらくらいの資金需要が発生するかなどのイメージはありますか？」
「いえ、別に根拠があるわけではありませんが、この市場はこれから成長しますし、サービスの質は高いですから、必ず売上げも増えていくと思います。そのような展開のためにも、今回の増資が必要なのです」
「鈴木さん、われわれが事業プランを採用させていただくにあたっては、市場性や競合に対する優位性、マネジメントチームの能力、事業収益性、それと最も大事なことですが、成功した場合の投資収益性を検討させていただかなければなりません。それには、それだけの資料が必要ですし、時間も必要となります」
「緊急に増資したいと考えているのですが……。そのための新制度ではないのですか？」

＊＊＊＊＊

　鈴木との話はその後、投資時期・期間と額／使途の件でしばらく続き、鈴木が丸山室長が示したフォーマットに則ってビジネスプランを書き直し、再度提出するということで終わった。
「やれやれ、この案件はどうも期待薄だな。ビジネスプランの構成だけを整えたところ

で、もともと何も考えていないのだから読むに値するものが出てくるとも思えない。確かに市場は伸びそうだが、顧客や競合の動きがあまり見えていないようだ。投資スキームについても、ただ『出してくれ』であまり考えていなかったようだし、ましてや株式公開の可能性となると……。シリコンバレーの著名なベンチャー・キャピタリストは、紙ナプキンに走り書きされたポータブル・コンピュータのアイデアを見てコンパックへの出資を決めた、という伝説もあったが、それもよほど経営者の能力を買ってのことだったのだろうな。リスクを計算に入れて戦いを挑むことをチャレンジというが、最近はチャレンジと無謀を区別できていないケースがけっこう多いのではないだろうか。かといってリスクを恐れては、新規事業に投資なんてできやしないのだけれど……」

理論

　ビジネスプラン作成の目的・意義、留意点などは第1節で解説したとおりであるが、ではドキュメントとしてのビジネスプランは具体的にどのような構成にすべきなのか、言い換えれば、どのような内容を盛り込んでおく必要があるだろうか。

　社内の上層部を説得したり、少なくない額の投資を依頼したりするのであるから、読み手がビジネスの全体像を理解できるよう、市場分析、事業戦略、財務予測など当該ビジネスに関わる重要な要件に関しては網羅的にひととおりの説明がなされなければならない。

　だがその一方で、ビジネスプランを書くうえで最も大切なのは簡潔性である。一般的に、ワードで作成した資料が財務予測資料や補足資料を除いた本体部分で30ページを超えるようだと、そのビジネスプランは長すぎると言える。各項目の詳細な分析は望ましいが、読み手の理解を促進するうえでも、その第1歩となるビジネスプランは各項目を必要十分に、かつ簡潔にまとめることが望ましい。

　実際の作業にあたっては、①盛り込むべき項目に関して、まずはどんどん個別パーツをつくり込み、後で20～25ページに編集する、②まず20～25ページの白紙にタイトル（必要な項目をピックアップしたもの）だけを書き込み、そのうえで各ページの内容をつくり込んでいく、という2つのアプローチが考えられるが、作業しやすいほうを選んでかまわない。

　たとえば、VCなどに向けた資金要請用のビジネスプランの定型的な構成は、以下のとおりである（項目の順序などは、多少前後する場合もある）。

　ここで資金要請用のビジネスプランを例に挙げたのには、理由がある。最も要求の厳しい投資家のニーズを満たすビジネスプランは、多少の調整を加えたり、必要な部分のみを抜粋することで、ほかでも利用可能な場合が多いからである。なお、**太字**で示した

部分は必須となる。

- サマリー（要約）
- ビジョン、ミッション、経営理念、**事業目標**
- **製品・サービス、市場／顧客**
- **ビジネスモデル、事業戦略**
- **マーケティング戦略**、オペレーション
- **マネジメントチーム**
- **出資要件**
- **財務状況および予測**
- 補足資料

　第1節でも述べたように、この構成は目的に従って適宜変更してよいし（もちろん、必要な内容は述べられているという前提で）、ビジネスプランに盛り込むべき項目についても、そのビジネスの内容もしくは状況によっては詳細を述べなくてよいものもある。たとえば、考えているビジネスが伝統的な製造業における新製品の開発・販売であれば、ビジネスモデルの詳細は不要だろう。事業特性を踏まえたうえで、それぞれの項目の重要度に応じて、説明しやすいように、相手にとってインパクトのあるように構成することが必要だ。
　以下、それぞれの項目について詳細を見ていこう。

1 ● サマリー（要約）

　この部分は、単なるイントロダクションではなく、ビジネスプラン全体の集大成である。サマリーは、VCやエンジェル、銀行、社内の上層部など、ビジネスプランを手にする人が最初に見る部分であり、かつ当該ビジネスプランの印象を決定付けるパートである。この部分を読むことで、読み手はその後に書かれている内容を推定してしまうことも多い。このサマリーしか読まない人もいるくらいだ。
　よってサマリーは、当該ビジネスプランをより深く検討してもらうために、事業内容、ビジネスプランの提出目的、また新事業リーダー自身について、簡潔かつ要点を押さえた説明を行い、読み手を引きつけなければならない。最低限の量で、最大限のインパクトをいかに与えるかを考慮して書かなければならない、言わばビジネスプランのキャッチコピーのようなパートである。分量は、2ページ程度でまとめたい。

ここで触れるべき主な内容には、以下の項目がある。

❶ 会社概要

ボトムラインとして重要なものが、会社概要の記載である。会社名、代表者名、事業内容、住所、電話番号、連絡担当者、ホームページのアドレスなどを表紙もしくはサマリーの冒頭に記載しておく。読み手がビジネスプランを読んでコンタクトしたいと考えたときに、すぐに目に止まるようにすべきである。

❷ 事業内容およびビジネスプラン提出目的の説明

サマリーの冒頭では、会社の事業内容／ステージおよびビジネスプラン提出の目的を明確に説明する。会社の事業内容を最初に簡潔に説明するのは、たとえばVCにも投資事業分野の志向性があるからだ。全業種、全成長ステージを対象にするVCもあれば、特定業種、特定成長ステージに投資を絞り込んでいるところもある。当該ビジネスプランが投資対象に合致していることがわかれば、丁寧に読んでもらえるかもしれないし、その逆の場合は互いに無駄な時間が省ける。ある程度実績のある会社であれば、そのことを記載し、投資家に印象付けることである。

ビジネスプランの提出目的も、最初に明確にしたい。単に投資を求めているのか、それともコンサルティング的な付加価値サービスも期待しているのか。金額はいくらくらいなのか。目的によって、ビジネスプランの読み方は相当違ってくる。

❸ 市場、製品・サービス、競争状況

製品・サービスおよび標的市場の概要を説明する。具体的な製品・サービスを紹介するだけではなく、結局どのような価値を顧客に提供するのかについても触れておきたい。想定される競合についても簡単に示しておく。長くなりがちだが、ポイントだけを押さえて書いておくことだ。

❹ ビジネスモデルと戦略の概要

詳細なビジネスモデルを示す必要はないが、ビジネスモデルの特徴は記しておきたい。また、なぜ自社が勝てるのか、競争優位性を示す。

❺ 主要経営陣

中心となる経営陣のそれぞれの役割、およびバックグラウンドについて説明する。経営陣の経営経験や実績、能力／資格などは、投資家側としては最も関心のある部分だが、

サマリーでは重要な経歴／能力について触れるにとどめる。後述するマネジメントチームについてのページ、および履歴書の添付で、詳細を説明すればよい。

❻ 必要資金額／用途など

資金提供側として最も気になるところであるにもかかわらず、往々にして明記されていないのが、必要資金額とその用途の項目である。調達しようとしている資金はいくらで、そのうちいくらを投資家に依頼しようとしているのか。

投資であれば、株価およびその保有比率、株主構成、その投資資金の回収イメージ（株式の公開、もしくは売却とその収益率）はどのようになるのか。融資であれば、担保提供が可能かどうか。調達資金は具体的にどのような使途を考えているのか。

これらの要件を簡潔に明記する。

❼ 財務履歴および予測

すでに事業をスタートしている場合は、これまでの売上げと利益の推移を記す。しかし、それよりも大事なことは、収益予測を記すことである。③で触れた市場の成長とリンクさせながら、何年目で売上げ／利益がいくらくらいになるのか、事業目標イメージを記す。

VCでは一般的に、3年後までの実質的な事業規模予測と、5～7年後の公開時期を見越した事業規模拡大予測が求められる。サマリーで触れるのは、売上げと経費、利益の予測でよいだろう。この規模がどのくらいかによって、案件としての魅力度も変わってくる。

2● ビジョン、ミッション、経営理念、事業目標

ビジョン、ミッション、経営理念、事業目標を明示することは、新事業リーダーが「どのような目標に向かって、どのような使命感や思いから、事業を立ち上げようとしているのか」を投資家に伝える、最も良い方法である（詳細は第2章を参照）。

❶ ビジョン

実は、ビジョンが書かれていないビジネスプランは少なくない。ビジネスプランにビジョンを明記する必要性があるのかないのか、その是非はあまり問われたことはないが、今後はその必要性が増していくものと思われる。

知的産業分野における新規事業などでは、ビジョンがその企業イメージや事業展開の

方向性および組織風土を大きく左右し、したがって企業活力と競争力の源泉となるからである。ここでは具体的な事業の将来像を明示する。

【FAQ】
- どのような将来像を描いているのか？
- 5年後、10年後の企業の姿は？

❷ ミッション、経営理念
ステークホルダーに対するミッション（使命）や、経営を行うにあたっての信念や哲学、さらには従業員に実行してほしい行動指針などを記す。これらは、良き組織文化を醸成するうえでも非常に重要なものであり、従業員の意思決定や行動の拠り所となることからも、近年、注目を浴びるようになった。実際には、事業をスタートさせてから、走りながら決めていく場合も多いが、事前に用意しているのであれば書いておくに越したことはない。

【FAQ】
- 事業を通して実現したいことは何か？
- 株主、顧客、従業員に対して、どのように貢献するのか？
- どのような価値観に基づいて経営を行うのか？

❸ 事業目標
ビジョンと重なる部分も大きいが、売上高や利益、公開時期などの数値的な目標、および事業ドメイン（事業領域）、展開事業、業界におけるポジショニングや組織風土などの質的目標を明示する。投資家に事業成長性や収益性、時期の具体的イメージを伝えるためには非常に有効である。なお、事業目標は、事業戦略の前後に記す場合も多い。

【FAQ】
- 株式公開は、いつで、そのときの事業規模をどのくらいに想定するのか？
- 直近1年間で達成すべきマイルストーンは何か？

3● 製品・サービス、市場／顧客

ここは、誰に何を提供するのかを具体的に示すパートである。簡単な事業定義とも言

えよう。また、市場や業界の動向を示すことで、後述するビジネスモデルや事業戦略の前提を示すパートでもある。

❶ 事業内容の定義

最初に、行おうとしている事業の内容を簡潔に定義し、読み手に理解してもらう。ここでは、対象事業分野、対象顧客、取り扱う製品・サービスについて簡潔に記述する。

❷ 事業経緯／業績（すでに事業を開始している場合）

すでに事業を開始している場合は、会社の主な業績について示す。内容は、会社設立時期、製品・サービスの内容、事業展開の経緯、主要な成果などである。ビジネスプランは今後の事業展開が中心になるものなので、過去の事業経歴は主要な点に触れるにとどめる。あまり長くする必要はない。

【FAQ】
- どのような経緯で、このビジネスを始めたのか？
- どのような成果をこれまで上げてきたのか？
- 現在直面している課題は何か？

❸ 製品・サービス内容

ここでは、提供しようとしている製品・サービスの一般特性とバリエーション、および提供しようとしている製品・サービスについての詳細（スペック／価格／特徴）を記述する。製品のライフサイクルはどれくらいの長さなのか、顧客に対する提供価値は具体的に何なのか、コスト構造はどのようになっているのか、等々である。昨今は、「結局、顧客にどのような価値や便益を提供する製品・サービスなのか」という提供価値を明示することが多くなっている。

可能な限り、競合他社の製品・サービスと比較した強みと弱みの分析を加えるとよいだろう。形のある製品ならば、写真や図表などを用いて、その物理的な特徴を理解させるとよい。また、大手顧客や業界権威の推薦状などを添付することも有効である。

【FAQ】
- 製品・サービスの特徴は何か？
- なぜ、その製品・サービスは顧客を満足させることができるのか？
- 結局、どのような価値を提供するのか？

- ●現在、製品・サービスは、どのようなライフサイクルにあるのか？ 今後はどうなるのか？
- ●競合との製品・サービスの比較は？
- ●製品・サービスの保証はどのようになっているのか？

❹ 市場／対象顧客

　参入している、あるいはしようとしている市場について、市場の規模感や成長性（マクロ的視点）と、その顧客特性（ミクロ的視点）について説明する。

　市場の発展がどの段階にあるのか。これから創出される市場なのか、現在急成長中の市場なのか、もしくは既存成熟市場の掘り起こしなのか。現在の市場規模および成長率はどのくらいなのか。また、今後どのくらいの規模にまで発展しそうなのか。あるいは、主要顧客は誰なのか、顧客のニーズやKBF（Key Buying Factor：主要購買決定要因）は何か、法人顧客であればDMU（Decision Making Unit：購買意思決定者）は誰か、等々である。

　すでに事業を開始しているのであれば、主要顧客それぞれの売上高、購入製品のリストアップを行い、その購買活動特性に関する分析を加え、今後の事業計画の方向性の裏付けとするのもよいであろう。ターゲット顧客へのインタビューや統計的調査による顧客購買活動の分析は、事業のフィージビリティを高めるための重要な調査となる。

【FAQ】
- ●市場規模はどのくらいか？
- ●今後市場はどこまで成長するのか？
- ●市場の真のニーズは何か？
- ●どのような顧客がリアルターゲットとなるのか？
- ●それらの顧客の特性は、どのようなものか？
- ●顧客はなぜ、自社の製品・サービスを選択してくれるのか？
- ●これまでどのような顧客が製品・サービスを購入したのか？
- ●今後、購入を計画している具体的な顧客は誰か？

❺ 業界構造

　参入する市場の業界構造（原材料などの供給者や新規参入、法的規制など）および今後の方向性について概観する。法的規制などが変化すると、どのくらいのインパクトがあるのか。また、そのとき、当該市場でメインプレーヤーとして活躍できるのか。ここで

は、参入しようとしている市場が魅力的であることをアピールする必要がある。

【FAQ】
- どのような業界構造になっているか？
- どのような調達先／取引先があり、力関係はどのようになっているのか？
- 新規参入／代替品の可能性は？

❻ 競合

読み手にとって最も気になる部分の1つが、当該市場の競争状況だ。ここでは、競合となりうる会社、製品・サービスについて、その特性や会社の強み／弱みの分析が必要である。どの会社のどの製品が、どのように売れており、その市場シェアはどのくらいなのか。自社が提供する製品・サービスは、競合のそれと比べ、どのように差別化（価格、クオリティなど）され、なぜ今後、勝ち残っていけるのか。

たとえ、これからまったく新しい市場を創造する場合でも、その後参入してくるであろう周辺産業のメインプレーヤーを念頭に置いた競合分析が重要となる。

【FAQ】
- 競争環境は厳しいか？
- 競合先として、どのような企業があるのか？
- それぞれの強み／弱みは何か？
- どのような差別化を図るのか？
- 製品・サービスの具体的な価格や品質の違いは？

4 ● ビジネスモデル、事業戦略

ここは、まさに事業の独自性や「勝てる理由」を示すパートであり、投資家が最も気にするポイントでもある。特に昨今はITを有効に活用したり、課金（マネタイズ）を工夫するなど、ビジネスモデルへの関心が高まっている。

❶ ビジネスモデル

事業の構造・仕組みを意味するビジネスモデルを、できるだけ図表などを用いて可視化して説明する。ひと目でビジネスモデルが理解できるように、供給業者、提携業者などとの関係、ステークホルダーや顧客との関係、そして課金の仕組みなどをチャート化

して示すことが望ましい（詳細は第3章第2節を参照）。

【FAQ】
- どのようなステークホルダー（取引先／顧客）が発生するのか？
- どこ／誰から売上げを上げるのか？
- 課金の仕組みは？
- どのような収益構造になるのか？

❷ 事業戦略

　事業戦略は、先述した市場分析や競合分析、業界分析が前提となって構築される。ここでは、競争に勝つための戦略とその要点について簡潔に説明する。差別化／コストリーダーシップ／集中など、どの競争戦略をとるのか。製品力や販売力など、どのような強みをどのように構築して競争優位を確立していくのか、バリューチェーンのどこに強みがあるのか、といったことである。

　新たなビジネス分野で、これまでにないビジネスモデルを志向しているのであれば、当該ビジネスモデルに関連するステークホルダーとその関係性を示したチャートを付け、どのようなスキームやシナリオで競争優位を構築するのか説明するとよい。

【FAQ】
- 当該ビジネスのKSF（Key Success Factors:成功のカギ）は何か？
- 基本戦略は何か？
- 何が競争優位となるのか？　その競争優位は持続するのか？
- 競合は誰で、なぜそれらの企業に勝てると考えるのか？

5● マーケティング戦略、オペレーション

　このパートでは、先述した事業戦略をベースに、実際にどのように売上げを上げるためのマーケティングや営業を行うか、また広義のオペレーション（研究開発から製造、販売、サービスに至るまでのすべての事業運営の方針）について述べる。

❶ マーケティング

　すでにターゲット顧客や差別化ポイントなどは述べられているので、ここでは、いわゆるマーケティングの4P（Price／Product／Promotion／Place）のフレームワーク

を用いて、マーケティングの具体的な打ち手を説明する。
　ターゲットとしている顧客に対して、どのような価格訴求で、どのような製品・サービスを、どのような販売促進活動を通じてアピールしながら（あるいはどのような社内営業体制を築いて営業活動を行いながら）、どの販売チャネルを通じて流通させていくのかを説明する。
　とかくマーケティングは正攻法でいくと、広告や販売マージンなど、経費がかさみがちとなる。それゆえ、どのようにマーケティング・コストを削減するかということも、強力かつ効果的なマーケティング・インパクトを与える戦略と同等に、アピールできるポイントである。

【FAQ】
- 製品のブランド／イメージをどう構築するのか？
- どのようにしてリピート購買を促進するのか？
- 価格設定とその戦略は？
- 粗利は何％程度か？
- どのような販売チャネルを通じて販売するのか？　すでに具体的なパートナーはいるのか？
- 販売チャネルのマージンはどの程度になり、最終価格はどうなるのか？
- 販売促進／広告はどのようにするのか？
- 販売促進／広告にはどの程度の資金が必要か？　その効果は？
- どのような営業活動が必要か？

❷ 製造／（狭義の）オペレーション
　製造業ならば、製造に関わるプロセス、原材料、労働力および施設（工場施設／設備など）について、その費用および特性を説明する。それらの工程が複雑かそれとも単純なものか、歩留まりがどれくらい見込め、よって単位当たり製造原価がいくらになるのかなど、数値的に表せるとよい。製造業において注目される指標として粗利率がある。製造原価が販売価格に対してどれくらい低く抑えられるのかということが、非常に重要だからである。
　一方、サービス業関連であれば、狭義のオペレーションの巧拙が重要になる（広義のオペレーションは、先述したように研究開発から製造、販売、サービスに至るまでのすべての事業運営の方針を指す）。当該サービスを行うにあたって、設備、労働力およびそのスキル、その他サービスに必要な物品やその価格がどのようになっており、どのくらいの固

定費を抱え、損益分岐点売上げがいくらになるかの指標が出ていればよいだろう。
　また、原材料の主要供給元やそれぞれの購買製品数量について、製造／（狭義の）オペレーションに関わるプロセスでアウトソースされている部分があれば、そのアウトソース先や内容および関係について説明しておくことも必要である。これら取引先の安全性および自社との関係は、当該事業運営の安定性を見るうえでも重要なファクターとなるからである。

【FAQ】
- どのような設備が必要か？
- 初期および継続的な設備投資額はどの程度か？
- 設備の製造キャパシティはどうなるのか？
- どのような（狭義の）オペレーションが必要か？
- プロセスをどのようにコントロールしていくのか？
- （狭義の）オペレーションの課題は何か？
- 品質維持／向上のために何を行う必要があるのか？

❸ 研究開発

ここは、これまで、そして今後どの程度の研究開発費を見積もっており、その研究開発を通して、どのような製品およびサービスを開発しようとしているのかを明確にすべき部分である。
　研究開発は、そのプロセスを最短距離で設計するのが最も難しい分野でもあるが、外部資源もうまく利用しながら、最小限のコストで新たな製品・サービスを開発できるよう、プロセス、スケジュールおよび予算を組むことが肝要である。最も判断が難しいのは、研究成果をいかにして顧客の望むような新たな製品・サービススペックに落とし込むかというところである。この部分は、出資者側を納得させるためにも、開発中の最終製品スペックがある程度具体的に示されていることが望ましい。

【FAQ】
- これまでの研究開発成果と投資額はどの程度か？
- 今後の研究開発計画は？
- 今後、研究開発にどの程度の資金が必要か？
- 研究のパートナーは？
- リスクはどうなっているか？

❹ 資産・設備など

会社として現在保有している主な固定資産（土地・建物・機械設備など）をリストアップする。調達資金によって購入を考えているものがあれば、それも記載する。

特に製造に関連する機械設備などについては、生産量拡大のスケジュールに合わせて、いつまでに手当てしておかなければならないのか、その機械を操作する人材のトレーニングなどはどの程度必要なのか、機械の償却形態やリセールバリューはどの程度なのか、といった点について触れておくべきだろう。

【FAQ】
- 現在持っている資産には、どのようなものがあるのか？
- それはリースか？　保有か？
- 今後、どのような投資ニーズがあるのか？　それらの金額は？

❺ 特許や商標など

現在取得している、もしくは出願している特許や商標などについてリストアップする。これら特許・商標が競争優位を高めるためにどのように役立つのか、簡単に記しておくとよい。

技術系、ハイテク系のベンチャーでは、この部分はきわめて重要なため、詳細な説明や特許の取得状況のほか、競合の特許取得や出願状況も併せて十分な調査がなされていることが望ましい。

【FAQ】
- 特許／商標申請は終了しているか？　取得済みか？
- 取得形態、取得者はどうなっているのか？
- 当該特許による競争優位の確立は、どの程度可能か？

❻ その他

具体的な事業運営に関して、これまでに記載できなかったことについて、補足説明をする。

ここで記載される項目要件としては、たとえば、事業推進上の懸念事項としての仕入れ先・取引先などとの関係や、会社として加入している保険の種類、税金の支払い状況がある。

6 マネジメントチーム

　このパートでは、主に事業に関わる主要経営陣や部門リーダーについて、その履歴や強み、これまでの主要達成事項を説明する。個々人および経営チームの能力が優れており、当該事業計画を達成するための基本能力要件を十分に備えている、ということが説得できるとよいだろう（詳細は第5章を参照）。

❶ マネジメントチーム一覧
　主要マネジメントメンバー（代表取締役、取締役、必要であれば各部門のリーダー）について、職位や年齢などを入れてリストアップする。

【FAQ】
- 主要な部門の長は？
- 常勤／非常勤取締役はそれぞれ誰か？

❷ 経営陣の略歴
　上記に記載した主要マネジメントメンバー（主要各部門のリーダーを含む）について、これまでの略歴（学歴、職歴、主な達成事項など）を記載し、当該チームは実績を積み上げた人々で構成された、強力な経営チームであるという認識を読み手に与えられるようにする。出資側にとっては、卓越した実績を持った経営者および経営メンバーがそれぞれの分野で揃っていることは、内容が素晴らしいビジネスプランよりも、投資する魅力になることが多い。

【FAQ】
- マネジメントメンバーそれぞれの年齢、学歴、職歴、主な達成事項は？
- 各人の経営参画の経緯は？
- マネジメントメンバーそれぞれの役割分担／責任態勢は、どうなっているか？
- 各マネジメントメンバーの担当分野における専門性は？

❸ マネジメントメンバーの報酬など
　主要マネジメントメンバーの報酬額は、どのくらいか、もしストックオプションを持っているのなら、その金額および量、行使価格／状況などはどうなっているのかを簡単

に記す。

【FAQ】
- マネジメントメンバーの報酬を今後どのように決定／調整するか？
- ストックオプションにより、経営陣が公開時にどの程度の株式を保有する予定か？

❹ 組織図
どのような組織形態で事業運営を行っているかを記す。
既存企業の子会社や合弁事業の場合には、本社との関係や支援体制（企業全体での新規事業担当部署・担当者、担当役員など）も記す。

【FAQ】
- 意思決定プロセス、責任範囲はどうなっているのか？
- 本社の担当窓口は？

❺ 社外協力者
社外の協力者とは、弁護士、公認会計士など専門性の高いサービスの提供者、社外ブレーン、アウトソーシング先などである。この部分が充実していれば、新たなステークホルダーを引きつける武器としても使える。社外協力者の氏名または名称、経歴のほか、企業に提供しているサービスや協力の内容、自社との責任分担を記載する。

【FAQ】
- 経営顧問となっている会計士、弁護士、コンサルタントはいるか？

❻ その他
組織関連でこれまでに記載されなかったことについて、補足説明する。例としては、マネジメントチームの連携状況や今後の経営体制のあり方などが考えられる。

7●出資要件

このパートでは、求める出資形態／金額／使途を明示すること、およびその出資を得て、今後の事業展開の何に使っていくのかを説明することが求められる。

❶ 出資形態

VCもしくは銀行などからの資金の提供形態として望む形式を明示する。投資／融資側は、その資金提供の条件を見て、ビジネスプランの是非を判断するわけであるから、いくらを、いつまでに、どのような条件（普通株式、借入れ、社債ほか）で必要としているのかを、資金提供側が明確にわかるようにしなければならない（負債として資金調達するか、資本金として資金調達するかの判断については第4章第1節を参照）。

社債での調達を求めているのであれば、発行形態（普通／新株予約権付など）、額、期間、金利などの要件が提示されていることが望ましい。一方、資本投資を求めているのであれば、金額、発行価格はもとより、優先引受権や買い取り条件などの要件も明示されているとよい。調達方法が流動的であれば、その件を明記したうえで、いくつかのオプションを提示するとよいだろう。

【FAQ】
- 投資／融資要請額はいくらか？
- それらの用途は具体的に何か？
- 望む資金提供形態は？
- 株式発行価格はいくらとなり、保有比率はどのくらいを考えているのか？

❷ 出資に関する条件など

借入れであれば、担保設定の有無、保証人の設置などの保証関係。株式の発行であれば、増資時の株式優先引受権、議決権の有無や取締役派遣の有無などがある。また、業況報告の頻度や内容など、資金提供側との情報交換／レポーティングをどのように行うのかも提案することが望ましい。

【FAQ】
- 取締役の派遣を受け入れるか？
- 月次および年次での業況報告をどのように行うか？
- 増資時の株式優先引受権を設定するか？

❸ 資本構成

株式発行の場合、増資前、および増資後の株主構成予定（株数、シェア）を記載する。これにより、投資家側はどの程度のオーナーシップを保有するのかを理解できる。

【FAQ】
- 今回の増資における株数／株価は？ またその割り当ては？
- なぜ、そのような株価設定（バリュエーション）となるのか？
- 今後の増資予定とその割当は？

❹ イグジット（EXIT：投入資金の回収）について

　VCは、投下資金のキャピタルゲイン（株式売却益）を収益源としている。よって、今回投資される資金が、どのような形でイグジットされうるのか、その手段と可能性について記述する。

　主なイグジットの手段としては、株式公開（上場）、大手企業などへの株式売却、創業者などによる買い取り（MBO：Management Buy-out）がその主なものである。事業計画に従って株式公開もしくは売却が行われた場合、VCの投下資金の収益率はどの程度になるのか、ROI（Return On Investment：投資収益率）も示すとよいだろう。

【FAQ】
- 投下資金のイグジットとして、株式公開／株式売却／MBOのどの手段を考えているのか？
- 株式公開を行うとすれば、それは何年後か？ その際の株価はどのくらいを想定しているのか？
- 事業売却を検討しているとすれば、どのような会社が売却先として検討されるのか？ 売却価格はどの程度が予想されるのか？
- MBOを検討しているとすれば、どの時期に、どのような株価算定方式で行うのか？

❺ 投資契約について

　VCが出資を行うにあたっては、投資契約を結ぶのが一般的である。その際、投資契約に含まれる内容に、増資時における株式の優先引受権、取締役の選任権、財務情報などの定期的開示などがある。

　出資を受け入れるにあたってどのような要件を受諾するか、主なものについては記されていることが望ましい。

【FAQ】
- 月次決算書（試算表）のレポーティングを行うのか？

- 月次業況報告を行うのか？
- 投資側に取締役選任権を与えるのか？
- 増資時における既存株主の優先引受権を設定するのか？

8● 財務状況および予測

　ここでは、投資家側に対して、これまでの事業推進による損益計算書（P/L）および貸借対照表（B/S）とキャッシュフロー・ステートメント（CFS）の状況、そして今後の事業展開における損益／資金の予測を説明することにより、事業計画と損益／資金計画の整合性と実現性を判断するための内容を提供する。資金提供を検討する側は、特にこの財務関連の諸表の分析に多くの時間を費やす（詳細は第4章を参照）。

❶ これまでの財務状況

　これまでの事業における、監査されたデータに基づいた財務／損益状況を説明する。ここでは、できれば過去3カ年（事業が継続している場合）の貸借対照表や損益計算書、キャッシュフロー・ステートメントに加え、最近の月次資金繰り表を加えることが望ましい。

　VCがアーリー・ステージのベンチャーを見る際、それまでの決算での赤字は今後の事業成長性が見込まれる場合にはさして問題にしないが、直近の資金繰り状況、原価率、各経費率などは、今後の財務予測の基礎となるため細かくチェックされることとなる。

【FAQ】
- これまでに、何にどの程度の投資を行ってきたのか？
- 現在の月間固定費および損益分岐点はどのくらいか？
- 現在の月次キャッシュフローはどのくらいか？
- 売上げの推移はどうなっているのか？
- 原価率、および主な経費率とその理由は？

❷ 損益予測

　今後の損益予測および資金繰り予測においては、その前提条件を詳細に明示すべきである。売上げの伸びの根拠、粗利率の根拠、経費関連の根拠などを明示しておかなければ、なぜ事業成長や利益、キャッシュフローの向上が達成できるのか、細部にわたって聞かれることになる。

【FAQ】
- 売上げ成長の根拠は何か？
- 原価率推移の根拠は何か？
- 販管費関連での主要な項目と、その予算はどのようになっているのか？
- 売上げ増加に伴う運転資本の増加はどのくらいになるのか？　その際の資金調達はどのように考えているのか？
- 売上げが思うように伸びない場合、資金繰りはどうなるのか？　その対応策は？
- 最終的に、投資家にとってペイする事業か？

9● 補足資料

　ビジネスプランの補足として、事業内容や製品内容をよりよく読み手に理解してもらうために、さまざまな資料を添付しなければならない。
　製品のパンフレットや写真、新聞・雑誌などにおけるパブリシティ、事業のリファレンスとしての取引先の連絡先、経営陣のリファレンスとしての知人の連絡先、経営陣の詳細なレジュメなどがそれにあたる。性格は若干異なるが、より信頼性を増すために、信頼できる人間（有名な起業家、業界の権威、著名コンサルタントなど）の推薦状を付けることも非常に有効である。

補 ● 新事業を収穫するとき：イグジット

　陣痛を伴いながら新事業として誕生した元気な赤子も、幾多の喜びと苦しみを経験しながら立派に育ち、やがてしっかりとした企業へと成長していく。やがて、成長した企業は社会的な存在となり、創業者はリターンを得ることになる。

　創業者や初期の出資者が株式を売却し、利益を手にすることをイグジット（Exit）またはハーベスティング（Harvesting：収穫）という。イグジットの主な方法としては、先述したように、株式公開（上場）、株式売却、MBO（創業者などによる買い取り）などがある。意外に知られていないことだが、投資家相手にビジネスプランを提示する場合には通常、イグジットプランを書き表しておくのが一般的だ。

　イグジットをビジネスプランに含めておかなければならない理由は、主に2つある。

　1つは、出資者に対して出資へのリターンがどのくらい期待でき、それはどんな形をとるのかを示すためである。出資者は当然、自分が出資したお金がどのくらいの価値になって戻ってくるのかに大きな関心を持っている。期待されるほどの価値がもたらされないのであれば、出資を見合わせることも考えられる。

　もう1つの理由は、創業者や創業メンバーの目標設定のためである。第2章のビジョンのパートでも示すが、具体的な目標を設定することは事業を進めていくうえでの大きな推進力となる。実際に、株式公開をビジョンの1つに掲げている企業は多い。

　ここでは、イグジットの主な方法である株式売却と株式公開の2つの方法のメリットとデメリットについて検証していく。イグジットプランを練るときの参考にしてもらいたい。

1 ● 株式売却

　株式売却にもいくつか種類があるが、ここではイグジットの際によく見られる、過半数もしくは3分の2以上の株式を売却し、経営権までを譲渡する買収について説明する。

　日本では、株式売却にはいまだにネガティブなイメージがつきまといがちだ。しかしアメリカにおいては、イグジットの方法として一般的に受け入れられている。最初からアーリー・ステージのみを手掛けて売却を想定する起業家も少なくないし、ユーチューブ（YouTube）のように1ドルも収入がないうちに大手企業に事業を売却するケースすらある。

　売却により、創業者や投資家は多額のキャピタルゲインを手にすることができる。ま

た何らかの事情により（まったく別の事業を始めたい、もう引退したいなど）、事業から手を引かなければならない場合にも有効である。

株式売却には、以下のようなメリット／デメリットがある。

【メリット】
- 株式公開よりも早く、キャッシュを手に入れることができる。
- 株式公開ほど、事務手続きや関係者との調整などが煩雑ではない。
- 事業が思わしくなく、倒産のおそれがあるような場合、緊急避難の策となりうる。

【デメリット】
- 売却先企業との価格交渉において、バーゲニングパワーの差により買い叩かれるおそれがある。
- 生きがいを喪失してしまう可能性がある。特にベンチャー起業家は、自分の会社を経営することに人生の大きな意味を置いている。売却してしまった後になってこれに気づいて生きがいをなくし、後悔するということも考えられる。

株式売却において大事な点は、いま自分が持っている事業がどれくらいの価値があるのかを、定量的にも定性的にも判断したうえで検討することである。

企業の価値を算定する方法はいくつかある。主なものとして以下のものがある。

①その会社の資産をベースに計算する方法
②類似会社の株価をもとに算定する方法
③第4章で示すようなキャッシュフローをベースにした事業価値の算定方法を応用する方法

事業やライフステージによっても変わるが、最近では②③が用いられることが多くなっている。詳細な算定方法は『[新版]グロービスMBAファイナンス』などの専門書に譲るが、ある程度理論に裏付けられた企業価値を計算したうえで交渉にあたるようにしたい。

売却する際には、自分の所有する株式のうちどれくらいの割合を売却するのかを選択できる。また、株式ではなく、いくつかある事業のうちの一部を売却することも可能である。いずれにしろ、事前に何をいくらで売りたいのか、理論的に説明できるようにし

ておかなければならない。

　さらに、自分の人生において現在の事業経営がどんな意味を持っているのかも考えておく必要がある。売却して経営権を譲渡してしまってから後悔しても遅いのである。

　そしてもう1つの大事な点は、売却するタイミングである。タイミングによって買収に関する多くの要因が変化する。たとえば、業界の情勢が変化し、将来の業績見通しが変わることもあるだろうし、株式市況の変化によって売却価格を決めるときに参考になる類似会社の株価が変化することもある。その結果、売却価格ばかりでなく、売収の成否自体にも影響が出る。

2● 株式公開

　株式公開とは、未公開企業の株式が、不特定多数の投資家が購入できるよう市場に売りに出されることである。株式公開によって、その企業は、創業者など特定少数の人たちが所有する会社から、不特定多数の株主によって所有される企業となる。

　株式売却がネガティブなイメージを伴うのに対して、株式公開はポジティブなイメージを持たれているのではないだろうか。株式公開を大きな夢とする起業家も多い。しかし、以下に示すように、株式公開にもメリット／デメリットがある。

【メリット】
- 保有株式売却によって、多額のキャピタルゲインが得られる。また、株式資産・担保価値や株式の流通性も向上する。
- 金融機関や顧客などからの信用が高まり、一般の人たちからも認知されるようになる。信用力・知名度の向上が、ビジネスチャンスにつながる可能性もある。
- 資本市場からの資金調達が可能になり、より有利な条件で資金調達ができるようになる。
- 従業員の帰属意識やモラールが向上する。また、社外からより良い人材を確保できるようにもなる。
- 株式公開を行うためには厳しい審査基準があり、これをパスするために内部管理体制を整備、強化しなければならない。その結果として、会社の経営基盤も安定する。

【デメリット】
- 株式が広く売買されるようになれば、投機的投資家や大企業などに株式を買い占められ、経営権が奪われる危険にさらされるようになる（いわゆる乗っ取り）。

- 経営情報のディスクロージャーの義務が発生し、企業としての秘密を保つことが難しくなるおそれがある。
- ディスクロージャーに要する事務処理およびそのコスト負担がある。昨今では、コンプライアンス重視の流れもあって、その金額は予想以上に多額にのぼる。
- 株式買収に比べ、公開をするまでの長い準備期間、煩雑な事務手続き、関係者との調整などが必要とされる。タフでストレスの多いプロセスである。

　日本経済全体がこれまでにないような苦境にある中で、新事業は日本経済の活性化の一翼を担うものとして、期待の目が向けられている。さまざまな店頭市場に登録する企業の数も、かつてより増加している。公開の条件も緩やかになった。会社設立から5年内に株式公開を果たす会社も珍しくなくなっている。
　1人でも多くの人が、素晴らしいビジネスプランをつくり上げて事業を成功させ、満足のいくイグジットを実現することを期待する。

第2章

ビジョンとミッション、経営理念

● 第2章のはじめに
[目標と規律でベクトルを合わせ、モチベーションを高める]

●

　多くの新事業リーダーが、新しいビジネスを始めようと思うとき、まず考えるのはビジネスモデルや戦略面の計画だろう。どのような市場を狙って、どのような製品をつくろうか、どのようなルートで売ろうか、といったことに思いをめぐらすはずである。また、戦略を数字に落とし込んだ財務計画にも、当然関心は向くはずだ。売上げはいくらになるのか、費用はどのくらいかかるのか、いったい利益は生み出せるのだろうか……。

　言うまでもなく、これらは非常に重要なポイントである。ビジネスプランを書くにあたっても戦略をよく練り上げ、数字をよく検討したうえで書き始めなければ、説得力のあるビジネスプランはできないだろう。だがそのほかにも、見逃されがちではあるが、ビジネスプランに欠かせないポイントがある。「ビジョン」そして「ミッション」「経営理念」である。

　ビジョンとは「創業者や経営者が考える企業の理想の姿」であり、平たく言えば「将来的にどんな企業になりたいか」を言葉で表したものである。長期の事業目標と言い換えてもいいだろう。ビジョンなど端からわかっている、改めて書き表す必要もないと思っている読者もいるかもしれない。だが、ビジョンを言葉として表すのは意外に難しい作業である。なぜなら、多くの場合、ビジョンは頭の中にあっても漠然としていることが多いからである。

　漠然としたものを表に出しはっきりさせることで、目指す事業の目的地がはっきりしてくる。目的地が決まれば、それに向けて経営戦略も立てやすくなる。詳しくは本文で述べるが、ビジョンをビジネスプランの中に書き表すのは、戦略的にも非常に重要な作業なのだ。

　ビジョンが具体的な像を示すのに対して、ミッションや経営理念は企業としての使命感、信念や哲学を表す、よりソフトな要素だ。これらは、さらに行動指針につながり、従業員の意思決定や行動の拠り所となる。そして、さらには組織文化に影響を与える。

　良き組織文化を持っている企業は、そうでない企業に比べて、従業員のモチベーションや業績が高いことが示されている。しかし、組織文化は目に見えるものではなく、ま

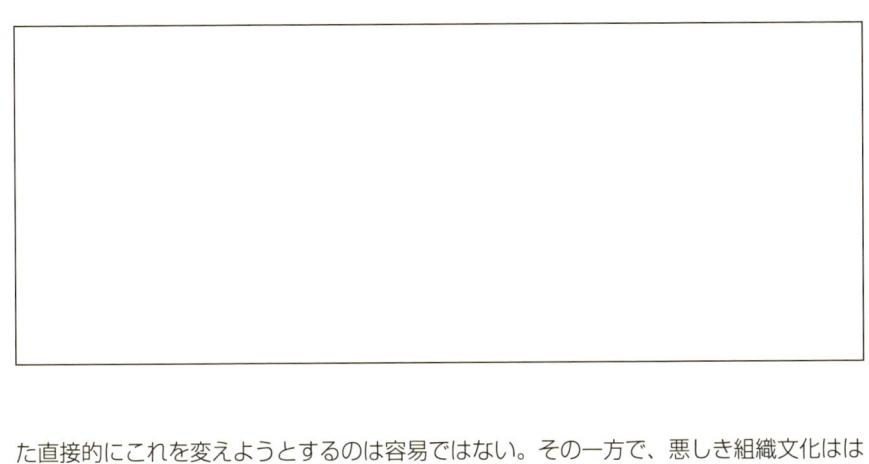

た直接的にこれを変えようとするのは容易ではない。その一方で、悪しき組織文化ははびこりやすいという側面もある。そういうときに、拠り所となるミッションや経営理念が具体的に示されていると、「ここに立ち返ろう」と人々を説得することができるのである。

　知的産業分野やサービス分野が産業の中心になってきている現在、ビジョンやミッション、経営理念が事業展開の方向性を決め、ひいては企業活力や個々人のモチベーションの源泉となるケースが増大している。

　第1節では、まずビジョンの重要性を述べた後、どのようなビジョンをつくれば経営に役立てることができるのか、そうしたビジョンはどのようにしてつくればよいのかを考える。第2節では、同様に、良いミッションや経営理念の果たす役割について、特に組織文化と関連付けながら考えていく。

1 成功する事業を導くビジョン

POINT

　ビジネスプランの文書の中では「ビジョン」が占めるページ数は少ない。しかし、ビジョンには重要な役割がある。事業の道標となり、社員や取引先などのステークホルダーを動かす原動力となるのだ。
　どのようなビジョンをつくり、それをどのようにステークホルダーに浸透させるかによって、ビジネスの成否が左右されると言っても過言ではない。

CASE

　グーグル（Google）は現在、検索連動広告を売る広告代理店、ニュースなどのコンテンツを持つポータル事業、メールのプロバイダ、地理情報などのソフトウエアハウス、携帯電話の基本ソフト「アンドロイド」を持つプラットフォーム・ベンダーなどさまざまな顔を持ち、医療や宇宙開発といった分野まで展望に入れながら拡大成長を続けている。一見すると、脈絡なく無関係に多角化を行っている印象すら与えるが、すべての事業には共通項がある。
　「世界中の情報を整理し、世界中の人々がアクセスできて使えるようにすること」というビジョン（グーグルのホームページではこれを「使命」としているが、ビジョン的な要素が強く、また実際にグーグルのビジョンとして紹介されることも多いため、ここではこれをビジョンとして扱う）がベースになっているということだ。このビジョンに基づいて、グーグルがどのように事業を発展させてきたか、その歩みを概観してみよう。

＊＊＊＊＊

　1998年秋、アメリカのスタンフォード大学のラリー・ペイジとセルゲイ・ブリンは画期的な検索エンジンを引っ提げて、ITベンチャーを立ち上げた。彼らが開発した検索エンジンは非常に検索精度が高く、学内でも評判になっていた。
　先行するヤフー（Yahoo!）などの検索エンジンは、ディレクトリー型と呼ばれ、人の手によって選別してデータベースを構築し、使いやすさを追求していた。しかし、人

為的な判断が入るので、ある程度の品質は担保されるが、ウェブ上で増殖していく膨大な情報量の前には情報処理のスピードが追いつかないという問題を抱えていた。グーグルはロボット型エンジンを採用することで、人為的な判断をなくし、あらゆる情報を走査して関連情報を集めることを狙った。

とはいえ、情報は単にあればいいというものではない。その重要性を判断して、スクリーニングをかけることが不可欠である。そこで、グーグルが編み出したのが「ページランク」という考え方である。ウェブサイトに張られているリンクの数を数えることでサイトの人気度を測り、その順番に検索結果を並べて表示する。それによって重要なサイトを見つけやすくしようと考えたのである。

もちろん、人気と質は必ずしも一致するわけではない。リンクの数だけで、その情報の質を本当に表せるかというと疑問が残る。この点について、ペイジとブリンは次のように考えた。

「アカデミックの世界では、高く評価される論文には必ず引用文献がある。そして、よく引用される論文は信用され、影響力を持つ。それと同じ考え方で、重要なサイト（多数のリンクが張られているもの）とつながっているリンクを重視すれば、完璧ではないにせよ、ある程度の質はクリアできる」

こうした考え方に基づき、リンク数によるレーティング・システムを組み込んだ検索エンジンを開発し、精度を高めていった。ちなみに、グーグルの社名は、10の100乗を指す「googol（ゴーゴル）」という数学用語に由来する。「ウェブ上で使用可能な膨大な量の情報を組織化する」という会社のビジョンが反映されていた。

起業当初は、検索エンジンの技術をさまざまなネット企業や組織にライセンス提供して事業収益を獲得し、ユーザーには無料で公開するというビジネスモデルを想定していた。ヤフーなどは広告収益を獲得するビジネスモデルをとっていたが、グーグルはサイト上の広告は目障りだと考えていた。サイトは極力シンプルにして、バナー広告やフラッシュ広告などは一切載せない方針をとった。

だが、最初の1年間はグーグルの検索エンジンに対する市場の反応は鈍く、なかなかライセンス契約を獲得できなかった。ユーザーに無料で検索し続けてもらうには、ビジネスモデルの見直しが必要だった。そこで1999年末にグーグルは方針転換をし、広告モデルを導入することにした。

検索結果に対して広告主や出資者などが影響を及ぼさないよう、境界線を設けて検索結果と広告を区別することにした。広告表現においても、検索の邪魔になるポップアップ広告やグラフィック広告は排し、短い同一スタイルの文字広告のみとし、そこから広告主のサイトにリンクする仕組みをとることにした。広告用ビジュアルを作成する手間

がないぶん、広告主は掲載を決めてから広告をアップするまでの時間を短縮することができた。

　その後、広告についても検索結果と同じように、クリック数と広告主の提示額の両方を合わせて計算し、それによって表示順位を決める仕組みを導入した。人気のある広告は上のほうに表示されるのだが、場所の決定権は企業が押し付けるのではなく、ユーザーに持たせようと考えたのだ。「ウェブでも民主主義は機能する」というのは、ペイジが信じる「10の事実」の1つである。

＊＊＊＊＊

　2000年後半、アメリカではITバブルが崩壊し、破綻するベンチャー企業が相次いだ。その中で、グーグルは強気の戦略をとった。ビジョンに「世界中の情報」「世界中の人々」という言葉が含まれているが、それを具現化させるために、積極的に海外展開を図り、多言語に対応できる体制を築いていったのである。

　グーグルはそれまで、とりたててプロモーション活動は行わず、主にクチコミをベースにユーザーを獲得してきた。しかし、さらに知名度を高めるために、個人サイトにグーグルの検索ボックスを掲載してもらい、そこで検索されると料金を払う、アフィリエート・プログラムを導入した。これによってグーグルの存在感は急速に高まっていった。

　2001年、サン・マイクロシステムズの最高技術責任者だったエリック・シュミットを会長に迎え、三頭体制での経営を開始した。業務提携やM&Aにも積極的に乗り出すようになった。マイクロソフトと対立していた大手プロバイダのAOLと提携し、検索エンジンで先行していたインクトミやオーバーチュアからのスイッチに成功した。

　グーグルは、自社のソースコードを非公開として保護する立場をとるマイクロソフトなどとは違って、コードを公開して誰もが開発できるようにするオープンソースの考え方を支持している。ページランクなどのコア技術以外は、ソースコードを開示しているほか、地図、カレンダー等々のAPI（アプリケーション・プログラミング・インターフェース）などのリソースも公開し、開発者が自由に使えるようにしている。

　これによって、ライバル社もグーグルの技術が使えることになってしまうが、さまざまな人々が新世代のプログラムの開発に携わり、技術を促進させていくことは、結果的にグーグルにとってもメリットがあると考えている。

＊＊＊＊＊

　その後もグーグルは、世界中の最新ニュースが参照できる「グーグルニュース」、世界のさまざまな動画を集めて閲覧できるようにした「動画サービス」（当初は独自で開発

していたが、その後、YouTubeを買収)、メールの保存や検索が簡単にできる「Gメール」などのサービスを追加していった。

一見すると、MSNやヤフーのようなポータルサイトと同じようなサービス攻勢に思えるかもしれないが、根底に流れる発想はビジョンに基づいている。通常のポータルサイトでは、多くのコンテンツでユーザーを引きつけて、サイトでの滞留時間を長びかせることで、広告が目に触れる機会を増やすことを狙っている。これに対して、グーグルのサービスでは、滞留時間は重視していない。ユーザーが関心を持ちそうな情報を整理し、関連する広告を提示することでヒット率を高めようと考えている。あくまでも「情報を整理し、使いやすくする」ことに主眼があるのだ。たとえば、グーグルニュースは、ニュース記事の見出し一覧が提示されるが、ユーザーの関心に応じてレイアウト変更ができるようになっている。

後から追加されたサービスの多くは、「20%ルール」から生まれている。これは、ポストイットなどユニークな技術を生んだことで有名な3Mの15%ルールを模したもので、グーグルのソフトウエアのエンジニアは勤務時間の20%、もしくは1週間のうち1日は、自分が興味を持つプロジェクトに打ち込むことができる、というものだ。

また、グーグル本社ビルの壁にはホワイトボードが設置されている。中心となるキーワードを図の中央に置いて、そこからキーワードを線でつなげていく「マインドマップ」と呼ばれる書き方で、社員が自由にグーグルの将来の夢を書き込めるようになっている。月面基地や太陽系惑星間ネットワークなど壮大な夢なども含まれているが、こうしたこともあながち夢では終わらない可能性もある。

グーグルは2005年にNASAと提携し、広範な分野で共同研究開発に取り組んでいる。科学と医学とテクノロジーの融合を通してより良いサービスを生み出そうと、遺伝子研究や生物学などの分野にも挑んでいる。一見かけ離れた分野に思えるものも、ビジョンの関連性の中から生まれたアイデアなのである。

ビジョンを核に、豊かな発想力でさまざまな分野にチャレンジを続けるグーグル。今後、どのような事業を手がけていくのか、目が離せない企業の1つだ。

理論

1●ビジョンとは何か

本章では、ミッションや経営理念に先だって、ビジョンについて考えていく。ビジョンのほうが戦略の策定、ひいてはビジネスプランの作成に、より直接的な影響があるか

らである。

　ビジョンには明確な定義はないが、本書では「創業者や経営者が考える企業の理想の姿」、平たく言えば「将来的にどんな企業になりたいかを言葉で表したもの」を「ビジョン」と定義する。さらにミッション（企業の使命）や経営理念（経営哲学）と区別し、ビジョンはその時代に合わせて変化していく、より具体的な目標と考える。

　グーグルで言えば「世界中の情報を整理し、世界中の人々がアクセスできて使えるようにすること」がビジョンとなる。ただし、創業以来変化しておらず、また、同社自体が「使命」という言葉を用いていることから、厳密にはビジョンとミッションの中間的な位置付けと言える。しかし、具体的なイメージを喚起できるという面からは、やはりビジョン的色彩が強いと言えるだろう。

　ビジョンの表現は企業によってさまざまだ。グーグルのようにミッション的な色合いを帯びることもあれば、中長期的な事業目標や事業の方向性などを具体的に盛り込む場合もある。

　前者の例として、花王がある。下記のようにミッション的な色彩が強いものである。

　「私たちは、それぞれの市場で消費者・顧客を最もよく知る企業となることをグローバルにめざし、全てのステークホルダーの支持と信頼を獲得します」

　なお、花王は、これとは別に、以下を使命として謳っている。

　「私たちは、消費者・顧客の立場にたって、心をこめた"よきモノづくり"を行ない、世界の人々の喜びと満足のある豊かな生活文化を実現するとともに、社会のサステナビリティ（持続可能性）に貢献することを使命とします。この使命のもと、私たちは全員の熱意と力を合わせ、清潔で美しくすこやかな暮らしに役立つ商品と、産業界の発展に寄与する工業用製品の分野において、消費者・顧客と共に感動を分かち合う価値ある商品とブランドを提供します」

　後者の、中長期的な事業目標や事業の方向性などを具体的に盛り込んだ例として、**図表2-1**と**図表2-2**にヤマハと中部ガスのビジョンを挙げた。花王のビジョンとは、表現も内容も大きく違っているのがわかる。

　リーダーシップ研究で知られる南カリフォルニア大学教授のバート・ナヌスは、ビジョンは以下のようなものであるべきだ、と主張する。

①組織にも時代にも適合している。
②将来の成功を明示し、組織の高い理想を映し出している。
③目的と方向性が明らかである。

第1節　成功する事業を導くビジョン

図表2-1　ヤマハのビジョン

2020年に向け、新たに4つのフロンティア（事業領域）への挑戦を通して成長の質を変え、ひとまわり大きな個性的企業になることを目指します。（2008年2月発表）
2010年を初年度とする中期経営計画では、当社の基軸であるパーソナルモビリティとエンジンの2つの領域に集中して資源投入し、将来成長シナリオの実現に注力します。

Frontier 2020
ありたい姿：成長の質を変える

- ひとまわり大きな個性的企業
- 持続可能な高成長
- 活気あふれる組織文化

その他事業
その他事業
その他事業
基盤事業
2007

ブランド
パーソナルモビリティー
新領域
2020

出所：ヤマハのホームページ

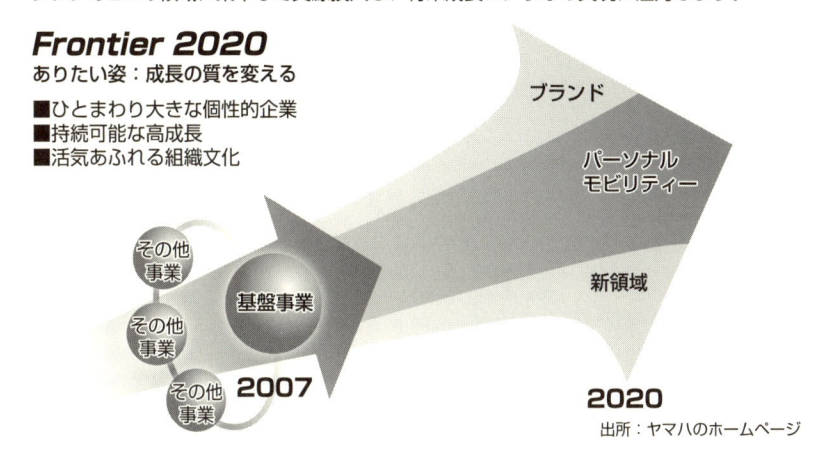

図表2-2　中部ガスのビジョン

【当社のめざす方向（ビジョン）】
「お客さまから選ばれつづける企業」として、クリーンエネルギーである天然ガスの普及拡大をとおして、環境負荷低減をはじめとした地域への貢献と、お客さまへの新しい価値提案や安心提供により持続的な拡大成長をはかります。

【重要な取り組み】
多様化していく市場に対応した新たな事業モデル構築への変革をおこなっていきます。
❶静浜幹線導通を見据えた産業用市場の拡大・深耕
❷幅広い生活提案をとおしたお客さまとの絆の強化によるお得意さまの増加・防衛
❸収益性向上による企業体質の強化

ビジョン実現のための基本方針

基本方針❶
大口市場におけるガス販売の量的拡大・質的向上

基本方針❷
小口市場における競合対抗と基盤強化

基本方針❸
信頼を高める安全高度化の推進

基本方針❺
グループとの積極的な連携による事業の成長

基本方針❹
人材育成・組織の体質強化と、地域企業として社会的責任を重視した企業行動の遂行

出所：中部ガスのホームページ

④人々に熱意を持たせ、やる気を奮い起こさせる。
⑤非常に明瞭でわかりやすい。
⑥組織の個性、独自の能力が反映されている。
⑦野心にあふれている。

(出所:バート・ナヌス『ビジョン・リーダー』産能大学出版部、1994年)

ケースに挙げたグーグルのビジョンも、以下のように、ナヌスが挙げた条件をほぼ満たしていると言える。

①情報化社会を見据えたものであり、時代に適合している。
②「世界中の」という部分に高い理想がある。
③何をしたいのかがわかりやすい。
④チャレンジングな像であり、人々を大いに奮い立たせる。
⑤わかりやすく、簡潔である。
⑥きわめて個性的でユニークと言える。
⑦誰もチャレンジしたことがない領域であり、野心的である。

では、なぜ良いビジョンの条件としてこれらのポイントが挙げられたのだろうか。そもそもビジョンが必要な理由は何なのであろうか。特に新事業を始める場合にビジョンが必要なのはなぜなのか、次に見てみよう。

2●なぜ、ビジョンが必要なのか

●――― 事業の全体像を明確にする

1つ目の理由は、ビジョンをつくることによって、これから具体的にどのような事業を展開していこうとするのかをはっきりさせることができる、ということだ。

冒頭で述べたように、ビジョンとは「経営者が描く企業の理想の姿」、つまりは「事業の目的地」である。目的地があれば、そこまでどうやってたどりつくか、戦略を立てやすい。逆に目的地がなければ、戦略の立てようがない。ビジネスの世界は、競争が激しい。いつ誰が似たような事業で競争を仕掛けてくるかわからない。そのときに体系立った戦略がなければ、相手の動向に踊らされるだけだ。

したがって、まず自分が何をやりたいのかをよく考え、具体的なビジョンとしてまとめることが大切になるのである。そこから具体的な経営戦略を導き出して初めて、ビジ

ネスの世界に船出する準備が整ったと言えるだろう。

◉ 事業展開の道標となる

　会社や事業を展開していくうえで、当初描いたビジネスプランどおりに事が進むことはごく稀であろう。外部環境や内部環境の変化により、当初予想していたのとは前提条件が変わってくることは珍しくない。頼りにしていたクリエイターや技術者が他社に引き抜かれて製品やサービスの開発が行き詰まってしまう、などということも起こりうる。このようなときに、経営戦略を再構築するための重要な道標がビジョンである。

　ビジョンがあれば、現状をビジョンと比較して、現状とビジョンのギャップはどのくらいあり、どうすればギャップを埋めることができるかを考えることができる。戦略は変わっても、それまでと同じ目的に向かって進むことができるのである。ビジョンがなければ、目的地がないのと同様であり、経営が場当たり的になってしまうのだ。

　もちろん、ビジョンも絶対的に不変のものではない。事業環境が変わればそれに合わせてビジョンも進化させる必要が出てくる。しかし、そのときどきの目的地としてのビジョンは必ず必要になるのである。

◉ ステークホルダーへの意思表示をする

　魅力的なビジョンを示すことによってステークホルダー（企業に何らかの形で関わる利害関係者）を引きつけることができる、という効果も重要だ。

　会社の経営や事業展開には、多くのステークホルダーが関わってくる（**図表2-3**）。事業を実際に運営していく社員、事業に必要な原材料やサービスを納入してくれる取引先、製品やサービスを購入してくれる顧客、資金を提供してくれる投資家などだ。より優秀な社員が集まれば、より良い事業が展開できるし、より多くの顧客が集まれば、それだけ売上げが上がる。より良い投資家から資金が集められれば、資金だけでなく経営ノウハウまで教えてもらえる可能性がある。

　つまり、優秀で協力的なステークホルダーを集めれば、事業の成功率は高くなっていくはずだ。

　ちなみにグーグルは、初期の段階から「世界中の天才たち（優秀な博士号取得者など）」を引きつけることに成功したが、その際、同社のビジョンが1つの決め手となったものと考えられる。

　新しい事業を始める場合、ステークホルダーとの関係も一からつくり上げていかなければならない。そこで強力な武器となるのが、ビジョンなのである。

図表2-3　事業は多くのステークホルダーに支えられている

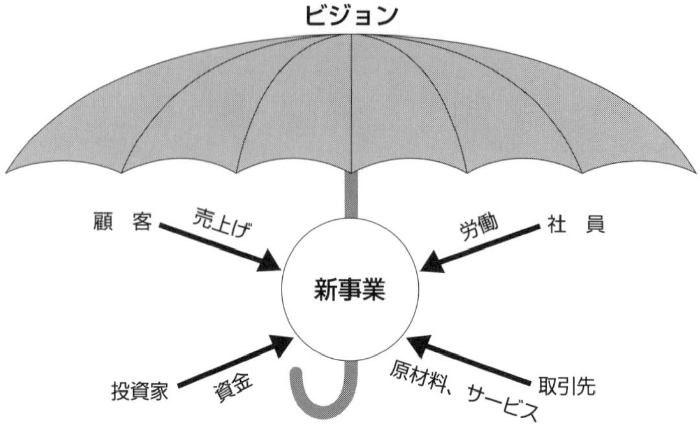

（ビジョンという傘の下に「新事業」があり、顧客→売上げ、社員←労働、投資家→資金、取引先→原材料・サービス が集まる図）

● ─── 社員の自立促進

　ビジョンに限らず、ミッションや経営理念でも言えることだが、しっかりしたビジョンは、従業員の意識統合と自立尊重という相反する効果をバランスよく実現することにも寄与する（**図表2-4**）。

❶ 意識統合効果

　ビジョンは、メンバーのさまざまな意識をチーム目標に統合する効果を持つ。

　組織結成時のすべてのメンバーは、基本的にはスタンドアロン型のコンピュータのように独立しており、価値観、信念、喜怒哀楽の感情の反応度、論理形態、判断能力などが各人で異なっている。これらの個人に内蔵された差異を1つにまとめ、組織としての競争力を持たせるために、最も主要な役割を果たす情報がビジョンなのだ。組織の向かう方向性を「具体的に」示すからである。

❷ 自立尊重効果

　ビジョンを共有することによって、人々の行動を拘束するプロセス手順、手段、規約、規程、ルールなどの細々とした規定や規制の量を最小化することができる。なぜなら、ビジョンの実現という枠組みの中で、組織を構成するメンバーに個々人の創造力と自主性を発揮するための最大限の自由度が与えられるからだ。

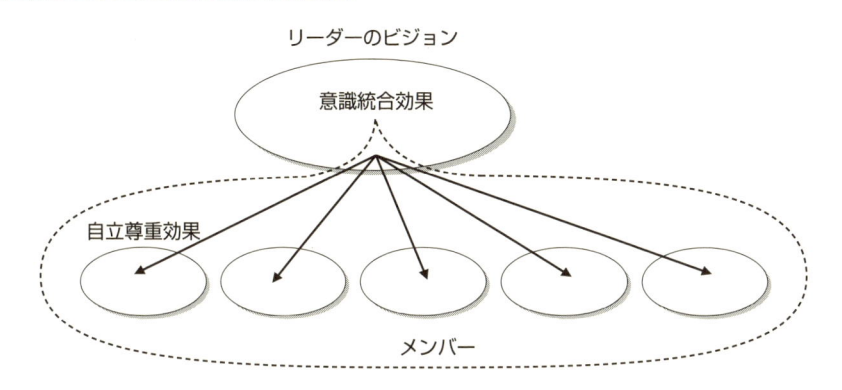

図表2-4　ビジョンの相反する効果

リーダーのビジョン
意識統合効果
自立尊重効果
メンバー

3● 良いビジョンを生み出す方法

　どの企業も、できることなら良いビジョンをつくり上げたい、と思っているはずだ。はたしてどのようにすれば良いビジョンがつくれるのだろうか。
　主に3つの観点が必要である。1つは、経営者の夢や理想から導かれる「やりたいこと」。2つ目は、現実的な経営資源に基づいた「やれること」。そして3つ目に、社会からの要請である「求められていること」である。
　この3つをベースに、新事業リーダーを中心に主要メンバーでディスカッションしながら、高い次元で同時実現できるように練り上げていくと、魅力的で、かつ現実的なビジョンが出来上がる可能性が高くなる。
　以下、「やりたいこと」「やれること」「求められていること」の3つについて、もう少し考察してみよう。

◉――― やりたいこと

　ビジョンは、基本的には新事業リーダーの夢や理想に基づいたものである。新事業リーダーが「こんな会社にしたい」と考えたことが、ビジョンに反映されるはずである。そうでないビジョンは、往々にして平板で魅力に欠ける。
　一方で、新事業リーダーの夢をそのままビジョンにすれば良いビジョンができるかというと、そうとは限らない。新事業リーダーは得てして事業に対する思い入れが激しく、現実から離れすぎていたり、目指す事業の方向が必ずしも時代に合ったものではなかっ

たりする。夢を持つのは重要なことだが、ビジョンは現実的かつ具体的でなくてはならない。
　そのためには、まず新事業リーダーが自身を磨くことだ。さまざまな体験や学習（たとえば、著名な起業家のビジョンを勉強する）をし、さまざまな人と交わることで、単なる夢をより現実感あるものにしなくてはならない。信頼できる人々と議論することも有効だ。それにより、ビジョンの魅力度を推し量ったり、客観的な示唆を得たりすることが可能となるからだ。

● やれること

　やれることについては、自分の実力と、自社あるいは事業のリソースについての現状把握がまずは必要になる。
　すでに会社が設立されていて新規事業を開発する場合は、自社のどこが強みで、どこが弱みかを把握しておく。当然のことながら、強みを生かせば経営資源を有効活用でき、市場でも優位に立てる可能性がある。
　新しく会社を始める場合には、現在どのような経営資源があり、新たにどのような経営資源が得られるかを考えておく。ただし、最初からあまり制約を設けないほうがよい。優れた新事業リーダーの資質として、「現有資源に制約されないマインド」がある。現状資源の把握はもちろん重要だが、自分の能力や会社の能力も見据えながら「ここまでならできるはず」と高くストレッチした目標設定を行うことが重要である。

● 求められていること

　求められていることに関しては、当然、市場や業界とマクロ環境の現実に目を向けることが必要となる。市場や業界についての情報とは、具体的には大きな市場トレンド、想定顧客の不満や潜在ニーズ、競争相手の情報、代替品についての情報、業界の商慣習に関する情報などである。
　これらの情報は、その業界におけるチャンスを見つけるためにも有効である。たとえば、非効率な商慣習があれば、それを変えることで新規事業を生み出せる可能性がある。
　ただし、ここで意識しておきたいのは、詳細な経営戦略を練るわけではなく、ビジョン設定のための情報収集をしているのだということである。したがって、細かな情報収集や分析をする必要はない。この段階で顧客のニーズを知るために大がかりなマーケティング・リサーチなどをしていたら、莫大な費用がかかってしまう。日頃から想定ユーザーや業界関係者の生の声を聞いておく、新聞・雑誌やウェブなどで情報収集するといった地道な努力を怠らないことである。

「求められていること」を考えるうえでもう1つ重要なのは、マクロ環境（政治、経済、技術、社会、人口動態など）についての情報である。たとえば少子高齢化は、さまざまな事業機会を生み出すマクロトレンドだ。また、近年では、CSR（Corporate Social Responsibility：企業の社会的責任）に対する関心が高まっている。そうした要素も含めて、社会が何を求めているかを考えることが必要となる。

以上、良いビジョンをつくるための3つの要素を見てきた。繰り返しになるが、どれか1つに偏ることなく、最大公約数的な安易な妥協案で満足するのではなく、粘り強く、これら3つの要素を高い次元で融合させることが求められる。

なお、既存企業の新事業におけるビジョン策定の注意点としては、本社や親会社の企業ビジョンや、ミッション、経営理念と合致しなくてはならないということがある（ミッションと経営理念の詳細は第2節を参照）。本社の経営資源を生かし、本業とのシナジー効果を生むためには、新規事業と本業が同じ価値観や未来像を共有する必要がある。そもそも本社の企業ビジョンと相反するようなビジョンを掲げた事業は、計画の段階で却下されてしまうであろう。

4● ビジョンから具体的な経営計画へ落とし込む

前項までで良いビジョンとは何か、それはどのようにして生まれるかについて見てきた。しかしいくら良いビジョンができても、実施されなければ意味がない。ただの「絵に画いた餅」で終わってしまう。ビジョンを実行に移すには、ビジョンよりもっと具体性のある経営計画に落とし込む必要がある（**図表2-5**）。そしてもちろんそれらは、第3章で解説するビジネスモデルや事業戦略、マーケティング戦略などに裏付けられていなくてはならない。

これは簡単に言えば、ビジョンという目標を達成するために、そのときどきで何をすればよいかを考えていくプロセスである。しかし、ビジョンをもとに一足飛びに経営計画をつくることはできない。なぜなら、ビジョンはあくまでも「理想の姿」であり、具体的な事業内容をはっきり示したものではなく、また現状からかけ離れていることが多いからだ。

したがってビジョンをもとに経営戦略をつくるには、一方でビジョンをにらみながら、他方で一歩一歩実現可能な戦略を構想し、計画を積み上げていく作業が必要になる。

例を挙げよう。ある衣料品専門店チェーンのビジョンの1つが「2020年までに売上

図表2-5　ビジョン実現までの過程

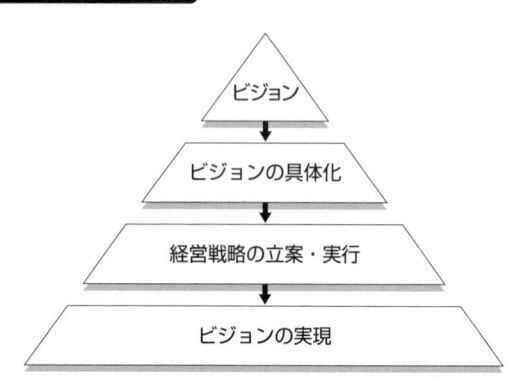

```
        ビジョン
           ↓
      ビジョンの具体化
           ↓
     経営戦略の立案・実行
           ↓
       ビジョンの実現
```

高を1兆円に」だったとする。ビジョンにはここまでしか書かれていなくても、実際の経営計画では具体的にどのような店舗を、いつ頃、どこに出店し、どのような製品を販売し、各年の年商はいくらで、各店舗の売上げは年間何％伸びるか、などの計画を立てなければならない。それらの計画を積み上げて2020年の売上高が1兆円になるようにするのである。ただし、これらの計画、特に直近のものについては、非現実的であってはならない。たとえば、まったく資金のあてがないのに、大規模な設備投資計画などは入れるべきではない。

　漠然としたビジョンの場合は、さらに具体化の過程が複雑になる。たとえば先の衣料品専門店チェーンのビジョンが「顧客に最も愛される店」だったとしたら、愛されるとは具体的にどんなことなのか、顧客の来店頻度が高いことなのか、それとも人気のある製品が置いてある店なのか、などを考える必要がある。そして、顧客の来店頻度が高い店を目指すなら、どこにどのような店舗づくりをしたらよいか、またそのような店舗づくりは可能なのかを検討しながら計画を作成していくことになるだろう。こうしたことから考えても、ビジョンは極力、具体的なイメージが湧くような記述が望ましいことがわかるだろう。

　このようにして、理想像（ビジョン）と現実の間のバランスをうまくとりながら、経営計画を練り上げていく。このとき、ビジョンをつくるために集めた情報も活用できるだろう。また、経営計画を練り上げていく中で、逆にビジョンのほうを修正するという作業も発生してくる。両者はそれぞれ独立して存在するわけではなく、密接に関係しているのだから、当然と言えよう。ただし、その際には、経営計画の生々しい現実に引っ張られすぎて、ビジョンとしての魅力が殺がれないように注意が必要だ。

5● ビジョンをステークホルダーに浸透させる

　第2節のミッションや経営理念にも共通することだが、ビジョンはステークホルダーに浸透させ、共有してこそ有効に機能する。いくら良いビジョンを描いたとしても、ステークホルダーに浸透していなければ、彼らの力が結集されない。新事業リーダーがいくら頑張ってビジョンを実現しようと奔走しても、社員や取引先、投資家の協力が得られなければ実現できる可能性は低いのである。

　最も重要かつ効果的で実施しやすい方法は、新事業リーダー自ら、あるいは事業立ち上げのコアメンバーが、ビジョンを繰り返しステークホルダーに語りかけることである。社員に対しては、採用面接時に説明するほか、研修や全社ミーティングなどの際に語りかけたり、確認しあったりすることができる。その際、可視化されたチャートがあれば、より有効だ。

　経営環境が変わってビジョンの見直しが必要な場合には、社員を巻き込んで、どんなビジョンをつくり上げればよいか、共に考えるという方法もある。また、オムロンの元社長、立石義雄は、朝に時間があるときには直接社員を呼んで、同社のビジョンや経営理念について話していたという。

　言葉で訴えると同時に、経営メンバーが身をもってビジョンを実践することも大切だ。社会貢献活動の充実をビジョンの要素として掲げているのなら、トップが進んで社会貢献に努めるべきだ。

　一般消費者など不特定多数にビジョンを広めようとする場合は、別の方法が必要だ。事業として取り扱っているものが最終消費財ならば、製品を通じて間接的にビジョンを伝えられる。一貫したビジョンに基づいて製品を販売していれば、製品にも一貫性が生まれるからだ。もっとはっきり伝えたい場合は、宣伝やパブリシティなどの手段をとる。新聞や雑誌に広告を載せたり、雑誌の記事で取り上げてもらうなどの方法である。こういった方法は、潜在的な取引先や投資家、社員などにアピールするという効果もあり、将来のビジネス拡大にも役立つ。

●───ステークホルダーにとって魅力のあるものにする

　事業の成功がステークホルダーの活躍に大きく依存している以上、ステークホルダーが魅力的だと感じることをビジョンに含めておくと、彼らをより積極的に事業に関わらせるのに効果がある。ケースで述べたグーグルは、自分の能力を思う存分発揮したいと思っているビジネスパーソンには魅力的であろう。同社は、技術者が中心になって設立

した技術開発型の企業であるから、まずは優秀な技術者を引きつけ、彼らの能力を発揮させることが重要だったものと思われる。しかし、技術者に限定せず、マーケター的な人間をも引きつける内容になっている点が秀逸と言える（その点、ソニーの設立趣意書などは、かなり技術者に比重を置いている）。

ビジネスモデルなどによって、重要なステークホルダーは変わる。ただ単にさまざまな人を引きつけようとするのではなく、事業の成功に欠かせないステークホルダーは誰かを見極め、その人々に訴えかけるビジョンをつくることが重要である。

6 ● ビジネスの成長に合わせ、ビジョンを見直す

ここまでは、事業計画時、あるいは立ち上げ期を前提にしてビジョンの話を進めてきた。ここからは、事業が軌道に乗ってからのビジョンの進化について、簡単に触れておこう。

事業が軌道に乗ると、新たな成長段階「転換期」に入る。この時期の特徴として、以下のようなことが挙げられる。

- 立ち上げ期を直接知らない人たちが、社員やマネジャーとして参画してくる。
- 専門化された組織がそれぞれの担当業務にあたるようになり、事業立ち上げメンバー自らがすべてに関わることはなくなる。
- 資金繰りや売上げ確保に奔走することが少なくなり、事業の拡張や長期計画の策定などにマネジメントの関心が向くようになる。
- 取引先や顧客など、外部のステークホルダーが増えてくる。

このような変化を踏まえ、経営者はどのようにビジョンを進化させればよいのだろうか。主なポイントを挙げてみる。

❶ より現実に即したビジョンにする

まず、立ち上げ期よりも現実に即したビジョンに進化させることである。実際に事業がスタートすると、事業環境の変化など事業開始前には予想しなかった事態が頻繁に発生し、開始前に描いたビジョンと実際の事業が乖離してくる。その乖離の程度は事業によりさまざまだが、事業を進めるうちに、このままでビジョンが達成できるのか、またどの程度のタイムスパンで達成できるのか、といったことが次第に明らかになる。この段階で、現実を踏まえて、将来どのような方向に進めばよいかを検討することが必要だ。

❷ より具体的なビジョンにする

2つ目は、ビジョンに、より具体性を持たせることである。転換期には、ステークホルダーの数が多くなり、各ステークホルダーの事業への関わり方も多様化する。そうしたステークホルダーの理解を求めるためには、よりわかりやすく、具体的なビジョンが有効である。

❸ 事業立ち上げ期の熱い思いを維持する

ビジョンをより現実的に、具体的に進化させる一方で、変えてはならないものもある。事業を立ち上げたときの熱い思いである。

誰もが理想を持って事業を始めたはずである。それが初期のステークホルダーを引っ張り、新たなステークホルダーを獲得する牽引力にもなった。この熱い思いを忘れ、キャッシュの創出ばかりに関心が向いてしまったようなビジョンでは魅力は半減だ。熱い思いを支持し、事業を支えてきたステークホルダーが去ってしまうことすら考えられる。

パソナグループ代表の南部靖之は、グループ全体の売上げが2000億円を超えた現在でも、「社会の問題を解決する」という創業当時の熱い思いを常に訴求している。

また、たとえ創業期の事業プランやアイデアが予定どおりに進んでいなくても、創業期の純粋な思いは持ち続けていたいものである。

進化させたビジョンを浸透させる方法

ビジョンを浸透させる方法も、創業期とは若干変える必要が出てくる。具体的には、より外部に向けてビジョンを訴求し、その回数も増やしていく。

前述したように、転換期には組織体制は機能的、量的に変化を遂げる。社員数は増加しており、多地域展開をしていれば物理的な距離も遠くなる。その結果、トップのビジョンを社員にダイレクトに伝える機会が少なくなる。社員の中に、事業立ち上げ期を知っている層と知らない層、トップのビジョンが身に沁みている層とそうでない層などの違いが出てくる。

したがって、転換期にはこれらの問題を解消するよう、ビジョンの浸透方法を見直す必要がある。具体的な方策としては、トップがビジョンの策定、浸透に割く時間を増やすことである。トップのワークロードも立ち上げ期に比べ、オペレーションなどに割かなければならない時間が少なくなる。実務面から解放された時間をビジョンの浸透にあて、組織全体にビジョンを伝える活動を増やすべきである。

また、組織の規模によっては、トップ以外の経営陣、マネジャーにビジョン浸透の役目を任せなければならない。トップ自ら伝えるのではないので、自らが伝える場合より

慎重に仕組みを検討すべきであろう。昨今では紙媒体以外にイントラネットやインターネットを使うこともできるので、自らビジョンを伝達できないマイナス面を補完する手法も検討したい。

● ビジョンの浸透度を確かめる

このようにビジョンを浸透させる仕組みを編み出し、浸透させる努力をしたら、次のステップとして、ビジョンの理解度や浸透度を検証・分析する。その結果、ビジョンがあまり浸透・共有されていないようだったら、そのまま同じ方法で推し進めるのか、ビジョン浸透の仕掛けを再検討するのかを考えなくてはならない。

ビジョンの浸透度を確かめる最も単純な方法は、ステークホルダー、特に社員に尋ねることである。ミーティングの際に確認し合ってもよいし、不意打ちに「わが社のビジョンとは何か」と聞く方法もある。

ビジョンの浸透に関して重要なことは、「ビジョンの文言がステークホルダーによって記憶されているか」ではなく、「浸透したビジョンが経営にどう生かされているか」である。ステークホルダーがビジョンを間違いなく言えたとしても、それが事業に生かされていなければ何の意味もない。したがって、ビジョンの浸透度を確かめる際にも、実際の経営との結び付きに重点を置いて検証していくことが重要であろう（**図表2-6**）。

図表2-6　ビジョン完成後のフォローアップ：浸透と検証

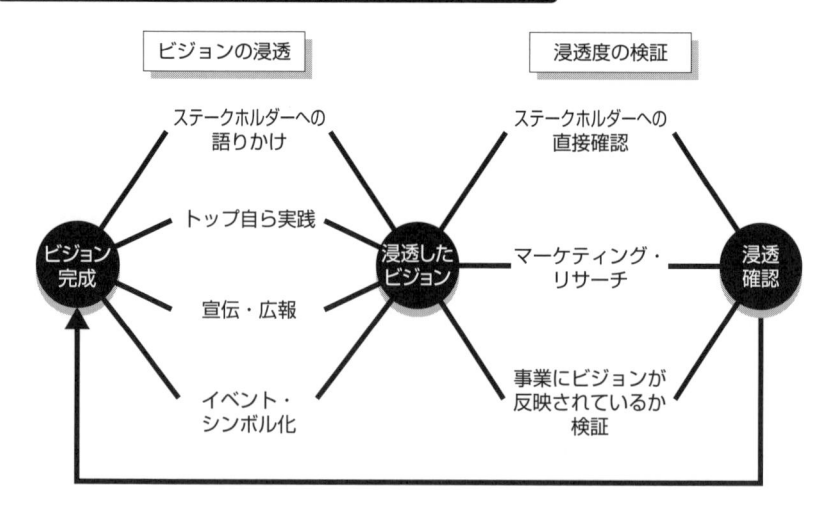

2 ミッション、経営理念

POINT

　昨今、ミッションや経営理念への注目が高まっている。変化が速く、個人の価値観が多様化する中で、ミッションや経営理念が組織の求心力を高めるとともに、最終的には良き企業文化の創出につながっていくからである。

CASE

　日本を代表する自動車メーカーのホンダは、1948年に浜松で創業されて以来、まずは二輪車で世界一を目指し、その後に四輪車へとステップアップを遂げた、稀有な会社である。

　ホンダの経営理念には、自動車やエンジンが大好きで、常に大きな夢を追いかけ、周囲の人々にはすぐにカミナリを落とし、ゲンコツをふるいつつも、人情味にあふれる親父として愛された、創業者の本田宗一郎の哲学や思想が色濃く反映されている。

　ホンダのホームページには、次のような基本理念、社是、運営方針が掲げられている。

基本理念：	人間尊重
	三つの喜び（買う喜び、売る喜び、創る喜び）
社是 ：	わたしたちは、地球的視野に立ち、世界中の顧客の満足のために、質の高い商品を適正な価格で供給することに全力を尽くす。
運営方針：	常に夢と若さを保つこと。
	理論とアイディアと時間を尊重すること。
	仕事を愛しコミュニケーションを大切にすること。
	調和のとれた仕事の流れを作り上げること。
	不断の研究と努力を忘れないこと。

　トヨタ自動車の創始者、豊田佐吉の考え方をまとめた「豊田綱領」と比べると、両者の社風の違いがわかるだろう。

豊田綱領──豊田佐吉翁の遺志を体し
　一、上下一致、至誠業務に服し、産業報国の実を挙ぐべし。
　一、研究と創造に心を致し、常に時流に先んずべし。
　一、華美を戒め、質実剛健たるべし。
　一、温情友愛の精神を発揮し、家庭的美風を作興すべし。
　一、神仏を尊崇し、報恩感謝の生活を為すべし。

　トヨタ自動車は、無駄を徹底的に排除して合理性を追求した「リーン生産方式」と「ジャスト・イン・タイム」に代表されるモノづくりの文化を持ち、コツコツと品質を磨き、コストダウンを図る、まさに質実剛健で実直な気風がある。これに対してホンダは、夢や喜びを原動力として、新しい発想や商品力で道を切り拓こうするスタンスで、事業の開発・発展に取り組んできた。

＊＊＊＊＊

「三つの喜び」という概念は、創立から3年目の1951年、社内報である「ホンダ月報」に宗一郎が「我が社のモットー」として打ち出したものだ。

　第一の造る喜びとは、技術者にのみ与えられた喜びであって、造物主がその無限に豊富な創作欲によって宇宙自然の万物を作ったように、技術者がその独自の技術によって文化社会に貢献する製品を作り出すことは、何物にも代えがたい喜びである。しかもその製品が優れたもので社会に歓迎されるとき、技術者の喜びは絶対無上である。技術者の一人である私は、かような製品を作ることを常に念願として努力している。
　第二の喜びは、製品の販売に関わるものの喜びである。我が社はメーカーである。我が社でつくった製品は代理店や販売店各位の協力と努力とによって需要者各位の手に渡るのである。この場合に、その製品の品質、性能が優秀で、価格が低廉である時、販売に尽力される方々に喜んでいただけることは言うまでもない。良くて安い品は必ず迎えられる。良く売れるところに利潤もあり、その品を扱う誇りがあり、喜びがある。売る人に喜ばれないような製品を作る者は、メーカーとして失格者である。
　第三の喜び、すなわち買った人の喜びも、最も公平な成否の価値を決定するものである。製品の価値を最もよく知り、最後の審判を与えるものは、メーカーでもなければディーラーでもない。日常製品を使用する購買者その人である。『ああ、この製品を買ってよかった』という喜びこそ、製品の価値の上に置かれた栄冠である。私は、我が社の製品の価値は、製品そのものが宣伝してくれるとひそかに自負しているが、

これは買ってくださった方に喜んでいただけることを信じているからである。

いまでこそ、顧客や従業員、さらには販売チャネルといったステークホルダーの満足を重視する考え方は一般的になったが、当時はまだモノを投入すれば売れる時代であり、こうした考え方は非常に先進的だった。

＊＊＊＊＊

　この「三つの喜び」を体現した商品が、1958年に発売以来、ロングセラー商品となったオートバイ「スーパーカブ」である。

「蕎麦屋の出前のお兄ちゃんが片手で乗れるクルマをつくりたい」という宗一郎の言葉を実現させるために、開発の際にまずこだわったのがエンジンである。50ccバイクのエンジンは2ストロークが常識だったときに、世界で初めて4ストロークのエンジンを採用した。

　さらに、クラッチ操作は手ではなく、足でペダルを踏んで行うようにした。フロントフェンダーなどの原材料として、鉄ではなく新素材のポリエチレンを採用したことにより、55キログラムという軽量化とコストダウンを同時に実現した。この軽量化によって、9500回転という高回転、高出力型のエンジンを搭載したにもかかわらず、燃費の良さでは2ストロークのエンジンを上回った。

　燃料タンクはスペースの前部ではなく、シート下に設置した。スカートをはいた女性でも、乗るときにまたぎやすいようにとの配慮からだ。乗りやすい高さ、止めたときに足をつけるときの具合、安定性など、さまざまな観点から検討した結果、当時量産されていなかった17インチのタイヤを採用し、ホンダ向けに製造してもらえるようタイヤメーカーに掛け合ったりもした。

　宗一郎の右腕の藤沢武夫は、この細部までこだわりぬいた新商品を見て、「月販3万台はいけるだろう」と太鼓判を押した。ホンダの既存車種の生産台数は月6000～7000台であり、3万台というのは国内のバイクメーカー全社を合計した規模に迫るような、大胆な数値目標だった。

　この販売目標を達成するには既存の販売代理店だけではカバーできないと、DMを使って新たな販売店を開拓した。最終的に全国1500店の販売ネットワークを構築したが、その内訳を見ると、材木商、乾物店、シイタケ栽培業者など、オートバイに関係のない業種も多数含まれていた。十分なアフターサービスをするためには、地域に根付いた人に販売してもらうのが一番だ、という藤沢の意向によるものだ。

　雑誌広告で用いたキャッチコピーは、「ソバも元気だ　おっかさん」。スーパーカブに

乗れば、蕎麦が伸びないうちに迅速に出前ができることを表しており、実用性や利便性を前面に出してアピールした。

こうして、スーパーカブは目標に迫る月2.7万台のペースで売れる大ヒット商品となった。

＊＊＊＊＊

　国内で成功を収めた後、次に照準を合わせたのが海外である。1959年にアメリカ市場に参入、1961年にはドイツのハンブルクに拠点を設け、1963年にはベルギーに現地工場を建設した。

　ホンダの技術力を世界に知らしめるために、1907年に始まり二輪車のオリンピックと言われるイギリスのマン島T・T・レースにも参戦した。当初は歴史あるヨーロッパのメーカーには敵わないだろうと冷笑されたが、1959年に6位入賞。1961年には125ccと250ccのクラスで5位まで独占という快挙を成し遂げ、「世界のホンダ」と呼ばれるまでになった。

　さらに、宗一郎が目指したのが、四輪車への進出である。1957年から58年にかけて、50人近い技術者を中途採用し、四輪車の開発体制を組んだ。長期戦で納得のいく自動車をゆっくり開発するつもりだったが、思わぬ障害がもたらされた。1962年、貿易自由化の要求に対抗し、官民協調の産業振興を推進するために、通商産業省（現経済産業省）が「特定産業振興臨時措置法」の構想を打ち出したのである。これは、国際競争力をつけるために、日本の自動車メーカーを合併ないし整理統合して2、3社に絞りこんで、設備投資を進めるという内容のものだった。この構想が実現すれば、後発メーカーが自動車産業に参入することができなくなる。宗一郎は、自由競争が産業を育てると主張し、自動車を生産する権利を訴えた。

　法案成立前に四輪車の生産実績をつくるために、開発と生産が急ピッチに進められた。1962年10月の自動車ショーに、初の四輪車「本田スポーツS360」など3機種を出展。その後、この法案は審議未了により廃案となったが、結果的にはホンダの四輪進出を促進することになった。1967年には軽自動車「ホンダN360」が大ヒットし、1972年には小型乗用車「シビック」を発表する。

　ホンダの夢の追求は、宗一郎が去った後も続いている。ヒト型ロボット「ASIMO」の開発は、自動車メーカーらしからぬ試みとして世間を驚かせた。しかし、ホンダのユーザーには「ロボットをつくっている会社の車に乗っている」という夢や喜びを与える試みと言えるだろう。

　ハイブリッド車、電気自動車、燃料電池車など、環境対応車へとシフトが進み、既存

の自動車大手も安穏としていられない時代に入っている。しかし、だからこそ、宗一郎の哲学や夢の継承は今後も重要になっていくだろう。

理論

1● ミッション、経営理念とは何か

第1節ではビジョンについて説明した。では、ミッションや経営理念とはどのようなもので、ビジョンとどのような関係にあるのだろうか。

まず、ミッション（使命）の定義だが、企業が責任を持って成し遂げたいと考える任務と言える。「社会に対しては○○を、顧客に対しては△△を常に提供し続ける」「地球上のすべての国から貧困をなくす」などが典型的だ。ホンダのケースでは、社是がこれに近い。

一方、経営理念（philosophy）は、企業が拠って立つ信念や哲学、経営姿勢を表明したものと言える。「常に新しい価値の創造に挑戦し、ビジネスにおける新機軸を打ち出す」「従業員に対し、相互啓発し成長できる場を提供する」などである。ホンダのケースでは、基本理念がこれにあたる。

これらとビジョンの関係は、**図表2-7**のように表せるだろう。

図表2-7 ミッション、経営理念とビジョン

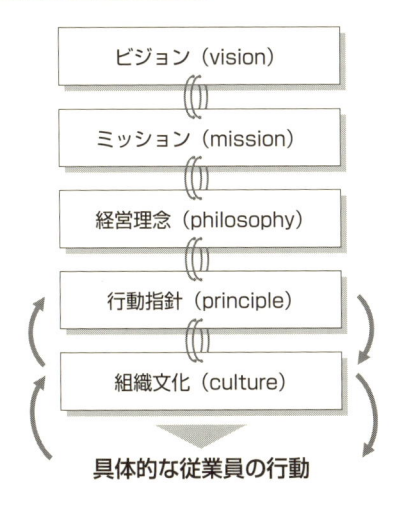

- ビジョン（vision）
- ミッション（mission）
- 経営理念（philosophy）
- 行動指針（principle）
- 組織文化（culture）

具体的な従業員の行動

この図からもわかるように、ミッションや経営理念の下には、さらに行動指針と組織文化がある。
　行動指針とは、従業員に、こういった行動をとってほしいと考える基本的な方向性である。「強烈な願望を胸に抱く」「誰にも負けない努力をする」「既存の経営資源に制約されないマインドを持つ」などが該当する。ホンダのケースで言えば、運営方針がこれに近い。
　組織文化は、構成員の間で共有された価値や意識、あるいは習慣化した行動の集合体である。例としては「争いごとは避ける」「品質とスピードだったら、品質にこだわる」などがある。組織文化を形成するものとしては、創業者の価値観、組織に蓄積された成功・失敗の経験や学習などがあり、組織の歴史を反映する。組織文化は、ビジョンなどとは異なり、通常、明文化されない。なお、ホンダは、この組織文化が良いことでも有名であり、「自由闊達に議論する」「挑戦する」といった組織文化が受け継がれていると言われている。

　ミッションや経営理念が重視されるのは、ビジョンと同等あるいはそれ以上に従業員の日々の行動習慣に影響を与えるからである。組織文化に影響を与えると言ってもいい。組織文化とは、言い換えれば、ある組織にとって、何が善であり評価されるのか、何が悪であり罰せられるのかを暗黙的に表すものだ。
「顧客目線で考える」ということが経営理念に謳われており、それが徹底していれば、上司がいちいち指示しなくても、従業員はそのような行動をとるのが当たり前だと考える。つまり、良いミッションや経営理念があり、それが組織に徹底されていると、良き企業文化が生まれ、ステークホルダーへの価値貢献がしやすくなるのだ。同時に、ステークホルダー（特に従業員と顧客）の満足度が高まり、強い組織が生まれやすくなるのである。
　それゆえ、組織のアウトプットを高めるような組織文化を残し、逆にアウトプットを阻害する組織文化を排除することが、企業にとって重要である。そのためにも、組織文化の前提となるような良いミッションや良い経営理念をつくり、それを浸透・体現していくことが、経営者やマネジャーには求められるのである。

　良いミッション、経営理念の典型例として、ジョンソン・エンド・ジョンソン（J&J）の「クレド（我が信条）」（**図表2-8**）がある。これは、ミッションと経営理念に加え、行動指針を織り込んだものと言えよう。まとめて「ウェイ（Way）」という言い方もできるかもしれない。

図表2-8　我が信条（Our Credo）

我々の第一の責任は、我々の製品およびサービスを使用してくれる医師、看護師、患者、そして母親、父親をはじめとする、すべての顧客に対するものであると確信する。
顧客一人一人のニーズに応えるにあたり、我々の行なうすべての活動は質的に高い水準のものでなければならない。
適正な価格を維持するため、我々は常に製品原価を引き下げる努力をしなければならない。
顧客からの注文には、迅速、かつ正確に応えなければならない。
我々の取引先には、適正な利益をあげる機会を提供しなければならない。

我々の第二の責任は全社員──世界中で共に働く男性も女性も──に対するものである。
社員一人一人は個人として尊重され、その尊厳と価値が認められなければならない。
社員は安心して仕事に従事できなければならない。
待遇は公正かつ適切でなければならず、働く環境は清潔で、整理整頓され、かつ安全でなければならない。
社員が家族に対する責任を十分果たすことができるよう、配慮しなければならない。
社員の提案、苦情が自由にできる環境でなければならない。
能力ある人々には、雇用、能力開発および昇進の機会が平等に与えられなければならない。
我々は有能な管理者を任命しなければならない。
そして、その行動は公正、かつ道義にかなったものでなければならない。

我々の第三の責任は、我々が生活し、働いている地域社会、更には全世界の共同社会に対するものである。
我々は良き市民として、有益な社会事業および福祉に貢献し、適切な租税を負担しなければならない。
我々は社会の発展、健康の増進、教育の改善に寄与する活動に参画しなければならない。
我々が使用する施設を常に良好な状態に保ち、環境と資源の保護に努めなければならない。

我々の第四の、そして最後の責任は、会社の株主に対するものである。
事業は健全な利益を生まなければならない。
我々は新しい考えを試みなければならない。
研究開発は継続され、革新的な企画は開発され、失敗は償わなければならない。
新しい設備を購入し、新しい施設を整備し、新しい製品を市場に導入しなければならない。
逆境の時に備えて蓄積を行なわなければならない。
これらすべての原則が実行されてはじめて、株主は正当な報酬を享受することができるものと確信する。

出所：J&Jのホームページ

J&Jでは、実際に従業員やマネジメントが意思決定に迷ったときには、クレドを読み、どう意思決定することがクレドに適うかを徹底して考えるという。その意味で、まさに組織に根ざしたミッション、経営理念であり、組織文化に強く影響していると言えよう。

◉─── **社会的意義をアピールする**

良いミッションや経営理念の条件として、良き組織文化の醸成につながることを挙げ

たが、もう1つ、事業の社会的意義のアピールがある。これは、社内だけでなく社外のステークホルダーに訴えかけるとより有効だ。

前述のJ&Jの例では、顧客や従業員、株主だけではなく、地域社会への貢献まで明確に表明している。ケースで取り上げたホンダでは、「地球的視野に立ち、世界中の顧客の満足を追求する」と謳うことで、地球規模の価値貢献を前面に出している。企業は規模がどんなに小さくても社会の一員であるのだから、多大な社会的貢献をする企業に対して人々が好印象を持つのは当然のことであろう。

特に近年はCSR（Corporate Social Responsibility：企業の社会的責任）が強く問われる時代である。顧客のみならず、広く社会貢献を謳うことは社員を動機付けるだけではなく、さまざまなステークホルダー、特に優秀な社員を引き寄せるうえで非常に重要な意味を持つ。

2● 組織文化への影響

さて、先に、ミッションや経営理念は、組織文化に大きな影響を与えると書いた。繰り返しになるが、もう一度、組織文化について理解を深め、ミッションや経営理念との関係や差異について触れておこう。

まず意識してほしいのは、従業員が行動するにあたって、ミッションや経営理念よりも組織文化のほうが、より従業員の意識に根ざしているという点だ。会社が崇高な理念を掲げていたにしても、ある行動が周りで習慣化していれば、多くの人間はその行動に従ってしまうものだ。だからこそ、現場に根ざした組織文化の良し悪しが、組織の良し悪しを見る重要な要素とされるのだ。

ビジョンやミッション、経営理念、そして行動指針があくまでも意図（Intent）であり、結果ではないのに対して、組織文化は行動の原因であり、結果でもあるという点も重要だ。それゆえに、行動の結果によって、良い方向にも悪い方向にも変化していく（**図表2-7**を参照）。

コントロールが難しいのも、組織文化の特徴である。実際、世の中のさまざまな文化を見回しても、「意図して実現・浸透した」文化というのはなかなかない。さらに、多くの組織文化は、すぐに「易き」に流れ、劣化していくことが多いという問題もある。たとえば、かつては挑戦することが企業文化であったにもかかわらず、頭の良い人材が増え、企業として成長して「失うもの」が多くなった結果、チャレンジ精神が失われ、官僚的発想が跋扈するというのはよくあるパターンである。

ビジョン、ミッション、経営理念との整合性がぶれてしまうことが多い点も指摘できる。この三者は、整合性を確認しながらつくられることが多く、明文化されていることも多いので、不整合は発見しやすい。それに対して、組織文化は文章として可視化することが難しいため、往々にして先の三者とギャップが起きるのだ。

こうした特徴や難しさがあるからこそ、経営者は以下のようなさまざまな手段を講じて、良き組織文化を維持しようとするのである。

- 自らの行動や発言
- 人事考課などの評価
- 採用や昇進昇格（解雇や降格）
- さまざまな逸話や社史の作成、浸透

組織にとって好ましい組織文化を醸成する

組織にとって好ましい組織文化を醸成するためには、まず、ミッションや経営理念をしっかり考え抜くことが大切だ。ビジョン同様に、事業立ち上げのキーパーソンが関与し、策定作業を通して、その組織文化の背景などについても同じ意識を持てることが望ましい。

そして、新事業リーダー自身が、事業開始当初からコミットする必要がある。好ましくない組織文化が芽生えてきたら、これと戦っていくことである。組織文化は意図しなくても、時間の経過とともに徐々に形成されてしまうからである。

好ましい組織文化は意図的につくらなければならない。新事業リーダー自身が好ましい組織文化について、わかりやすい言葉で表現し、繰り返し言及し、かつ行動で表すことである。優れた新事業リーダーは取り立てて「良い組織文化をつくろう」とは思っていなくても、「こういう会社にしたい」という願いがあり、それが言動に出る。これは、結果として、組織文化を意図的につくっていくのと同じことになるのだ。

組織文化は、強力に根付くと、硬直的になりやすい。バックグラウンドが似通った人が集まると組織文化が強化され、その結果、ますます似通った人ばかりが入ってくるようになるという相互作用によって、硬直した文化が蔓延することになる。これを防ぐ1つの方法は、異質な人材を意識して採用するようにし、異質さを個性として重んじる文化を早い段階から植え付けることである。

ただし、異質ではあっても、新事業のビジョンやミッションを共有できることは必要である。他のメンバーとのコミュニケーションが成り立たないのでは、チームとして動けないからである。

> **良い企業文化**
>
> 　組織のアウトプットを高め、高業績に結び付く組織文化として、ハーバード大学教授のJ.P.コッターとJ.L.ヘスケットは、以下のポイントを挙げている。
>
> - ステークホルダーに対して強い関心を示す。
> - 変革を促すリーダーシップの発揮を重視する。
> - 外部環境に合致した戦略の立案と、その実践に積極的に取り組む。
> - 重要な価値観を共有している人々を採用して、その能力開発を行う。
>
> 　この4つのポイントのキーワードは、外部への関心、変化の肯定、価値観の共有であろう。
> 　これに加えて、個人とチームの行動を重視する観点から、以下のようなポイントが挙げられる。キーワードは、行動、個の確立、組織への貢献、責任である。
>
> - 過去から学びながらも、過去を否定し、新たに創造する。
> - 個人としての独自の意見を持つ。
> - 主体的、能動的に行動する。
> - 個人としてだけではなく、常にチームを意識し、チームで学習する。
> - 自らの目標、貢献、行動に強い責任感を持つ。
> - 全員が責任ある意思決定者としての行動をとる。

● ──── 組織文化の変革

　組織文化が望ましくないときには、それを変革する必要がある。
　組織文化の変革では、ルイス・ガースナー元IBM会長兼CEOの例がある。ガースナーは、大型コンピュータ中心の製品・技術志向の組織から、顧客志向の組織への変革を打ち出した。営業の組織を製品別・地域別から顧客の産業分野別に変える、顧客満足度を報酬に反映させるなど、組織形態や報酬制度の変革のほか、ガースナー自身が顧客訪問に時間を割き、訪問時には顧客の要望をメモにとるなど、率先して「顧客志向」のロール・モデルとなった。
　ミッションや経営理念は重要だが、往々にして「美しいスローガン」と化してしまい、現実と乖離してしまいがちだ。たとえば「従業員への信頼」「顧客重視」などは、多くの企業で提唱されているが、言うは易く行うは難し、というのが実態であろう。IBMの

ガースナーの例のように、トップ自らがわかりやすい行動で示す、という一見簡単なことが、意外にできていないのだ。
　それどころか、ミッションや経営理念に謳った文言に反する言動を無意識のうちにしてしまっていることもある。「従業員への信頼」を唱えながら、説明もせずに決定の実行だけを要求したり、従業員が意見を述べると余計なことを言うなとばかりにとがめたり、といったことである。ささいなことと思うかもしれないが、ちょっとした言動で人や組織の「本音」の価値観は出てしまうものである。本人は気づかなくても、従業員や顧客、取引先などは敏感に感じ取るものである。
　ミッションや経営理念は、美しい言葉を使ってつくれば、それで完了というものではない。常に、その本質を再確認し、浸透させる努力が必要なのである。

第3章 ビジネスモデルと戦略

● 第3章のはじめに
[あなたの事業は生き残れますか？]

　ビジネスプランにおいて、読み手が財務予測と並んで注目するのがビジネスモデルと事業戦略のパートである。なぜならば、このパートこそが「どのような事業を、どのように行うか」を述べているからである。

　どのような価値を、誰に対して提供していくのか、競合との違いは何なのか、どの程度大きくなる市場なのか、競争は激しいのか、事業の成功のカギは何で、それに対してどのような打ち手が可能なのか、事業リスクをヘッジする仕組みはどうなっているのか、そして、製品・サービスや事業構造を競合が模倣することは容易なのか否か……。こうした事業計画の要諦は、ビジネスプラン上に明示されるか否かは別として、ビジネスモデルと事業戦略のパートで吟味されることになる。

　どれだけ素晴らしい財務予測を並べたところで、事業の仕組みや戦略の部分が貧弱であれば、おそらく読み手は「戦略的な裏付けのない単なる『計画』」とみなすであろう。事実、そうした見栄えのよい数字を並べただけの「捕らぬ狸の皮算用」的ビジネスプランはことのほか多い。そうした指摘を受けないよう、新事業リーダーはビジネスプランの核となるこのパートに時間をかけなくてはならない。

　このパートは、新事業リーダーの独創性、イマジネーションが問われる部分でもある。「A社（あるいはA氏）でもできる」事業ではなく、「A社だからこそできる」「A社だからこそ、このようにして競争に勝っていくことができる」事業を構想していくことが、長期にわたる競争優位を確立することにつながる。「A社でもできる事業」は、結局は「B社にも、C社にも、誰にでもできる事業」だからである。

　独創性、イマジネーションが重視される一方で、新事業リーダーは、そのフィージビリティ（実現可能性）について詳細を詰めておかなくてはならない。どんなに斬新で魅力的であったとしても、プランは、それだけでは何の価値も持たない。それが実現され、価値を生み出し続けて初めて、意味を持つのである。「絵に描いた餅」に終わらせないよう、フィージビリティを徹底的に詰めきることが必要だ。

　本章では、まず第1節で、企業にキャッシュをもたらす顧客と、彼らに対する提供価

値について述べる。つまり、「誰に、何を」の部分だ。
　そして第2節では、事業の仕組みであるビジネスモデルについて解説する。ビジネスモデルとは、「誰に、何を」を踏まえたうえで、「どのように」を「儲けが出る形で」示した構想である。この部分の設計がまずいと、せっかく良い人材や技術力、製品を抱えていても、儲からない構造、競争に勝てない構造、あるいは変化に対応できない構造になってしまう。
　第3節では、それを踏まえたうえで、成功する事業戦略について考えていく。なお、本章では、通常の教科書に書かれているような戦略論は最小限にとどめ、新事業の立ち上げ時に特有な事業戦略にフォーカスして解説する。
　最後に第4節では、より具体的なマーケティングとオペレーションの設計について簡単に解説していく。
　現実の戦略構築のヒントとしていただきたい。

1 標的市場と提供価値

POINT

　事業においてキャッシュをもたらすのは、第一義的には顧客である。どのような顧客を相手にし、どのような価値を提供することによって、キャッシュを得るのかを明確にすることが、考えるべき第1のポイントとなる。提供価値、そして具体的な製品・サービスの発想にあたっては、最終的に顧客のニーズを満たし、彼らのKBF（Key Buying Factor：主要購買決定要因）に合致させる必要がある。

CASE

　鎌倉投信は、個人投資家向けの資産形成と、社会の持続的発展の両立を目指す投資信託委託会社である。2008年11月、鎌田恭幸社長は外資系資産運用会社で共に働いたことのある仲間に声をかけて、鎌倉の古民家で起業した。
　創業メンバーの4人は、ビジネスの方向性について検討した。折しもリーマン・ショックが起こり、「金融の役割は何か」「信頼とは何か」「本当の豊さとは何か」を問い直す良い機会だった。熱い議論を経て、自分たちが創造していきたい価値、提案したい事柄を具現化した公募投資信託「結い2101」が生み出された。

＊＊＊＊＊

　鎌倉投信が考える投資とは、短期的な株価の値動きで利ザヤを稼いだり、効率的にリターンの最大化を狙ったりすることではなく、投資先の会社が行う事業やその会社に関わるさまざまな人によって創造される価値や豊かさを蓄えていくものだ。
　したがって、投資の成果についても、**図表3-1**にあるように、株式投資からのリターンによる「資産形成」だけでなく、「社会形成」や投資家の「豊かなこころの形成」が掛け合わさったものとして定義している。
　このうち「社会形成」とは、投資先の企業がこれから社会に対して生み出すメリットを、間接的に享受することを指している。
　たとえば、投資先の企業が障害者雇用を行っているとしよう。障害者は通常、健常者

図表3-1 「鎌倉投信」の考える投資

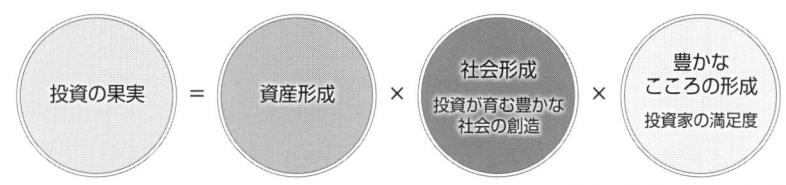

投資の果実 ＝ 資産形成 × 社会形成（投資が育む豊かな社会の創造） × 豊かなこころの形成（投資家の満足度）

出所：鎌倉投信のホームページ

に比べて就職が困難である。しかし、社会の経済活動から排除されれば、社会保障費を受け取り、福祉施設などで暮らしていくことになるだろう。それらはすべて国民の税金で賄われ、その金額は障害者1人につき生涯2億円にのぼるという。

ところが、企業が障害者を雇用し、自分で生計を立てられるようにすれば、彼らは税金を受け取る立場から、納める立場へと変わっていく。これは社会にとってプラスとなり、私たちにも間接的に恩恵をもたらす。鎌倉投信では、このような社会的な貢献活動を、企業が生み出す価値として積極的に評価することにしたのだ。

投資家は、高い志を持って、共感できるような活動を行っている企業にお金を託してその活動を支援することで、心の満足度を高めることができるのである。

このように金銭以外の要素をできるだけ「見える化」しながら、これからの日本の社会にとってプラスの効果をもたらすものを投資の果実として示すことにしたのである。

＊＊＊＊＊

こうした考え方に基づいて投資家から集めた資金を運用するため、鎌倉投信の投資先の選び方はとてもユニークである。単に業績や成長性などから企業を評価するのではなく、「人」（人財を活かせる企業）、「共生」（循環型社会を創る企業）、「匠」（日本の匠な技術・優れた企業文化を持ち、また感動的なサービスを提供する企業）という3つの観点で、これからの日本にとって必要とされる企業かどうかを判断する。

業績以外の要素を銘柄選定の条件としている投資信託としては、環境活動による貢献状況を重視するエコファンドや、社会的責任を果たしている企業に対して投資するSRI（Socially Responsible Investment：社会的責任投資）ファンドなどが一般的に知られている。

「結い2101」のコンセプトは、これらと類似する点もあるが、根本の発想は少し異なる。たとえば、「共生」という観点で環境関連の活動状況にも着目するが、それは評価の一部でしかなく、「人」や「匠」の観点が弱ければ投資の対象には含めない。

一般のSRIファンドの場合、ガバナンスの体制やルールなどの形式的・網羅的なものや、本業以外の活動などを評価することが多い。これに対して鎌倉投信は、その活動が本業であること、事業の実体性、継続性、一貫性を重視する。というのは、中小企業では大手並みに立派な制度を整備するのは、現実的に不可能な場合が多いからだ。だが、社会的貢献は会社それぞれに合った形で行っていけばよい。本業以外の活動は、本業が儲からなくなったらやめるという判断になりやすいが、それよりも本業を持続させて、社会に価値をもたらしていくことを重視する。

　実は、一般の投資信託では、中小企業は選定対象外となることが多い。規模の小さいほうがリスクが高いと判断されやすいうえ、中小企業が必要とする資金の規模が小さすぎて、大きなファンドの最低投資額に達しないケースもあるからだ。たとえば、30～50銘柄を組み入れたファンドを想定した場合、1000億円規模のファンドなら1銘柄当たり20億～30億円を投入する計算になる。そうすると、中小企業の時価総額を軽く上回ってしまうこともある。

　これに対して、鎌倉投信は中小企業に10万～100万円単位で投資することもある。ファンド全体に対する金銭的なリターンの貢献度は非常に小さくても、「社会形成」という観点で投資対象枠に入ればよい。地道な活動をしている、きらりと光る中小企業を積極的に支援していきたいと考えているのである。

　鎌倉投信は、たとえば、循環型社会の創出を目指して7つの分野で事業を展開するアミタホールディングスの子会社であるトムビシに注目している。トムビシは、山林の権利集約や間伐材の高付加価値化など、森林や林業のトータルマネジメントを手掛けるとともに、「森の学校」というプロジェクトを立ち上げ、地元住民と連携しながら地方の村の「森」や「木」の魅力、村の良さを伝える活動を推進している。

　また、岐阜県でスイッチボックスなどをつくっている未来工業は、人を大切にするという方針を掲げ、「常に考える」という経営理念が浸透している。労働条件を整え、アイデアとやる気を促進する環境づくりの結果、社員の4分の1が年間20件以上の提案を行い、1日に平均で約2個の新製品を生み出し、保有する特許なども3000件を超えている。さらに文化活動として、演劇の支援を持続的に行っている。

　しかし、こうした中小企業に関する情報は総じて少ない。鎌倉投信では、企業の規模ではなく、相手のことをよく知らないことが最大のリスクだと考えている。そこで、投資先候補のもとに足を運び、企業理念や価値観とその浸透具合、企業文化や風土などを実際に確かめるようにしている。

　もう1つ、他のファンドとの違いとして挙げられるのが、投資期間を長期に設定していることだ。ベンチャー企業などの場合、VC（ベンチャー・キャピタル）から資金提供

を受けると、限られた期間内にIPO（株式公開）をしたり、配当を出したりする必要が生じ、本来の事業特性とは異なる形で経営せざるをえなくなるケースがある。その点、満期を無期限に設定した投資信託で長期投資を行う「結い2101」では、その企業のあるべき事業展開に合わせて、資金を供給することができる。

＊＊＊＊＊

「結い2101」のマーケティングでは、環境問題、障害者雇用など、社会問題に対する意識の高い人々に参加を呼びかけている。社会問題を扱うセミナーや勉強会などにパネラーとして参加したり、自ら主催したりしながら、自分たちのコンセプトに共感してくれる人々を募っている。

とはいえ、複雑でわかりにくい商品に、一般の人が安心して投資できるはずがない。プロの投資家であれば資産配分や投資タイミングなどを心得ているが、個人投資家にはそうした知識はない場合が多い。言うまでもなく鎌倉投信では経験豊富なスタッフがそうした運用ノウハウを熟知しており、クオンツ運用（モデルを組んでデータ分析をしながら運用する手法）のテクニックを駆使しながら、お金がどのように運用されているか、個人投資家にもわかるように工夫している。たとえば、通常の公募投資信託の運用報告書では、売買の自由度などを考慮して個別投資先の情報は積極的に開示されてはいないが、鎌倉投信のスタンスは異なる。

たとえば、毎月発行される『結いだより』には、運用報告だけではなく投資先企業の紹介欄があり、その会社の特徴や選定理由などが書かれている。顔の見える、信頼できる会社に投資していれば、相場が下がっても個人投資家はあわてることなく、安心して成長を見守ることができると考えたのだ。

こうしたことが可能なのは、鎌倉投信が直販体制をとっているからだ。一般の公募投資信託の場合、運用機能と販売機能の担い手が異なり、販売元である銀行や証券会社などの販売会社は運用状況を詳しく理解していないことが多い。その点、販売会社の機能も備えた鎌倉投信は、顧客である個人投資家と投資先企業の双方に接点を持ち、運用の詳細についても把握している。そうした立場を生かして、書面でのコミュニケーションにとどまらず、顧客が直接、投資先の社長や鎌倉投信の運用者たちと交流する「場」をつくるという参加型アプローチを行っている。

これまでにない試みである「受益者総会」もその一例だ。株主総会と同じく、1年に1回、「結い2101」の受益者である個人投資家向けにファンド決算と運用の報告を行おうというものだが、投資先企業の社長、運用担当者、個人投資家が一緒にパネル・ディスカッションをする時間などが設けられている。

鎌倉投信の経営理念（会社の志）には、3つの「わ」というキーワードが出てくる。日本の普遍的な価値を育む「和」、会話や言葉に溢れ、夢や希望を分かち合う「話」、人の輪・夢の輪が広がる「輪」である（**図表3-2**）。同社は投資を通じて、そうした「場」をつくるとし、これを実現するために、オフィスである古民家では文化や自然に触れるためのさまざまな企画を頻繁に実施している。

個人の小口のお金の積み上げによって、未来の社会をつくる会社を育てていく。これは、個人の意識改革にもつながっていくはずだ。しかし、鎌倉投信が打ち出した考え方や価値観に多くの賛成票を投じてもらうには、さらに参加者を増やし、巻き込んでいかなくてはならない。本当に豊かな社会を創造していくために、鎌倉投信の挑戦はいま始まったばかりである。

図表3-2　3つの「わ」

3つの「わ」が鎌倉投信の信条です。

「鎌倉投信」は、
個人投資家の皆様の経済的な豊かさと、
3つの「わ」（和・話・輪）を
育む「場」でありたいと願います。

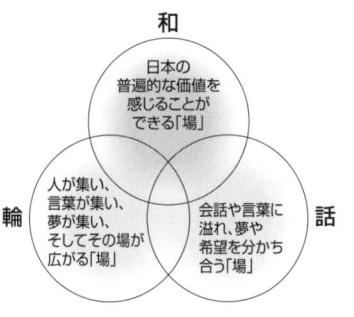

和：日本の普遍的な価値を感じることができる「場」
話：会話や言葉に溢れ、夢や希望を分かち合う「場」
輪：人が集い、言葉が集い、夢が集い、そしてその場が広がる「場」

出所：鎌倉投信のホームページ

理論

1●標的市場

標的市場とは、文字どおり、誰を対象に事業を行うかである。たとえば、「東京に住む資産10億円以上の資産家」「インドやインドネシアのBOP層（Bottom of the Pyramid：貧困層）」といったものである。鎌倉投信のケースでは、「社会に対する問題意識の高い個人投資家」といった定義となろう。

標的市場の選定は、通常、マーケティングのセグメンテーション、ターゲティングのフレームワークを応用する。セグメンテーションとは、市場を何らかの軸で切り分けることであり、ターゲティングとは、その中でどのセグメントを対象とするかを決めるこ

第1節　標的市場と提供価値

とである（詳細は『グロービスMBAマーケティング［改訂3版］』ダイヤモンド社を参照）。
　標的市場は基本的には、金額的規模が大きく、かつ成長が見込めることが望ましいが、そうした市場は競合の参入も多く、勝ち抜くのは容易ではない。だからこそ、セグメンテーションやターゲティングの手法を知り、自社が「勝てる」標的市場を選ぶことが必要になる。

◉── **セグメンテーション**

　セグメンテーションの軸としては、地理的変数、人口動態的変数、心理的変数、行動変数などが通常のマーケティングでは多用される。もちろん、これらは非常に有効であり、知っておきたいものだが、新規事業の立案にあたっては、以下のような変数で市場を切り分けてみることも有効だ。

❶ **既存の製品・サービスへの満足度**
　既存の製品やサービスに対して満足度が低い層がいれば、その層は新規事業にとって有望な市場となる。たとえば、ネット証券やネット生命保険は、既存のサービス提供者が取りこぼしていた層と言えよう。鎌倉投信の商品は、既存のSRIファンドなどでは満たしきれなかった顧客ニーズに応えるものと言える。

❷ **既存のプレーヤーの取り組み度合い**
　既存のプレーヤーが真剣に相手にしない層も、ビジネスモデルの構築の仕方によっては、有望な顧客となりうる。
　たとえば、弁護士業界においては、敷金問題などの少額訴訟は、かつては手間がかかるわりに儲からないとしてほとんど放置されていた。しかし、先進的な弁護士事務所は、パラリーガル（弁護士ではないものの、法律関係のサポートをする人々）を積極的に活用し、処理プロセスの定型化やマニュアル化を進めて規模化することで、こうした顧客層を取り込み、収益化していった。
　ローエンドの顧客も、場合によっては大きなセグメントとなりうる。企業（特にテクノロジー・ドリブン、つまり生産・技術力駆動型の企業）は、無意識のうちにハイエンドの顧客の声のほうに意識が向いてしまい、オーバースペックの製品・サービスに偏向してしまう傾向がある。従業員も単純な技術を見下す傾向があり、企業のハイエンド偏重に拍車がかかりがちだ（こうした状況を、ハーバード大学教授のクレイトン・クリステンセンは、「イノベーションのジレンマ」と呼んだ）。
　たとえば、携帯電話では、基本的な通話とメールだけできれば、あとは不要という層

も一定数いるはずであり、そこが狙い目となりうる。

❸ 自社の既存製品・サービスへの愛着度、熱狂度

　これは一種の心理変数であるが、事業拡大を果たすうえで非常に重要だ。たとえば、スポーツチームであれば、ロイヤルティの高いファンが多ければ、彼らを対象にTシャツなどのグッズの販売事業を拡大することができるだろう。それがさらにスタジアムに足を運ばせる誘因ともなる。

　たとえば、サッカー界のビッグ・クラブとして知られるFCバルセロナは、「クラブ以上の存在であること」をモットーとして掲げ、カタルーニャ地方の人々の誇りを喚起するような試合を提供することで、スタジアム収入のみならず、グッズ収入なども増やしている。

❹ 情報の非対称性

　近年、情報があふれる時代になったとはいえ、やはり企業と顧客の間には、情報の非対称性が存在する。複雑な製品・サービス（例：金融派生商品）や、滅多に使わない製品・サービス（例：葬儀サービス）では、特にその傾向が強い。一般に、情報が非対称なほど価格実現しやすく、有利にビジネスを進めやすい。

◉──── **ターゲティング**

　ターゲティングは、通常のマーケティングでは6Rのフレームワークが用いられるこ

図表3-3　事業評価マトリックス

②その市場で勝っていく（自社の強みや競合の視点）

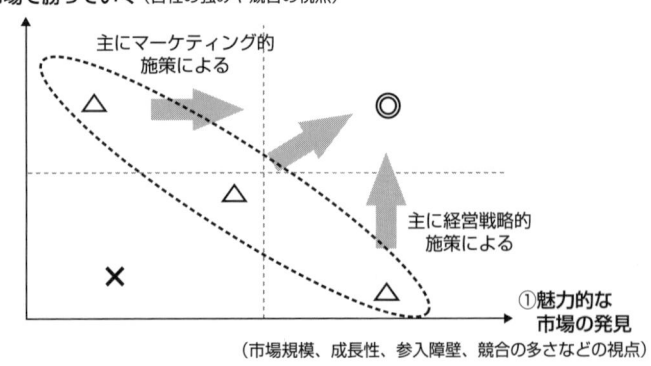

主にマーケティング的施策による

主に経営戦略的施策による

①魅力的な市場の発見

（市場規模、成長性、参入障壁、競合の多さなどの視点）

とが多い。6Rとは、有効な市場規模（Realistic Scale）、成長性（Rate of Growth）、競合状況（Rival）、顧客の優先順位／波及効果（Rank/Ripple Effect）、到達可能性（Reach）、反応の測定可能性（Response）である。

　新規事業の場合は、この中でも市場規模、成長性、競合状況を強く意識することが多い。つまり、「市場が魅力的で、なおかつ、その中で勝てるか」を意識するのである（**図表3-3**を参照）。

　ベンチャー企業ではない既存企業の新規事業では、上記の要素に加えて、「全社的なビジョンやミッション、経営理念に沿っているか」「他事業との間でシナジー（相乗効果）が効くか」などの要素を勘案するのが一般的だ。

◉───想定顧客の温度差──イノベーター理論

　想定顧客の中において、新製品・サービスに対する受容度合いには温度差があるのが一般的だ。イノベーター理論では、①イノベーター（革新的利用者）、②アーリー・アダプター（早期受容者）、③アーリー・マジョリティ（早期大衆）、④レイト・マジョリティ（後期大衆）、⑤ラガード（遅延者）に顧客層を分類する。

　製品・サービスにもよるが、①イノベーターと②アーリー・アダプターの合計は20％弱とされている。特にハイテク製品については、イノベーターとアーリー・アダプターを早期に見極め、彼らに浸透させるとともに、アーリー・アダプターとアーリー・マジョリティの間にある深く大きな溝（これをキャズムと呼ぶ）を乗り越えることが、

図表3-4　イノベーター理論

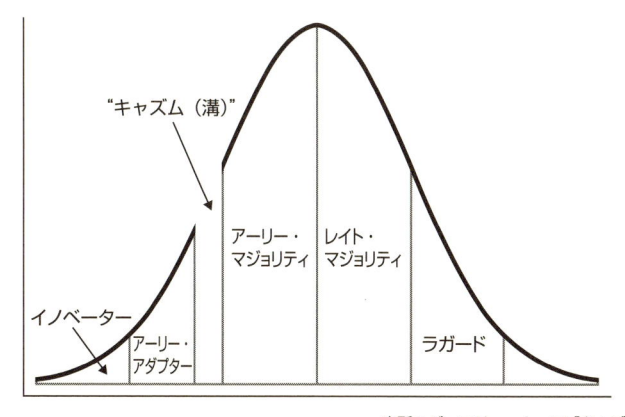

出所：ジェフリー・ムーア『キャズム』翔泳社

マーケティングでは重要となる。この点については、第4節148ページで述べる。

2 ● 顧客への提供価値と製品・サービス

標的市場と合わせて考えるのが、顧客への提供価値であり、さらにそれを具体的な形に落とした製品やサービスである。

◉——— 顧客への提供価値

顧客への提供価値は、英語のValue Propositionを訳したものであり、顧客にどのような本質的な価値を提供しているかを示す。

たとえば、「企業内研修」というサービスの提供価値は、「人事部の機能をアウトソースすることで、人事部に時間的余裕を提供する」とも考えられるし、「人的側面から経営力強化をサポートする」とも考えられる。もちろん、その両方を含む場合もある。また、劇場は「非日常的な体験を提供し、心を豊かにする場」と考えることもできるし、「感動の機会を提供する場」と考えることもできるだろう。

鎌倉投信のケースでは、単なる投資商品ではなく、「社会形成」や投資家の「豊かなこころの形成（投資家の満足度）」をも価値として提供している。

多くの人は、いきなり具体的な製品やサービスから発想しがちである。それ自体が絶対的に悪いというわけではないが、往々にして顧客が何に困っているのか、何を提供されると喜ぶのか、という本質的な顧客ニーズを見逃す危険性がある。

また、具体的な製品やサービスにとらわれてしまうと、誰が本質的な競争相手なのかを見逃す危険性もある。たとえば、歳暮や中元用の高級ハムのセットは、他の肉製品と競合するのではなく、「歳暮や中元に向く、見栄えがよく、それでいて実用的な贈り物」、たとえばビールや洋酒、調味料のセットなどと競争することになるだろう。であれば、提供価値もそのように把握し、同様の提供価値を持つ製品・サービスとの差別化を図っていかなくてはならない。

こうした理由もあって、近年のビジネスプランでは、顧客にとって本質的な提供価値が重視されるようになっている。そこでユニークネスを追求することが、根源的なビジネスの差別化へとつながっていく。

◉——— 製品・サービス

事業とは必ずしも1つの製品やサービスだけから成り立つものではなく、提供価値を実現するうえで、複数の製品・サービスを扱う必要がある場合は多い。しかし、どのよ

第1節　標的市場と提供価値

図表3-5　狭義の製品と広義の製品

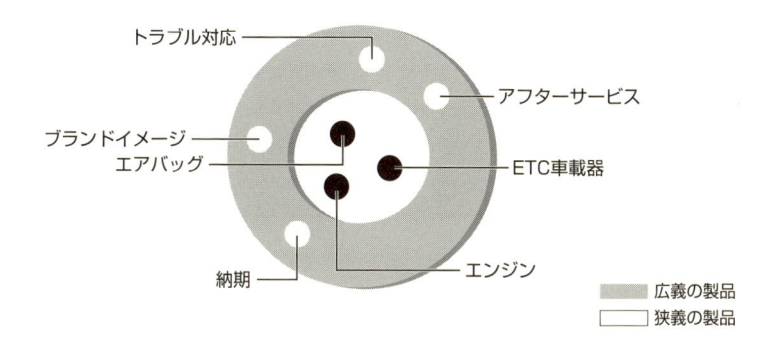

（図：円形の図。外側の灰色部分が「広義の製品」、内側の白色部分が「狭義の製品」を表す。
ラベル：トラブル対応、アフターサービス、ブランドイメージ、エアバッグ、ETC車載器、納期、エンジン）

うな事業であれ、それをブレークダウンしていくと、必ず個々の製品・サービスに行き着くし、新規事業では当初は単一の製品・サービスのみを扱うことも多い。

　製品・サービスは、抽象的になりがちな提供価値を具体的な「モノ」や「コト」に落とし込んだものとも言える。そのため、ビジネスプランでは、扱っている製品やサービスを具体的に示す（場合によっては写真などを示す）ことが半ば常識化している。

　なお、製品は形のある財を、サービスは形のない財を指すことが多いが、本節では以降、便宜的に両者を合わせて製品と呼ぶことにする。

　製品を検討する際には、製品を単に外形的な特徴のみでとらえるのではなく、「ホールプロダクト（Whole Product）」として考えるのが有効だ。

　たとえば自動車という製品であれば、自動車本体のデザインや性能はもちろん重要だが、それだけが自動車という製品を構成しているわけではない。ブランドイメージや、その自動車のオーナーのイメージ、トラブル時（部品が壊れたなど）の対応力も、広義の製品に含まれる（**図表3-5**）。

　つまり、顧客は、その製品に付随する機能、すなわちブランドやアフターサービス、情報などをすべて総合して提供価値を判断するのである。

　病院の例を考えてみよう。そのメインの価値は医療行為だが、それだけで顧客が病院を選ぶわけではない。病院の立地、駐車場、待ちスペースの快適さ、入院施設の充実度、医師や看護師やコメディカルの態度などが総合されて、顧客（患者）の満足度に影響を与える。どんなに良い医療を提供したとしても、駅から遠くて、待ちスペースが窮屈で、コメディカルの態度が悪かったら、どれほど素晴らしい提供価値を謳ったところで、実際に利用してもらえはしないだろう。

　このように、顧客が実際に製品を購入する際に重視する要因をKBFという。

新事業リーダーとしては、標的市場と彼らへの提供価値を正しく認識したうえで、具体的な製品設計を行い、かつKBFをしっかり満たしていくことが必要である。

3 ● 製品コンセプト

実際の新製品開発に際しては、製品コンセプトを練り上げることが非常に重要だ。特に、メーカーなど、従来型のシンプルなビジネスモデルやバリューチェーンを用いている業界では、製品コンセプトづくりが、事業構想そのものにかなり近い意味を持つことになる。

製品コンセプトとは「ユーザー自身が、実際にそれを使用している場面をイメージできるレベルまで具体化されたアイデア」を指すものであり、提供価値を具体的にイメージ化するものでもある。たとえば、以下のような表現となる。

【提供価値】
ケータイを通じて、女性の健康サポートをトータルに提供する。

【製品コンセプト】
18歳から40歳までの女性を対象とした、モバイルを使ったサービス。入力された生理開始日をもとに、次回の生理日や排卵日を予測して知らせる。また、ダイエット情報や美容情報などを、本人の希望やパーソナル情報に応じて適宜配信する。Q&Aも充実させる。料金は月額固定とする。

● ─── 製品アイデアを出す

とはいえ、製品コンセプトがいきなり湧いてくるわけではない。まずは、ラフなアイデアを出すことから始まる。新規事業においては新製品のアイデアは、新事業リーダー個人から生まれることが多いが、数多くのスタッフからのさまざまなアイデアが反映されるように組織的な工夫を導入することが望ましい。たとえば、ブレスト会議やアイデアコンテストなどだ。

アイデアは、大きく分けて、シーズ型とニーズ型の2つの方法から生まれる。シーズ型のアイデアは「われわれの強みを何かに利用できないだろうか」という問い掛けから始まる。一方、ニーズ型のアイデアは「このようなニーズがありそうだが、何か解決できる方法はないだろうか」という視点から生まれる。

新製品や新規事業が成功するためには顧客ニーズを無視できないことから、一般的に

は、ニーズ型の発想を重視せよと言われることが多いようだ。しかし、新しい市場を創出する場合、当初はニーズが明確に認識されないことも多いため、自己の強みを生かすシーズ型のアイデア開発が有効であることが意外に多い。ことに大きなイノベーション（特に技術イノベーション）を伴うような斬新な製品アイデアについては、「徹底的にシーズを見極め、何ができそうかを考え抜く。そのうえでニーズがあるかどうかを確認するのが有効」と主張する人もいる。

◉ アイデアのスクリーニングと製品コンセプトづくり

この段階は、「仮説の構築と検証」のプロセスと言える。玉石混淆のアイデアは、この段階を経て絞り込まれ、よりイメージ化された製品コンセプトへと落とし込まれていくのである。

安易に模倣され、追いつかれてしまうようなコンセプトにしないことも重要である。他社が容易に追いつけないような製品コンセプトを練り上げる、もしくは新規参入を防ぐような仕組みを構築することが望ましい。

モノの場合には、特許取得や供給先の独占などが典型的な手法となる。サービスの場合には、よく練られたオペレーションや標準化（第4節を参照）、従業員の動機付けの工夫などが、新規参入に対する障壁となりうる。

◉ 製品化

製品アイデア、製品コンセプトから実際の製品を市場導入するまでには、**図表3-6**の

図表3-6　市場導入までのステップ

第1段階	第2段階	第3段階	第4段階
製品コンセプトの開発	戦略仮説の検討	製品化	市場参入
①製品アイデアの探究 ②アイデア・スクリーニング ③製品コンセプトの開発	④マーケティング戦略検討 ⑤事業経済性分析	⑥製品開発 ⑦テスト・マーケティング ⑧製品生産	⑨新製品の市場導入

ようなステップを通るのが一般的だ（詳細は『グロービスMBAマーケティング[改訂3版]』ダイヤモンド社を参照）。

　経営資源を大量に投入する新製品開発は、経営上、重要な意思決定である。したがって、各段階において新たな問題点や情報が発見された場合には、フィードバックを随時行い、再策定をすることが必要不可欠である。また、市場投入後も絶えず製品のレビューを繰り返し、製品の市場における地位の拡大や維持に努めなければならない。

2 ビジネスモデル

POINT

　ビジネスモデルとは、事業の提供サイド、すなわち自社から見た事業運営の構造である。類似の顧客層に類似の製品を提供する場合でも、このビジネスモデルをどのように構築するかによって、展開のスピード、財務リスク、競争優位などは大きく異なってくる。また、ある時期に最適と思われたビジネスモデルが最適であり続けることはきわめて稀である。
　ビジネスプラン作成の際には、将来的な展開も見据えながら、フレキシブルかつ競争力のあるビジネスモデルを構想しなくてはならない。

CASE

　「親子のいる鳥の巣」のロゴで知られるネスレは、スイスを拠点とする世界最大の食品・飲料メーカーである。「ネスカフェ」や「キットカット」など、日本でもお馴染みのブランドを擁している。コーヒーは、ネスレの主力カテゴリーの1つである。
　スターバックスの登場で、レギュラーコーヒーよりも味の濃い、エスプレッソを飲む習慣が広がっているが、エスプレッソをつくるためには高圧の抽出マシンが必要だ。家庭用の小型マシンを購入しても、抽出フィルターに挽いた豆を詰めて抽出した後、圧力がかかって堅くなった豆の掃除をして……というように手間がかかる。インスタントコーヒーのように、毎朝、気軽に淹れて飲むことはできなかった。

*****

　ここに着眼したネスレは、「ネスプレッソ」というコーヒーメーカーを自社開発し、コーヒー豆入りの専用カートリッジを組み合わせたコーヒー・システムを提供したのである。
　カートリッジのカプセルを取ってネスプレッソの所定の場所に入れて押せば、カートリッジがそのまま機械に入っていき、コーヒー液が出てくる、というものだ。高圧をかけるが、火傷の危険性もなく、フィルタータイプのように設置方法で迷うこともない。

抽出後のカプセルは回収容器に自動的に入るので、あとでまとめて捨てればよく、抽出フィルターの掃除の手間を省くことができる。カートリッジなので、豆の劣化を気にすることもなく、気分に応じて豆の種類を選び、楽しむことができる。

ネスレがコーヒーメーカーとカートリッジを組み合わせたサービスを考えついたのは、1970年にさかのぼる。それ以来、十数年の開発期間を経て、1986年に商品化に成功。1987年には日本市場にも参入した。

食品メーカーのネスレにとって、コーヒーメーカーを売るのは初の試みであり、流通チャネルを一から構築する必要があった。当初は業務用からスタートし、レストランや航空業界へと広げていった。その後、家庭用の市場の開拓にも本格的に乗り出した。

2001年には、それまでのハンドルでぎゅっと絞る方式から、カプセルを挿入する方式へと製品改良を行った。そして2005年に、新デザインのコーヒーメーカー「エッセンサ」を投入したところ、コンパクトさや手頃な価格が評価されて、ヒット商品となった。

ネスプレッソは2000年以来、平均30％の伸びを続け、2009年には売上高が27億7000万スイスフラン（約2390億円：年間平均レート1フラン86.2円で算出）に達した。現在、コーヒーメーカーは16種類、約2万〜7万円のラインナップを揃えている。

*****

ネスプレッソのビジネスモデルの特徴は、一般小売店ではカートリッジを販売していない点にある。マシンを売り切りにするのではなく、購入客にはネスプレッソクラブという会員制に参加してもらい、カートリッジを直販するのだ。これによって、一度マシンを買ってもらえば、カートリッジの定期購入を長期的に続けてもらえることが期待できる。

同じようなビジネスモデルは、コピー機や携帯電話などでも行われている。いったんハードを採用してもらえれば、トナーなど消耗品の定期購入や、通信料の支払いが見込まれる。

だが、会員制のメリットは、顧客を固定化できることだけではない。小売店との値引き交渉が不要となり、定価販売が維持できるほか、直販なので流通マージンを省くことができ、高い利益率を確保できる。値崩れもないので、ブランディングにおいても効果的である。

カートリッジ（グラン・クリュ）はリストレット、アルペジオなど16種類があり、10カプセル入り1本が700〜800円台である。15本以上買うと送料が無料になるほか、春・秋には会員限定品も販売される。

カートリッジの注文は、インターネット、24時間フリーダイヤル、ファクスで行うことができ、3営業日ほどで納品される。会員には、コーヒー選択に関するアドバイス、コーヒーメーカーの使用法やメンテナンス法、エスプレッソの情報などが提供される。

　ネスプレッソは、顧客の氏名、連絡先のほか、コーヒーの購買額や消費量、種類などを管理し、ワン・トゥー・ワンで適切な情報提供やアドバイスを行い、カスタマーサービスの充実を図っている。

　そのために、コンタクトフローも整備している。会員になって3週間以内に、受けられる特典に関する情報を届け、1～1カ月半後、半年後など、定期的にフォローを行っている。キャンペーンや新製品などの情報があれば、そのつど、提供する。顧客から何も反応がないときには、連絡事項がうまく伝わっていない可能性を考えて、手紙を出すなどして状況確認に努めることもある。

　顧客からの電子メールでの問い合わせには24時間以内に対応し、コーヒーメーカーが故障した場合は代替品を送り、修理などのアフターサービスを行う。会員数はここ数年で急増し、2009年時点で全世界の会員数は700万人となっている。

＊＊＊＊＊

　ネスプレッソの事業はネスレグループ内で「ラグジュアリー・プレミアム製品群」という成長戦略分野に位置付けられている。それを受けて、ネスプレッソは「究極のコーヒー体験を提供する」というサービス・コンセプトを掲げ、コンセプトや基本設計から、R&D、コーヒー豆の製造、システムの販売、顧客管理に至るシステムのあらゆる面で、一貫性とプレミアム性を追求している。

　コーヒー豆は農作物なので、天候などの理由で生産量は一定せず、最上級品の生産量も安定していない。そのため、ネスプレッソでは栽培農家にまで細かく気を配り、全生産量の10％ほどのAAAという最高品質の豆を選定している。

　また、幾種類かのコーヒー豆をブレンドして、味や品質の均一化を図っている。これは、シャンパンをグラスに注いだときに同じ味を保つために、ブレンディングを行うのと同じ考え方に基づいている。

　コーヒーは、カップに注いだときの泡の量で質が決まる。ネスプレッソはアロマが十分に抽出できるコーヒーメーカーの設計に努めてきた。ネスプレッソのマシンは大小を問わず、すべて19バルブの圧力を出せる設計になっているが、これは市場に出回っている他メーカーのものよりも高い圧力である。

　選び抜いたプレミアム・コーヒー豆を使って、最適の状態で淹れたコーヒーを体験するという、ネスプレッソの世界観を伝えるために、ネスプレッソ・ブティックという直

営店も展開している。世界の都市に190カ所以上、日本では全国17カ所の百貨店内にオープン（2010年5月現在）。スタイリッシュで高級感にあふれるブティックの空間では、専任スタッフがカプセルコーヒーや最新のマシンを使って、さまざまなコーヒーレシピを紹介している。

　ネスプレッソが差別化のポイントの1つとして考えているのは、レシピのような考え方でコーヒーをとらえていることだ。苦味や酸味などの味の面、ブラックあるいはミルク入りといった飲み方、また見た目などにおいて、顧客に「パーソナルな味覚」を堪能してもらうことを重視している。そのため、愛用者から「こんなカートリッジが欲しい」という要望も集めるようにしている。

　店舗では、アクセサリー類も充実させた。ネスプレッソのロゴ入りのカップには世界屈指のデザイナーや磁器メーカーを起用したほか、コーヒーとともに味わうビスケット、チョコレートなどの菓子類も厳選している。

　こうしたブランド・コミュニケーションにおいては、ルイ・ヴィトンからマーケティングのトップ人材を登用した。ヨーロッパでは俳優のジョージ・クルーニを起用したCMが話題を呼んだが、単なる日用品を超えたプレミアム感を出すために、ラグジュアリー・ブランドのアプローチが随所に取り入れられているのだ。

　ネスプレッソは今後も、コーヒーの品質、専門技術、改善努力、独自のデザイン力、直接的な顧客リレーションの構築によって、カートリッジタイプのコーヒー市場でナンバーワンの地位を維持しながら、二桁成長を目指していく。

理論

1●ビジネスモデルとは何か

　ビジネスモデルとは読んで字のごとく「ビジネスの仕組み」であり、いくつかの定義がある。代表的な定義としては、**図表3-7**に示したものがある。

　ビジネスモデルの図示化については、定まったルールがあるわけではない。一般には、多くの人間が一見してその仕組みのポイントがわかるよう、**図表3-8**、**3-9**に示したように、主要な関係者を示したうえで、サービスの流れや課金（誰からキャッシュを回収するのか）の流れを示す場合が多い。

　なお、ビジネスモデルに似た言葉に、ビジネスシステムがある。これはバリューチェ

図表3-7　ビジネスモデル：さまざまな定義

- 誰に、どのような商品やサービスを、どのような形で提供し、どのようにして収益を得ていくか、その仕組みや手法をわかりやすくモデル化（言語化、可視化）したもの
- 事業構想を表現するモデルのこと。特にITの活用や、戦略的アライアンス、パートナーシップを含意している場合が多い
- 事業コンセプト（誰に、何を、どのように）に、課金モデルを加味した「儲ける仕組み」

図表3-8　ビジネスモデルの例：あるスポーツクラブの新事業アイデア

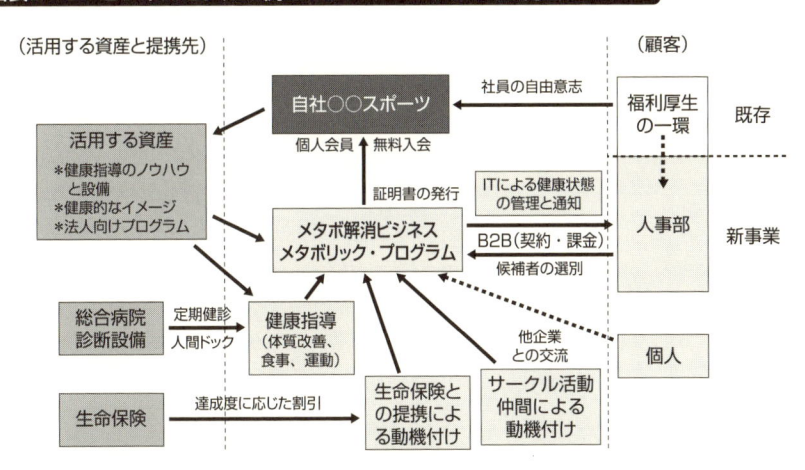

（活用する資産と提携先）　　　　　　　　　　　　　　　　　（顧客）

```
                                社員の自由意志      福利厚生
          自社○○スポーツ ←─────────────  の一環       既存
             ↑ 個人会員  無料入会                    │
活用する資産  │                                       ↓
*健康指導のノウハウ  証明書の発行    ITによる健康状態
 と設備              ↓              の管理と通知
*健康的なイメージ  メタボ解消ビジネス ←──────── 人事部
*法人向けプログラム メタボリック・プログラム  B2B（契約・課金）         新事業
                    ↑  ↑  ↑         候補者の選別
総合病院   定期健診  │  │  │
診断設備 ──人間ドック→健康指導       他企業
                    （体質改善、    との交流
                      食事、運動）   ↑
                         ↑         サークル活動   個人
生命保険  達成度に応じた割引  生命保険との  仲間による
         ─────────────→  提携による    動機付け
                             動機付け
```

図表3-9　ビジネスモデルの例：セブン銀行

さまざまな銀行とアライアンスを組み、手数料収入をメインの収入源とする。運用は国債にほぼフォーカスし、徹底してローリスク・ローリターンを維持

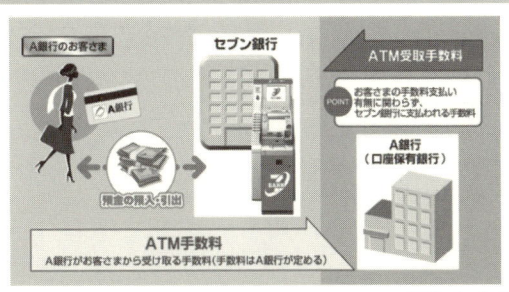

```
A銀行のお客さま ←→ セブン銀行         ATM受取手数料
                   （ATM）    POINT お客さまの手数料支払い
                                    有無に関わらず、
    預金の預入・引出                  セブン銀行に支払われる手数料
                                    ↓
                                    A銀行
                                    （口座保有銀行）

         ATM手数料
    A銀行がお客さまから受け取る手数料（手数料はA銀行が定める）
```

出所：セブン銀行のホームページ

図表3-10　ビジネスシステム

研究	開発	調達	生産	広告・宣伝	流通	販売	保守・サービス

図表3-11　ビジネスシステムの例：あるファブレス家電メーカー

開発	調達	生産	マーケティング	サービス
●基礎研究なし ●デザイン重視 ●高機能に絞り込み ●高度なクオリティ・コントロール	●ネットワークで安く ●速い意思決定 ●トップによる直接交渉	●協力工場で組み立て ●パッケージングもアウトソーシング ●JIT ●法人向けは特別仕様	●独自の広告 ●比較広告 ●高ブランドイメージ ●直販 ●インターネット	●個人向けのメンテナンス行わず ●修理センターと提携

ーンとほぼ同義語であり、そのビジネスを、川上を左、川下を右にして、主要な機能ごとにブレークダウンし、その特徴を表したものである。

　ビジネスシステムを何段階の機能に区切って表示するかは特に決まりはなく、用途に合わせて適宜決めればよい。**図表3-10**は最も一般的な区切り方であり、**図表3-11**で例示したように、その各々の段階でどのような特徴があるかを示せば、おおよそその事業の構造、独自性が明らかになる。

　ちなみに、**図表3-11**のビジネスシステムで示したファブレスメーカーを、ビジネスモデルの形で表すと**図表3-12**のようになるだろう。

◉─── 良いビジネスモデルとは

　良いビジネスモデルの条件とは何だろうか。さまざまな要素はあるが、ここでは❶模

図表3-12　ビジネスモデル：あるファブレス家電メーカー

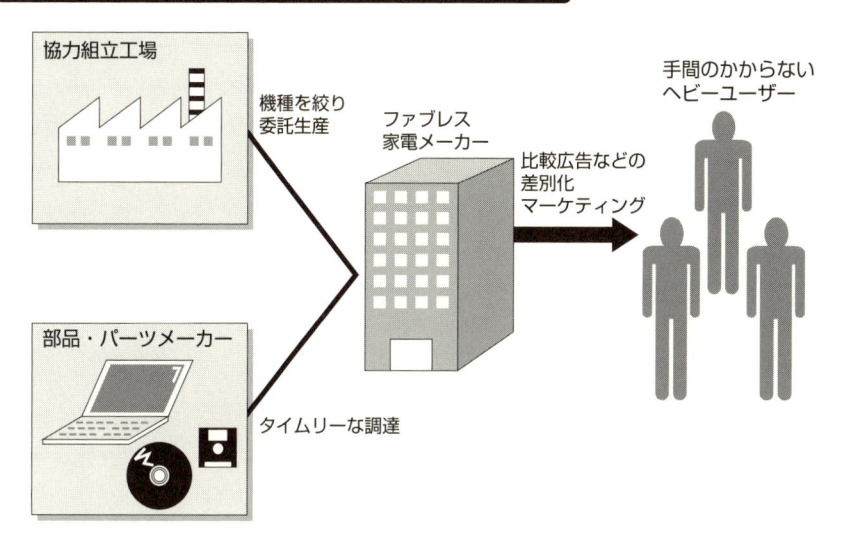

(図：協力組立工場 →機種を絞り委託生産→ ファブレス家電メーカー →比較広告などの差別化マーケティング→ 手間のかからないヘビーユーザー。部品・パーツメーカー →タイムリーな調達→ ファブレス家電メーカー)

倣が困難、❷実際に収益を生み出す、❸フレキシブルで変化に対応しやすいの3点を挙げたい。

❶ 模倣が困難

どれだけ斬新なビジネスモデルを描いたところで、競合にすぐ真似されてしまうようなビジネスモデルでは、競争に勝つことはできない。オリジナリティがあり、なおかつ容易には模倣されないようなビジネスモデルが望ましいと言える。

では、模倣困難性の源泉となるものは何か。典型的なものとしては以下が挙げられる。

- 希少資源や優良パートナーの囲い込み
- 優良顧客の囲い込み
- ファースト・ムーバーズ・アドバンテージ（First-mover's Advantage：先行者利益）による市場での地位や高い認知度
- つくり込まれたオペレーション
- 多大な投資額
- 従業員を動機付けたり、教育する仕組みや組織文化
- すでに存在しているコア・コンピタンス

たとえば、**図表3-9**に示したセブン銀行のケースでは、セブン＆アイ・ホールディングスのコア・コンピタンスであるオペレーション設計力に加え、ナンバーワンの数を誇るコンビニエンスストアのATM数、初期のパートナー囲い込み、セブン＆アイ・ホールディングスのブランドへの信頼感などがあり、競合が模倣するのは容易ではない。模倣したとしても、セブン銀行並みの売上げや収益を実現するのは至難の業と言えよう。

❷ 実際に収益を生み出す

　当たり前だが、最終的に収益を生まないようなビジネスモデルは意味がない。
　いまでこそIT勝ち組企業の1つと言われているオンラインショップ、アマゾン（Amazon）も、書籍でビジネスを始めた当初は、「収益化するのは難しいのではないか」と懐疑の目が向けられていた。事実、アマゾンの創業は1994年、株式公開は1997年であったが、初めて四半期ベースで利益を出したのは株式公開から4年後の2001年のことであった。
　創業者のジェフ・ベゾスは、創業当初から、利益化するまでには4～5年はかかると見込んでいたと言われるが、その予想以上に実際の利益を出すのに時間がかかったのである。
　グーグル（Google）に買収されたユーチューブ（YouTube）は、現在、広告モデルを採用しているが、いまだ単体で収益を出すには至っておらず（2010年11月現在）、グーグルの一サービスの域にとどまっている。
　実際に収益を生み出すためにはさまざまな要素が必要だが、それについては、次ページ以降で検討していく。

❸ フレキシブルで変化に対応しやすい

　ビジネスモデルがフレキシブルであることも重要だ。事実、成功している企業で、当初の計画からフレキシブルにビジネスモデルを変更した企業は多い。
　たとえばグリー（Gree）は当初、普通のSNS（Social Networking Service：コミュニティ型のウェブサイト）としてスタートし、広告収入をメインとしていた。しかし、それだけでは収益性はなかなか高まらない。同社の収益性が劇的に向上したのは、収益の柱をモバイルのソーシャルゲームやアイテムに関連した月額課金ビジネスに移してからである。
　ビジネスモデルをフレキシブルに保つためには、過度の設備投資や正社員採用は押さえ、アライアンスなど、できるだけ外部の力をテコにする方法論を検討することが望ましいとされている。

2● 収益を実現する

　先に、良いビジネスモデルの要件として、しっかり利益が出せることを挙げた。ここではまず、利益を創出するいくつかの典型的なパターンについて紹介しよう。

◉─── エイドリアン・スライウォツキーの「23の利益モデル」

　利益を生み出すパターンのリストで有名なものに、著名な経営コンサルタントのエイドリアン・スライウォツキーが著書『ザ・プロフィット』（ダイヤモンド社、2002年）で解説している「23の利益モデル」（**図表3-13**）がある。

　うまく利益を生み出しているビジネスのほとんどは、この「23の利益モデル」のどれか1つ、ないしは複数に当てはまっているというのがスライウォツキーの主張だ。たとえばインテルであれば、「デファクト・スタンダード利益モデル」「時間差利益モデル」「専門品利益モデル」「相対的市場シェア利益モデル」「ブランド利益モデル」「価値連鎖ポジション利益モデル」が当てはまるだろう。ケースで紹介した「エスプレッソ」は、「インストール・ベース利益モデル」「販売後利益モデル」「ブランド利益モデル」を用いていると言えよう。

　利益モデルがたくさん当てはまるということは、それだけ競争優位を築くポイントが多いということだ。しかし、だからといって、ただ単に数が多ければいいというものでもない。弱いものがたくさん集まるより、強烈に強いものが1つあるほうが、よほど利益に貢献する。その逆に、一つひとつはたいしたことがなくても、組み合わせの妙で儲かる仕組みができているケースもある。

　なお、これらの分類を見るだけではわかりづらいが、「どこで儲けるか」を強く意識することも重要だ。たとえば、飲食店では一般的に酒類（ビールや酎ハイ）の利益率が高い。したがって、中華料理店では、「ビールや酎ハイを飲みたくなるようなメニューをどれだけ揃えられるか」が収益性を高めるうえでの1つのカギになる。すべての顧客、すべての商材で満遍なく利益を得るのではなく、「どこで損は出してもいいから、どこで厚くキャッシュを得るのか」というメリハリを考えることが必要である。

　ところで、この23の類型では、「デジタル利益モデル」が1つの利益モデルとして紹介されているが、ITの進化が激しい昨今、これではやや大雑把すぎるように思われる。そこで本書では、「デジタル利益モデル」をさらに**図表3-14**のように分類してみた。1

図表3-13　エイドリアン・スライウォツキーの「23の利益モデル」

分類	モデル名	内容	典型例
グループ1 顧客を囲い込む	インストール・ベース利益モデル	まずはユーザー確保を優先	コピー機、携帯電話
	販売後利益モデル	フォローアップ製品で利益を得る	エレベーターの保守
	デファクト・スタンダード利益モデル	業界の舵取りができる立場に	パソコンのOS
	製品ピラミッド利益モデル	低価格商品で競合をシャットアウト	自動車メーカーのフルライン戦略
グループ2 新製品のサイクルに着目する	時間差利益モデル	新製品投入のスピードで勝負	インテルのスピーディな商品投入
	新製品利益モデル	製品ライフサイクルを見極める	自動車メーカー
	専門品利益モデル	狭い市場を深く掘る	特殊化学製品、医薬品など
グループ3 シェア（数量）の持つ力を生かす	相対的市場シェア利益モデル	シェアを取れば取るほど、優位に立てる	多くの製造業
	ローカル・リーダーシップ利益モデル	ドミナント戦略でコストを安く	コンビニ、コーヒーチェーンなど
	スイッチボード利益モデル	自分たちがいなくては仕事ができないようにする	大手芸能プロダクション
グループ4 大型の製品や顧客に着目する	ブロックバスター利益モデル	適切なマネジメントで大ヒットを狙う	映画会社や多くのメーカー
	取引規模利益モデル	大規模な取引先ほど有利	多くの法人向け事業
グループ5 使いまわす	マルチコンポーネント利益モデル	1つの製品で異なるビジネスを展開	洗剤、飲料など
	利益増殖モデル	手持ちの資産を最大限に活用	キャラクタービジネス、コンテンツビジネスなど
グループ6 知ることの強みを生かす	顧客ソリューション利益モデル	顧客のことを徹底的に知る	情報システム、金融サービスなど
	スペシャリスト利益モデル	専門性を武器にする	法律事務所、コンサルタントなど
グループ7 コスト差を意識する	経験曲線利益モデル	経験をビジネスの力に	多くの製造業
	低コスト・ビジネスデザイン利益モデル	早さが勝敗を分けるカギに	ウォルマートやユニクロなど
	景気循環利益モデル	価格差をつくって利益をつかむ	自動車や化学製品など
グループ8 その他	起業家利益モデル	起業家マインドが原動力に	ベンチャー企業やフランチャイズ型ビジネスなど
	ブランド利益モデル	人間心理のツボをつかむ	多くのブランド品
	価値連鎖ポジション利益モデル	価値連鎖の高付加価値部分を押さえる	パソコン業界におけるインテルやマイクロソフト
	デジタル利益モデル	ITの力を最大限に活用	アマゾンなど

出所：エイドリアン・スライウォツキー『ザ・プロフィット』ダイヤモンド社に加筆・修正

図表3−14 「デジタル利益モデル」のブレークダウン

モデル名	内容	典型例
広告トラフィックモデル	トラフィックを生み出し、広告価値を創出し、広告主から収入を得る	グーグル、ミクシィ
少額課金モデル	少額サービスを多くの人に利用してもらい、抵抗感なく課金する	携帯コンテンツ
プラットフォームモデル	多くのユーザーが利用できるプラットフォームを構築し、「場代」で儲ける	iモード、iPad
フリーミアムモデル	多くの人には無料で利用してもらい、一部の顧客にプレミアムサービスを有料で利用してもらう	アドビ、グリー
ネットワーク外部性モデル	普及が普及を加速させ、高いシェアを得る	フェースブック

つの参考としてほしい。フリーミアムモデルは、先述の「どこで儲けるか」のメリハリを突き詰めた例とも言えよう。

これから始めようとするビジネスが何ゆえに儲かるのか。この点をはっきりと説明できるようにすることは、ビジネスモデル作成にあたって有効である。以下の点についてはしっかり考えておきたい。

- 自社のビジネスは、どの利益モデルを使っているか？
- 競合相手のビジネスは、どの利益モデルを使っているか？
- もっと利益を上げるために、現在の利益モデルを使って新たにできることはないだろうか？
- まったく新しい収益源をつかむために、別の利益モデルは使えないか？
- 自分の仕事は、どのように利益と結び付いているか？　利益と無関係な業務はないか？
- 将来の事業計画は、どのようにして自社に利益をもたらすだろうか？
- 自社の計画の中に収益性を損なう可能性があり、中止すべきものはないか？
- 自社は業界の中でまったく新しいユニークな利益モデルをつくれないだろうか？

● 事業経済性の基本

先に「儲け方のパターン」を紹介したが、そのベースとなる事業経済性をしっかり理解しておくことが必要となる。ここでは、さまざまなビジネスモデルにおいて事業経済

性を考えるうえで重要な要素である、❶コスト低減のメカニズム、❷固定費と変動費の関係（損益分岐に直接関係する）、❸キャッシュ・インのタイミングについて見てみよう。

❶コスト低減のメカニズム

　利益を上げるためには、もちろん売上げを上げることも重要だが、一方でコストの削減が欠かせない。ここでは、ビジネスモデルの設計や、第3節で解説する事業戦略の立案上で重要なコスト低減のメカニズムを5つ紹介する。①規模の経済性、②習熟効果、③範囲の経済性、④ネットワーク経済性、⑤要素コストの低減、である。

●**規模の経済性**：規模を拡大して固定費を分散させる

　規模の経済性とは、事業規模が大きくなればなるほど、固定費（105ページを参照）が分散されて、単位当たりのコストが下がるというメカニズムである。バリューチェーン上で言えば、研究開発費や広告費に規模の経済性が働きやすい。たとえば、「スーパードライ」発売以前のアサヒビールは、キリンビールの6分の1程度の売上げしかなかったにもかかわらず、キリンの70％程度の広告費を必要としたという。

　なお、より広義には、規模の経済性は、固定費の分散のみならず、バイイングパワーの巨大化による仕入れ単価の低減も含む。ヤマダ電機などはこれを大きな武器として急成長した。

●**習熟効果**：早期に学習を積み、プロセスを効率化する

　習熟効果とは、長くそのビジネスを行って累積の経験量が増すと、無駄が減り、効率化が進むため、経験の少ないライバルに比べて単位当たりのコストが下がるというメカニズムである。具体的には、プロセスが短縮したり、歩留まりが上がったり、「遊ぶ」経営資源が減る、といった現象に現れる。

●**範囲の経済性**：経営資源を他事業と共有化することで、その事業単独では実現できないコストメリットを得る

　事業が異なっていても費用を共有できる場合、単独で一方の事業のみを行う企業よりもコスト優位に立てることがある。たとえば、生理用品事業と使い捨てオムツ事業は、技術開発（吸水体技術など）、原材料仕入れ、営業（対スーパー、ドラッグストアなど）といったさまざまな企業活動に関して経営資源の共有、すなわちコストの共有ができるため、どちらか一方の事業を単独で行う企業よりもコスト優位に立てる。事実、この2つの事業については、シェアに差はあるものの、ユニ・チャーム、花王、P&Gの3社が

わが国ではトップ3を占めている。

●**ネットワーク経済性**：ネット世界における収益逓増
　特にネットの世界では、ネットワーク外部性が強く働き、「多くの人が使えば使うほど便利になる」という状況が生まれやすいことから、多数のユーザーを囲い込んだプレーヤーが、大幅なコスト（特に顧客獲得コスト）低減を享受できる場合がある。1990年代半ばのパソコンのOSは、まさにそうした状況が実現し、マイクロソフトはアップルに対して圧倒的なコスト優位性を持つことになった。

●**要素コストの低減**：人件費や賃借料を下げる
　ある意味で最もシンプルなコスト低減の方法である。特に日本は人件費と土地の価格が高いことから、海外に生産拠点を移す企業が後を絶たない。また、日本は他国に比べると法人税率も高い（2010年現在）ため、本社機能そのものを海外に移すことを検討する企業もある。

❷ 固定費と変動費のバランス

　企業活動において発生するコストは、企業の活動量（生産量、販売量など）に応じて変化するか否かで、変動費と固定費に分類される。
　固定費は、生産や販売の規模が大きくなっても（逆に小さくなっても）一定額かかるもので、たとえばメーカーでは製造設備の減価償却費や工場の（正社員の）人件費がこれにあたる。一方、変動費は生産や販売の規模に比例して変化するコストであり、メーカーで言えば、製品を製造するための材料費や燃料費、消耗品費などである。

　一般論で言えば、固定費がコストの大部分を占めている場合には、稼働率を常に高く維持するよう、細心の注意を払う必要がある。固定費の比率が大きい場合、固定費をカバーする（損益分岐点を超える）までは赤字になるが、いったん損益分岐点を超えてしまえば、後は売上げ増加分のほとんどが利益となるからである。逆に、変動費の比率が大きい場合は、製品1つ当たりの限界利益（価格－変動費）を最大化するよう心がける必要がある。
　新規事業においては、リスクをヘッジする意味でも、大きな固定費を持つことを避け、変動費としてさまざまな機能を持っておくことが望ましい。なぜなら、変動費を削減することに比べて、固定費を削減するのはきわめて難しいからである（通常の企業では、固定費の削減は、人員のカット、もしくは設備の縮小を意味する）。

図表3－15 固定費と変動費

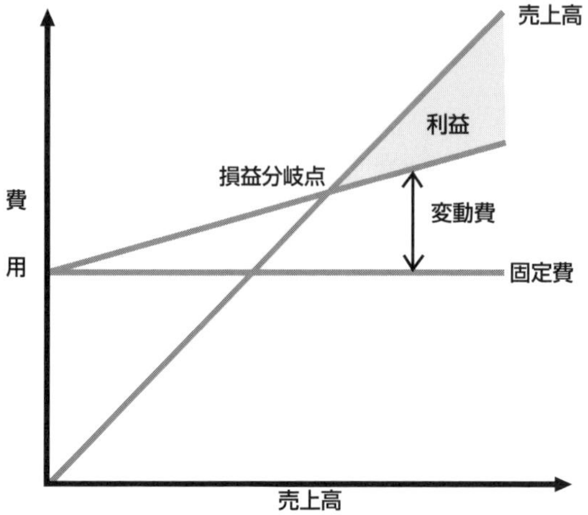

新規事業の怖さは、どんなに綿密なリサーチをしたところで、実際に売上げが立ち、オペレーションが順調に回っていくかどうかはわからないところにある。製品に何らかの瑕疵が見つかるかもしれないし、予想だにしなかったトラブルに見舞われ、売上げがまったくなくなるかもしれない。そうしたときに、すぐに切り捨てることのできない固定費を抱え込むことは、大きなリスクなのである。したがって、事業の構造上、どうしてもそれなりの固定費が必要という場合（飲食ビジネスで、人通りの多いところに店舗を構えなくてはならないなど）を除いては、なるべく固定費を抱えないことが賢明だ。

固定費と変動費は、このような特性を持つことから、先述した会計的な定義とは別に、固定費を「自らリスクをとる費用」、変動費を「外部にリスクをとってもらう費用」と言うこともある。たとえば外部へのアウトソーシングを活用した変動費型のビジネスでは、売上げが順調なときでもそれほど大きくは儲からない代わりに、売上げが不調な場合でも、それほど大きな損失にはならない。現実的には不可能であるが、仮にコストをすべて変動費化できれば、絶対に赤字にはならないのだ。

❸ キャッシュ・インのタイミング

新規事業、特にベンチャー企業のような独立事業体のビジネスモデルを構築するうえで重要な要素が、キャッシュ・イン、キャッシュ・アウトのタイミングである。意外に見落とされがちであるが、この設計が悪かったばかりに立ち行かなくなった新規事業が

第2節　ビジネスモデル

少なくない。

　スタートアップしたばかりの独立企業体にとって、「会計上の黒字」が持つ意味は小さい。第4章で詳述するが、あくまでも資金繰りを重視し、ネガティブ・キャッシュフローに陥らないようビジネスモデルを設計することが重要である。

　たとえば、翻訳出版という事業を考えてみる。このビジネスでは、通常、キャッシュの流れは次のようになる。

　大きなキャッシュ・アウトの項目は、原著者への印税と翻訳料、印刷費である。印税については、大作になればなるほど翻訳権の獲得競争が激化するため、これをコントロールすることは難しくなる。したがって、大作主義でいくのなら、この部分での必要運転資本はある程度見込んでおかなくてはならない。一方、競争にならないような作品・作家を発掘し、売り出すという方針で臨むのであれば、この部分で比較的余裕ができる。その代わり、後者の方針をとるのであれば、出版社が通常は代理店に任せている、作品発掘、審査、権利取得というプロセスで差別化する必要性が出てこよう。たとえば、これらを代理店任せにせず、現地に独自の情報収集網を持ち、今後売れそうな作家に早期にアプローチするなどである。

　翻訳外注費や印刷費については、委託先との力関係が大きな要因になる。これらを有利に展開する（費用を抑えたり、支払いサイトを延ばしたりする）方法としては、たとえば、独自の翻訳者ネットワークを組織化する、あるいは印刷会社に出資させることで運命共同体化する、などが考えられる。

　いずれにせよ、キャッシュ・インは早く、キャッシュ・アウトは遅くなったほうが有利である。新規事業を考える際には、過去の慣行にとらわれず、なんとかこれらをコントロールできないか考えてみることが望ましい。

　キャッシュ・インを早めることで資金繰りを楽にしたビジネスモデルとして、英会話やエステティックサロンの前払いチケット制がある。

　なお、より長期間にわたるキャッシュ・イン、キャッシュ・アウトのタイミングの問題として、初期投資回収までの時間がある。これについては、回収期間はなるべく短いほうがよい（もちろん、ファイナンスの理論からは、正味現在価値（NPV）がプラスであれば投資の価値ありということになるのだが、新規事業の場合、10年以上にわたるNPVを信頼できる精度ではじき出すことは非常に難しい）。

　回収期間が短く、失敗を早期に知ることができる事業は、その逆に収益が上がるまでの時間が長く、失敗したことが判明するまでの時間が長い事業よりも、失敗のダメージが小さくて済む。投資が早期に回収されれば、トラブルに見舞われたときでも自尊心や名声、資産を失うことなく、早期に撤退の意思決定が下せるからである。

3● 外部機関との協力体制

　ビジネスモデルを構築するうえで重要な位置を占めるのが、外部パートナーとの協力体制をいかに築くかという点である。ここでは、アウトソーシングと流通チャネル、そして補完財提供企業の獲得について考える。

●──── アウトソーシング

　もともと日本の大企業は、経営プロセスにおける諸機能を完全に内製化するのではなく、下請け企業と長期的・安定的な取引関係を結ぶことによって、情報の共有化を図り、下請け企業間の競争状態を巧みに保ちながら、生産の効率性を向上させてきた伝統を持つ。すなわち、すべての機能を取り込むことによるシステムの硬直化を回避してきたのである。
　新規事業では（特にベンチャーの場合）、経営資源が制約された中で事業を構築していくために、より徹底した分業と協業によってシステム全体の生産性の向上を図ることが望まれる。
　機能の外部化の効果としては、ビジネスモデルの効率化、収益力の向上が挙げられる。具体的には、以下の2点がある。
　第1に、機能上の強み、付加価値の源泉に自社の経営資源を集中することによって、競争優位にある機能の能力（コア・コンピタンス）をいっそう高めることができる。
　第2に、自社でやっていたのではレベルが低くなる機能、手間がかかる機能を専門家に任せることで、全体的な競争力低下、あるいはスピードダウンを防ぐことができる。企業の事業展開力は、最もレベルの低い機能に大きく制約されるからである。
　たとえば、通信教育事業において差別化のポイントとなるのは、問題・解答・添削マニュアルの企画、添削者の組織化、マーケティングである。しかし、実際にこのビジネスをやってみるとわかることだが、受講者への教材の発送、添削者との答案用紙のやりとりに意外に多くの時間と人員をとられてしまう。顧客の不満も、内容以上に誤配送や遅配に集まる。こうした本来そのビジネスにとって必ずしも重要ではない部分に、エネルギーを割くことは、事業をスピーディに展開するうえで避けたいものである。ある程度のプロセスが確立されて作業がルーチン化したならば、その部分はアウトソーシングし、自らはより付加価値の高い分野に専念するのが賢明である。
　新規事業における機能の外部化の事例としては、自社は新製品の企画・開発に特化し、生産は外部に委託するファブレス企業、研究開発を他社と共同で行うことによって開発

費の負担を軽減する企業、フランチャイズ・ビジネスのように事業の仕組み開発に徹する企業などが挙げられる。

こうした主活動のアウトソーシングに加えて、間接部門のスリム化を図る方法もある。この場合、資産の所有はなるべく回避してレンタル・賃借を利用したり、経理事務や労務管理については信頼のおける専門会社を活用することが考えられる。

アウトソーシングを適切に行うには、自社に残す機能と他社に委託する機能、共同で取り組む機能を峻別しなければならない。こうして高度に専門化した企業ほど、幅広い選択肢の中から取引先を選ぶことができる。そしてネットワークが広がれば、さらに規模の経済性も働き、収益性をいっそう高めることも可能となる。

他社との連携を前提とした事業構造を成立させるための新しい取引関係として、「オープン・ネットワーク」という考え方を取り入れることも検討したい。これまでの日本企業の系列に見られるような長期的な取引関係ではなく、「最適なタイミング」「最適な場所」「最適なコスト」による自由な取引関係を築くのである。

なお、機能の外部化には、そのマイナス面にも目を向ける必要がある。ビジネスモデル内の個々の活動は、互いに独立して存在しているわけではなく、他の機能と密接に関連を持ちながら存在している。こうした企業内部の調整力が、企業という組織体を成立させる基盤となっているのだ。競争劣位にある活動を外部に任せても、ただちに効率性が向上するというわけではない。

したがって、アウトソーシングを行う際には、「すべての経営資源を持つ必要はない」「すべての経営資源を持つことはできない」という考え方に立ちながらも、以下の点を十分に検討することが必要である。

- どの機能に競争優位あるいは模倣困難性を確立するのか
- 外部化することによるデメリット
- 外部化するタイミング

フランチャイズ方式

新事業を一気に拡大する戦略の1つとして、フランチャイズ方式がある。この方式では、フランチャイザー（ビジネスモデルの提供者）が、製品のトレードマークの使用権およびビジネスの構築からオペレーションシステムまでのノウハウのすべてをフランチャイジー（フランチャイザーから特定地域のビジネスモデル使用権を得て、自分資本や労力を提供して事業化する個人や企業）に提供し、側面サポートする見返りとしてロイヤリティを徴収する。また、共同仕入れを行うことで、バーゲニング

パワーを実現することもよく行われている。

この方式の最大の利点は、他人の資本や労力を活用して急速にシェアを拡大できるところにある。フランチャイジー側にしても、資金とやる気はあっても、どうやって事業に取り組んだらよいかわからない人、リスクを抑えて資産を有効活用したいという人も多く存在する。フランチャイズ方式は、こうした互いのニーズを補い合うことになる。

この方式は多店舗展開が必要な飲食店やコンビニエンスストア、学習塾などで用いられることが多かったが、10分間理髪店のQBハウス（第3節のケースを参照）のように、それまでフランチャイズ方式には馴染みの薄かった業界でも用いられるようになっている。

一方、難しさは、さまざまな意図を持つフランチャイジーをまとめ、共通の事業目的に向かってベクトルを合わせなくてはならない点にある。ブランドイメージを維持するうえでも、フランチャイジー募集にあたっては価値観をある程度共有できるパートナーを探すことが必要である。

また、フランチャイジー間の競争を適切に保つことも必要だ。たとえば、すぐ隣に出店を許すなどして競争が激化すると、本部に対する不信が生まれるだろう。その半面、過度に保護してしまうと企業家マインドが殺がれるし、店舗型のビジネスで店舗間の距離をあけすぎると、いわゆるドミナント効果が薄れ、マーケティングや物流などのコスト低減が効きにくくなる。

さらに、事業拡大期にはフランチャイジーのモチベーションは高いが、いったん事業成長が頭打ちになると、モチベーションが下がったり、店舗改装などの投資意欲もわかずブランドイメージを毀損し、それがさらなる売上げ減につながるなど、負のスパイラルに陥りやすいという点にも注意が必要だ。

◉ 流通チャネル

流通チャネルは、顧客との接点に関与するという意味でも重要なパートナーであり、販売力に直接影響するため、事業拡大を図るうえで大きな意味を持つ。

一般に、流通チャネル構築のステップは、次のページに示す❶〜❻のようになる。ステップを通して重要なのは、次の2点である。

- 顧客がチャネルに対して何を期待しているかを常に考える。
- 流通業者をビジネスパートナーととらえ、共に成長していくというスタンスで臨む。

❶ 標的市場と経営資源を把握する

まず、目標とする市場をどこに絞るかを再確認する。

❷ 直販か、チャネル利用かを明確にする

この判断にあたっては、想定される総販売量、製品ラインの幅広さ、潜在顧客の地理的集中度または分散度、顧客の規模、そして1取引当たりの取引量が影響する。

それまで存在しなかったような新事業では、経験を積むためにもまず直販で事業展開し、様子がわかった段階でチャネルに任せる場合も多い。

❸ 流通チャネルの幅を決定する

顧客の利便を最優先するなら流通業者の数を増やそうとするだろうし、製品の販売権が流通業者にとって魅力あるものにすることが重要な場合には担当範囲を広くして流通業者の数を制限することが望ましい。

重要なのは、流通業者間、あるいは直販と流通業者間でトラブルが起こらないよう配慮することである。

❹ 展開エリアを決定する

一斉に広く展開を図るのと、地域や顧客を限定して徐々にエリアを拡大していくのでは、プロモーション方法も必要とされる経営資源の量もまったく異なる。

新ビジネスの場合には後者が通常だが、一気に広範囲で知名度を高めることが必要なビジネスも当然存在する。

❺ チャネル・メンバーを選定する

一般的なチャネル・メンバーの選定基準としては、財務内容などの企業の健全性、果たしうる機能、得意とする製品カテゴリー、対顧客交渉力、顧客との関係、取引条件、物流能力、情報武装のレベル、コントロールのしやすさなどが挙げられる。新事業の場合には、それらに加え、ビジョンや経営理念への共感が重要なポイントになる。

なお、新事業では、通常の製品以上にブランドイメージの早期確立が求められる。したがって、契約を結ぶ際には、ブランドイメージを傷つける行為を回避する条項を入れる施策も必要だ。

また、製品企画に独自性がない場合、ノウハウが流出し、チャネル側に類似製品を企画されてしまうなどのリスクもある。したがって、競合禁止条項なども、可能な限り結ぶことが望ましい。

❻ チャネルに対する動機付け政策を決定する

　チャネルに対し、どの程度のマージンを与え、どの程度の支援（販売研修や運営協力など）を行っていくかを決める。

　新製品・サービスの導入期には、流通システムを確立するために魅力的なマージンが設定されることが多いが、一度それが定着してしまうと廃止したり減らしたりすることが難しいので、場当たり的ではない中期的な計画を立てる。ここでも、目先の金銭的な動機だけに頼るのではなく、あくまでもビジョンや経営理念を共有し、長期的に利益を分け合うことを納得してもらうべきである。

補完財提供企業の獲得

　補完財とは、DVDプレーヤーにおけるDVDソフト、パソコンのOSに対するアプリケーションソフトのように、互いにその製品の魅力を高め合う関係にある財を指す。ビジネスによっては、この補完財を提供するプレーヤーを多く囲い込むことがKSF（Key Success Factors：成功のカギ）となるケースも多い。

　その点を強く意識して事業を発展させた企業にマイクロソフトがある。マイクロソフトは、自社でもアプリケーションをつくっているが、収益の根幹となっているのは、かつてのMS-DOSやWindowsといったOSである。OSの魅力を決めるのは、安定性や使い勝手もさることながら、そのOSで活用できるアプリケーションの多様さが最大要因と言えるだろう。

　その点を理解していたマイクロソフトは、一貫してソフト開発を行う企業やエンジニアにマイクロソフト ビジュアル スタジオに代表される快適な開発環境を提供し、「味方づくり」を行ってきたのである。

　一方、パソコンのOSではマイクロソフトの後塵を拝したアップルは、一転して、iPod、iTunesのビジネス展開においては、補完財である楽曲とその提供者であるアーティストを味方につけることに成功した。その背景には、当時、ナップスターに代表されるP to P型の無料ファイル交換の流行により、多大な被害を被っていた音楽業界の「無料でファイルを交換されるくらいなら、多少安価でも正式に課金をしてダウンロードしてもらったほうがいい」という思いを素早く察知し、囲い込みに成功したアップルの先見性があった。

　補完財提供企業は、こうした例からもわかるように、単に待っているだけで現れるわけではない。彼らに具体的な便益を提供し（マイクロソフトは、ソフトハウスに対してしばしば資金援助も行った）、「われわれと組んだほうが、あなたたちのためにもなる」と思わせるようなビジョンや戦略を描き、説明する努力が必要となる。ビジョンや戦略を

画餅に終わらせない、スピーディかつ力強い行動力も必須だ。また、特に重要な補完財（例：キラーコンテンツやキラーアプリケーションなど）を、他の補完財提供者よりも有利な条件を出すことで囲い込むことも有効な方法である。

なお、パソコンのOSとアプリケーションは補完財の関係にあることがすぐにわかるが、補完財なのか逆に代替材なのかが判然としないケースもある。たとえば、かつてのレンタルCD事業とCD販売事業の関係である。当初、CD販売業者は、CDレンタルは自分たちの市場を小さくするものとして反発したが、実際にはレンタルで気にいったCDを改めて購入する消費者が多く、代替材ではなく補完財の関係が成り立っていた。

事前の予測は難しいが、ある製品やサービスに関して、それが代替財となるのか、それとも補完財の要素が強いのかは、冷静に検討したいところである。

3 事業戦略

POINT

　新規事業の事業戦略をどこまで詰めるかを考える際には、まずその事業のタイプを知らなくてはならない。なぜなら、事業のタイプによっては、緻密に戦略を練るよりも、チャンスを的確に見抜きそれをとらえる才覚、あるいはディールメイキングの能力のほうがはるかに重視されるからである。
　一方で、良い戦略──勝てる見込みが大きく、かつ実行可能な戦略──を練ることが大きくものを言うビジネスもやはり多い。新事業リーダーは、こうした事実を踏まえながら、限られた時間の中で、事業運営の指針としての最適な戦略を模索しなくてはならない。

CASE

　ヘアカット「QBハウス」を展開するキュービーネットは、1996年11月に1号店をオープンして以来、成熟産業の中で右肩上がりに売上高を伸ばし、2009年には売上高は94億7300万円に達した。店舗数も増え続け、日本全国に409店舗、シンガポールと香港で51店舗を展開している（2010年10月時点）。
　QBハウスが打ち出したサービス・コンセプトは、既存の理美容業界の「常識」をさまざまな点で覆すものだった。それまでの理容店は、だいたい3000〜4000円の料金で、シャンプー、カット、ひげそり、マッサージなどフルサービスを提供していた。これに対して、キュービーネットを起業した小西國義は、簡単にカットしてもらうだけでいいときでも、フルサービスで小1時間もかかることに不満を感じていた。カットにかかっている時間は10分間程度であることに着目し、「10分1000円」というコンセプトで、割安感と時間の節約をアピールするサービスを思いついたのである。

＊＊＊＊＊

　ビジネスのアイデアを思いついてから1号店を出すまでには、1年近く時間をかけて、綿密にプランを練った。テレマーケティングで1000人程度を対象に需要調査を行っ

たところ、10分1000円というコンセプトに好反応を示す層が予想以上に存在することがわかった。そこで、スピーディな多店舗展開を念頭に置きながら、ビジネスの具体的な仕組みをつくり上げていくことにした。

まず、既存サービスから余分な要素をそぎ落としてみると、残ったのは電気、椅子、タオル、クシ、ハサミであった。頭は洗わずに、カットした髪はエアーウォッシャーで吸引することにした。首に巻くタオルはペットボトルを再生した不織布を用い、クシと同様、使い捨てにすることにした。リサイクルに回すので環境面に配慮することができるうえ、使いきりなので清潔であり、洗ったり管理したりするコストを考えると効率が良かった。

必要な用具は、オリジナルの棚「QBキャビネット」に収納して、スタッフがその場から離れることなく、作業に打ち込めるようにした。

1000円札専用の券売機でチケットを購入する仕組みも導入した。これによって、レジの手間が省けるほか、1000円札専用なので両替の心配をする必要もなくなった。もっとも、わざわざ自社用に券売機を開発したわけではない。大手メーカーがたまたま1000円札専用券売機を大量に在庫として抱えていることを知り、安価に調達できるので導入したのである。

椅子についても、コスト重視で調達した。他の理容店で用いられているリクライニングシートと比べると、座り心地は劣るかもしれないが、その点はサービス時間の短縮化と価格の安さでカバーできると考えた。

このように、既存の理容店とはさまざまな点で異なる、新しいコンセプトの1号店は神田でオープンすることになった。開店初日は雨が降って最悪の条件だったが、116人の来客があった。現在、1日100人の来店を成功の目安としているので、これはまずまずの数字だった。

同社の斬新なビジネスモデルは、マスコミでも盛んに取り上げられ、大々的な宣伝広告をしなくても、利用者のクチコミで好意的な評判が広がっていった。小西はもともと医療設備のリース会社や医療系のコンサルティング会社の経営に携わっていたが、理美容業界についてはまったくの新参者だった。だからこそ、常識や既存の枠組みにとらわれない発想ができたのだろう。その後、経営は徐々に軌道に乗り、1年目で黒字化を果たすことができた。

＊＊＊＊＊

1号店の成功を背景に、キュービーネットは多店舗化を進めていった。店舗管理とローコスト・オペレーションを徹底化するために、他の理美容店に先んじてインターネッ

トを用いたシステムの導入を積極的に行った。当時（1995年）は、まだインターネットがさほど普及していなかったが、1億円を投じて独自のシステムを開発したのである。

たとえば、座席にセンサーを組み込み、顧客が一定時間座ると、カット数としてカウントされる仕組みを導入した。集めたデータはひとまず店舗のコンピュータに蓄積し、閉店後に本社の管理サーバーに送信し、そこで集計・分析を行う。その結果、翌朝には、店舗売上高やスタッフごとのカット数などの状況が確認できるようになった。

2001年には、さらに高精度の新システムを導入した。これによって、接客対応のデータをより詳細にとれる体制が整備された。

QBハウスを訪れた顧客が券売機でチケットを買うと、その時間が記録される。カットの際に、スタッフがQBキャビネットに組み込まれた端末機に、顧客のチケットナンバー、性別、年齢、新規かリピートかなどの情報を入力する。ここで、顧客の待ち時間が把握できる。そして、カットした後の毛くずを座席下の収納スペースに入れると、それがカット終了時間として自動的に記録され、接客時間の全容が明らかになる。

QBハウスは、人手をかける部分、省く部分、自動化する部分を明確にして、効率的なオペレーションを追求した。低価格を訴求するビジネスモデルは通常、回転率を上げて多売することが不可欠だ。同社の場合も、スタッフがカットに専念し、なるべく多くの顧客に対応できるように、前準備や後片づけの簡素化はもちろんのこと、業務報告書や日報を書かせることも義務付けていない。そうなると、各店舗の状況は把握しにくくなりそうだが、同社の場合、データを完備しているので、そこから各店舗の接客の状況や問題点、顧客の傾向を把握できるのだ。

QBハウスには顧客対応用の電話も置かれていない。問い合わせやクレームはすべて本社が対応する。顧客に店舗の混雑状況を知らせるために、店外にシグナル（緑、黄、赤のランプ）を設置している。緑色はすぐカットができる、黄色は待ち時間が5～10分程度、赤色が15分以上というサインである。このような工夫により、人手をかけない部分を徹底させている。

＊＊＊＊＊

理美容業界では、アシスタント制度という徒弟制度で、理美容師を育成するところが多い。国家資格を取得しても、掃除やシャンプーといった下働きの期間が長く、なかなかハサミを握ることができない。しかも、給料はアルバイト並みで、経験を積まないと一人前として扱ってはもらえない。

QBハウスの場合、理美容学校を卒業したばかりの人は最初の3カ月間、同社の研修センターで一流のトレーナーによるヘアカットに特化したオリジナルプログラムを受け

る。初任給は24万円と、業界平均よりもかなり高い。その後、店舗にデビューすれば、すぐにヘアカット専門のスタイリストとして働くことができ、技術の習熟度に応じて年2回の昇給チャンスがある。完全実力主義をとり、年齢、勤続年数や男女の差などは一切ない。

　さらに、ビジネスパートナー制度を設けて、直営店を引き継がせる形で、スタッフの独立を支援している。3年以上勤務した店長経験者がこの制度の対象者で、エリア担当者が独立希望者を審査する。遅刻の有無やクレーム数など約50項目を採点し、100点満点で95点以上の人が選ばれる。

　ロイヤリティは売上げの10％で、それ以外の経費を差し引いた残りが店長の収入となる。店長が独立すると、その店舗からの収入は減ることになる。しかし、もともと離職率の高い業界なので、優秀な人材がパートナーとして残り、店舗を増やしていくことができれば、長い目で見れば会社にとってプラスになると、小西は考えている。

＊＊＊＊＊

　サービス、オペレーション、人材など、さまざまな点で新しい考え方を業界に持ち込んだQBハウスだが、法規制に阻まれて、思いどおりのビジネス展開ができていない部分もある。

　たとえば、美容師と理容師は似ているが、それぞれ異なる免許が必要である。理容とは「頭髪の刈込、顔そり等の方法により、容姿を整えること」（理容師法第1条の2）。美容は「パーマネントウェーブ、結髪、化粧等の方法により、容姿を美しくすること」（美容師法第2条）と定義され、資格取得にはそれぞれの国家試験に合格しなくてはならない。加えて、理容業・美容業は1つの店舗を共用して同時に営業することはできないと定められている。

　QBハウスのサービスはカットのみなので、スタッフは理容師でも美容師でもかまわないが、同時営業を阻む規制により、位置付けを明確にしなくてはならない。理容店で届け出をすると理容師だけ、美容店で届けると美容師しか雇えなくなる。現状では、QBハウスは出店地域ごとに採用者に合わせて業態を使い分け、理容店と美容店が混在する形になっているが、スタッフの柔軟な配置ができないため、業務の効率化の妨げとなっている。

　出店においても、規制が壁となっている。たとえば、椅子1つに鏡があり、店員1人で作業できる、1人用の「QBシェル」というボックス店舗を開発した。駅構内や百貨店の階段の踊り場などの空きスペースを利用して、簡易店舗を展開しようと考えたのだ。

　ところが、面積3.6平方メートルのQBシェルは、各都道府県が管轄する理容室・美

容室の設置基準を満たしていないため、単独での出店はできない。シェルをいくつかつなげる形なら可能だが、そのときは「店舗面積の6分の1を満たす待合室をつくらなくてはならない」という規制をクリアする必要がある。また、水回りに関しても、下水道に通じる水道設備の設置が義務付けられており、使わない設備をやむなく設置したケースもある。

　キュービーネットは、開発の努力が無駄にならないよう、日本よりも規制の緩い海外に活路に見出している。シンガポールの国際空港にQBシェルを出店し、さらに海外での多店舗化を推進していく予定だ。

　キュービーネットは今後も、国内のさまざまな規制と戦いながら、新しい挑戦を続けていく。

理論

　本章の「はじめに」でも述べたが、本節では、通常の教科書に書かれている戦略論は最小限にとどめ、新規事業の立ち上げ時に特有な事業戦略について解説する。一般的な戦略論については、M.E.ポーターの著書などを参考にされたい。

　なお、競争戦略の基本となるコストリーダーシップ戦略と差別化戦略については、その理解が必要不可欠と思われるため、コラムに概要を記した（対象のスコープを狭くとる「集中戦略」については割愛した）。

コストリーダーシップと差別化

　M.E.ポーターによれば、企業が持続的な競争優位を築き、競争に打ち勝っていくためには、以下の2つの戦略のいずれか、もしくは両方を実現できている必要がある。

- 同じものを他社よりも安く提供するという「コストリーダーシップ戦略」
- 他社と違うものを提供することで、プレミアム価格を実現するという「差別化戦略」

　なお、コストリーダーシップと差別化は、二者択一の戦略ではなく、同時に追求することが可能である。トヨタなどはその例であり、安心や品質といった点で差別化を実現し、なおかつ競合に比べ低コストを実現している。だからこそ、同社のここまでの成功があるのだ。

1● 事業特性の把握

　事業には、その経済性に影響を与えるものの、定量的な数字では表しにくい特性がある。たとえば、「先行したほうが圧倒的に有利」「クチコミが重要」「ブランドイメージの維持が最重要」などの特性である。そうした事業に関する特性を事業特性という。また、事業特性に関連して、その事業において成功するためのカギとなる要因をKSF（Key Success Factors）という。

　ビジネスモデル、そして事業戦略を考える場合には、こうした事業の持つ特性を把握し、いかにすればそこで競争優位を築くことができるかを押さえておく必要がある。

　以下、いくつかのビジネスについて、どのような事業特性があるか見ていこう。

❶ 古本屋

　ひと言で古本屋と言っても、その事業特性は一様ではない。

　高額な稀覯本がメインの古本屋の場合には、立地はさほど重要ではなく、事業の成否は調達ルートと確実に買ってくれる得意客をしっかり確保することにかかっている。一方で、近年の雑誌や書籍がメインの古本屋の場合には、立地とその立地に応じた品揃え政策が大きくものを言う。

　前者では、調達ルートは人的なコネクションと調達担当者の鑑識眼にかかってくる。どれだけ商売気があろうが、良いものを良いと見抜けなくては、あるいは良いものの価値を知らなくては、ビジネスは立ち行かない。また、何か掘り出し物があるときに、その情報が集まってくるような仕組み、ネットワークをつくっておくことが不可欠である。したがって、前者の事業は、後者のタイプ以上に「ピープル・ビジネス」すなわち、人材の育成・活用、ネットワーキングが重要になる。これに似た事業としては不動産ブローカーなどがある。

　一方、後者のタイプの場合には、そこまでの鑑識眼は必要ない。ある程度のベース顧客が見込める立地選びと売れ筋把握、無駄のないオペレーションと店員教育がより重要である。これは、むしろ飲食店や通常の小売店に近いビジネスである。それを極限まで突き詰めて新しいビジネスモデルを構築したのがブックオフだ。ブックオフでは、原則として、書籍の買い取りの際の判断基準は「本の綺麗さ」である。それがどの程度の稀少価値かといった目利き力は一切必要なく、だからこそアルバイトの店員でもマニュアルに従えば判断できるようになっている。ユーザーが読み終わった書籍を、綺麗さをベースにした価格で安く仕入れ、磨いて見栄えをよくし、あとは適切な立地で安価で販売

するというのが同社のビジネスモデルである。

❷ SNS

SNS（Social Networking Service）は典型的なサービス業であり、顧客満足度を維持するためのオペレーション、メンテナンス活動、悪質ユーザーの排除などが重要である。また、ネットワーク外部性が強く働くことから、先行優位の立場を生かすと、高いシェアを得るチャンスも広がる（103ページを参照）。アメリカにおけるフェースブックはその典型と言えよう。

一方で、いったん信用を落としてしまう（あそこの顧客対応はなっていない、すぐにキャパシティオーバーで利用不能になってしまう、など）と、イメージを回復するために多大な努力を必要とする。したがって、展開スピードは意識しながらも、キャパシティ以上にユーザーを獲得してトラブルを起こし、打ち手が後手に回るのを避けることが求められる。

❸ ブランドもののアパレル製造

このビジネスは、機能ではなく、イメージを売るビジネスである。したがって、マス市場を追って製品ラインを拡大するような事業展開は避けたほうがよい。

また、ビジネスモデル全体にわたって、ブランドイメージとは相入れないようなやり方を採用していることを世間に知らしめることは、可能な限り回避すべきである。たとえば、生産のプロセスで途上国の非熟練労働力を法外に安い賃金で働かせている、などである。

ところで、自社が取り組もうとしている事業の事業特性、KSFはどのようにすれば見抜けるのか。手軽な公式はないが、ある程度の定石はある。

まず、顧客の声に耳を傾けることである。具体的には、現在のサービスに満足しているのか、そしてどのような点を重視してその製品・サービスを購入しているのかといったKBF（Key Buying Factor：主要購買決定要因）を知る。たとえば、社会人向けビジネススクールであれば、立地、価格（入学金、受講料など）、受講システム（チケット制、振替受講の有無など）、時間帯（365日営業、夜間営業など）、知名度、講師、教材、卒業生の実績などについて、顧客が何をどの程度重視しているかを知る。

そのうえで、既存業者（既存業者がいない、まったく新しい事業の場合には、海外もしくは類似事業）のビジネスモデル、および製品・サービスを検証し、シェアや収益性の高い業者と低い業者で何が違うのかを見ていく。必要があれば、自分で立てた仮説を検証

するために、業界のキーパーソンにインタビューを行う。

　ビジネススクール事業であれば、あるスクールは講師の質が第一と考え、他のビジネススクールの倍の講師料を提示して優秀な講師を囲い込み、高収益を上げているかもしれない。また、成功しているあるスクールは、切磋琢磨しあう受講生の質が最重要と考え、優秀な受講生には奨学金を出して「受講してもらっている」かもしれない。こう見ていくことで、ビジネススクール事業には優秀な講師と優秀な受講生が必要であることがわかり、それを実現するためにどのようなビジネスモデルを構築すべきか、ということになるのである。

　なお、KSFには、「それがなければ話にならない。絶対に満たすことが必要（Must Have）」というものと、「必ずしも必要ではないが、あればかなり有利（Nice to Have）」というものがある。早期にこれらを峻別することが必要だ。たとえば、好立地という要素は、会計事務所では「そうあるに越したことはない」という要素にすぎないが、多くの飲食店やショップでは、それこそが死命を制する要因なのである。

価値基準の基本戦略

　経営学者のマイケル・トレーシーとフレッド・ウィアセーマは、成功する企業が顧客に対する価値を創造する方法を価値基準と定義し、「製品リーダーシップ」「卓越したオペレーション」「顧客との親密さ」の3つを挙げている。事業特性を考えるうえでも参考になるフレームワークである（コーネリス・クルイヴァー、ジョン・ピアーズⅡ世『戦略とは何か』東洋経済新報社、2004年）。

- **製品リーダーシップ**：最新の製品・サービスを不断に提供することを目指す。イノベーションを追求し、常に新しい製品・サービスで高い価値を提供し続けることにより競合の模倣を防ぐ。

- **卓越したオペレーション**：生産・販売方法の改善を不断に追求し、競争優位性の構築を目指す。

- **顧客との親密さ**：顧客ロイヤルティの構築を目指す。高い顧客ロイヤルティによる顧客との親密さを強化し、販売力を高めるとともに、顧客からのフィードバックを改善に生かす。顧客ロイヤルティが競合優位となり、他社ブランドへの乗り換えを防止する。

2 ● 新規事業のタイプ

　戦略立案の基本は、ここまで述べてきたような事業特性を踏まえたうえで、KSFをしっかり満たすことである。ここでは、さらに理解を深めるために、事業のタイプを❶ニッチビジネス、❷分散型ビジネス、❸革新型ビジネスの3パターンに大きく類型化し、類型ごとに典型的な勝ちパターンを説明していこう。

　なお、これらは、必ずしも独立したものではなく、ときとして2つ、あるいは3つのタイプの特性を併せ持つこともある。また、あるタイプの事業が他のタイプに進化するかもしれない。これは、その複数の特性について理解しておかなくてはならないということを意味する。

❶ ニッチビジネス
　事業あるいは市場においてニッチ（隙間）分野を見つけ、その限られた領域の中で高い市場地位を獲得し、収益性を維持するものである。

図表3-16　事業のタイプ

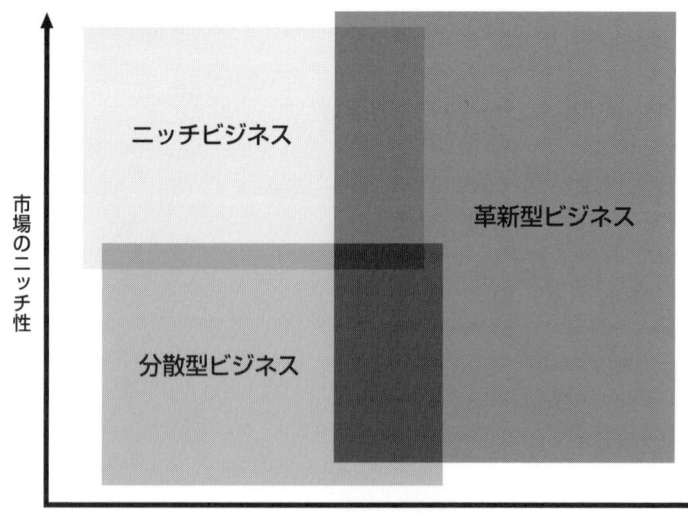

第3節　事業戦略

たとえば、雑誌であれば女子高生向け情報誌に絞る、アパレルであればクイーンサイズの婦人服に絞るなどである。

❷ 分散型ビジネス

市場を制圧する絶対的な決め手となる競争要因がないため、圧倒的な優位性を構築することが困難であり、成功や収益性がそのときどきの企業の頑張りや工夫などに左右されやすい事業である。

地域密着型の事業や、事業拡大によるコストダウンの余地が小さい事業が典型である。たとえば、飲食店業界では多種多様なプレーヤーが、立地、価格、品揃え、顧客サービス、店の雰囲気、ネームバリューなどを武器に絶対的な決め手のないまま競争を繰り広げている。こうした特性から、新規参入や敗者復活が日常化している。ケースで紹介したQBハウスが属する理美容業界も、通常の理容店、美容店は分散型ビジネスの色合いが強い。

❸ 革新型ビジネス

それまで存在しなかった巨大市場を新たに創出するようなビジネス（こうしたビジネスを生み出す戦略を「ブルーオーシャン戦略」ということがある）、新しい競争ルールを導入することで顧客に新たなバリューを提供するようなビジネスである。

前者の事例としてはかつてのカラオケやケースで紹介したQBハウス、後者では先述したブックオフが典型である。このビジネスでは、常識にとらわれずに、新製品や新しいビジネスモデル、新しい競争ルールをいかに発想するかが大きなポイントとなる。

本節の第3項以下で、それぞれのビジネスタイプについて事業戦略を見ていくが、特に革新型ビジネスについて詳しく説明を加える。なぜなら、このタイプの事業こそが、いまのわが国に求められていると痛感するからである。

事業の類型としては、このほかに、アドバンテージ・マトリックスによる4タイプの事業類型もある。これも非常に有用な分類なのでコラムに紹介した。参考にされたい。

アドバンテージ・マトリックス

アドバンテージ・マトリックスとは、「競合上の戦略変数の多寡」と「（圧倒的な）優位性構築の可能性」を2つの軸としてつくったマトリックスである。

競争要因（戦略変数）の数が少ないと、競争手段が限られるため、勝ち負けが比

較的決まりやすくなる。また、優位性構築の可能性が大きいと、その競争要因によって他者に対して明らかな競争優位を獲得できる可能性が高くなる。

アドバンテージ・マトリックスでは、以下に示す4つの事業タイプが導かれる。

図表3-17　アドバンテージ・マトリックス

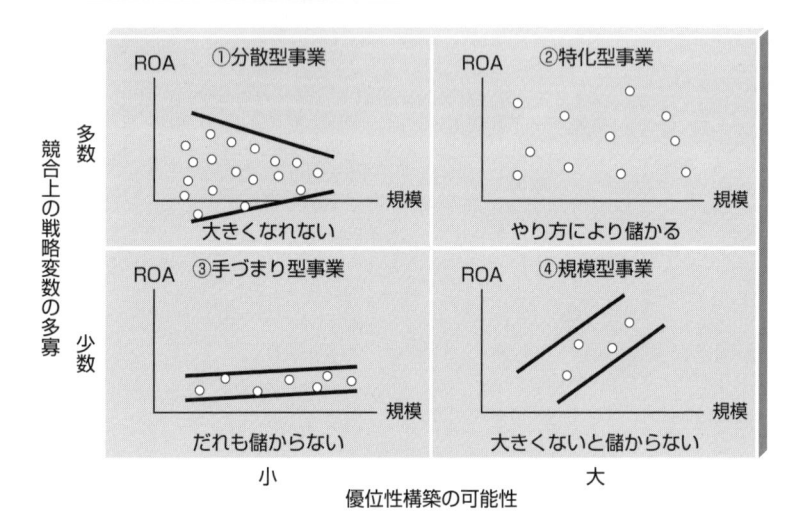

縦軸：競合上の戦略変数の多寡（多数／少数）
横軸：優位性構築の可能性（小／大）

① 分散型事業（多数・小）：大きくなれない
② 特化型事業（多数・大）：やり方により儲かる
③ 手づまり型事業（少数・小）：だれも儲からない
④ 規模型事業（少数・大）：大きくないと儲からない

出所：D.A.アーカー『戦略市場経営』（ダイヤモンド社、1986年）に加筆・修正

❶ 分散型事業

本文で解説した類型とほぼ同じ定義である。事実上、大企業がいない業界で、構造的に「大きくなりにくい事業」とも言える。ラーメン店などがその典型だ。M.E.ポーターはこれを多数乱戦業界と呼んでいる。

❷ 特化型事業

競争要因が「事業規模」を含めていくつか存在し、かつ市場の細分化を通じて異なる戦略をとることで収益性を高められるような事業である。分野ごとに強いプレーヤーが存在する計測器業界、雑誌業界などがこのタイプに該当する。

❸ 手づまり型事業

そもそも競争優位の構築が困難で、どの企業も収益性を上げにくくなっている事

業。小規模企業が淘汰され、残った大企業も決定的な差別化やコスト優位をつくりにくくなっている事業である。一部の鉱業などが該当する。なお、メキシコのセメント会社セメックスのように、手づまり型事業と考えられていた業界において新しい差別化戦略を打ち出し、成功を収めた例もある。

❹ 規模型事業

事業規模が最も重要かつほぼ唯一に近い競争要因であり、規模の効果を追求することで優位性が構築できる事業である。製品やサービスの差別性が低く、その一方で、開発や生産、広告などの規模効果がものを言う場合にはこの傾向が顕著になる。新薬中心の製薬メーカーや一般の商業銀行が該当する。

3● ニッチビジネス

◉ ニッチビジネスとは

ニッチビジネスは、予想以上に大きな収益性が見込まれることが少なくない。事実、他の新ビジネスに比べ、ニッチビジネスは生み出すキャッシュの絶対額は小さいかもしれないが、選択した事業ドメイン（事業領域）において高いシェアを維持し、高収益を実現している場合が多い。一方で、経営者は人目につかない繁栄に甘んじなければならないことが多い。つまり、人目につかないニッチ市場を支配するということは、刺激的、魅力的であるというよりは、単純に勝ちやすい、ということなのだ。

ニッチビジネスの良い点は、革新的なコンセプト（製品コンセプトやビジネスモデル）が必ずしも必要とされない点である。ここでは、競争が激しくなく、それなりに市場規模がありそうな事業を見つける嗅覚が最重要である。顧客のニーズも業界の一般常識から導かれる場合が少なくない。

たとえば、アメリカであるペットが人気を得ていれば、日本でもその動物専門のペットショップを開けるかもしれないというアイデアは容易に湧く。そこでは、まずはやってみようとする行動力、人脈やディールメイキングのスキルがものを言う。仕入れ先と交渉して友好的な関係を築くとか、クチコミによってショップの認知度を高めるなどの才覚が重視される。

このほかにも、ニッチビジネスには、経営資源を集中的に投下することで、コスト優位性、差別化を比較的容易に、かつ早期につくり出すことができるというメリットがある。さらに、必要な投資は限られており、資金調達の努力も小さくて済むため、参入し

やすいというメリットもある。

　もちろんマイナスの面もある。第1に、必要とされる投資額が小さいことの裏返しとして、収益額は概して小さい。ときには優良なステークホルダー（チャネルや協力工場、仕入れ先など）を引きつけるに十分な対価を支払えないかもしれない。たとえば、どんなによくできたビジネス・ソフトウエアであったとしても、そのターゲットが企業のIR担当者など非常に小さい市場であり、しかもそれほどの価格を実現できないとなれば、開発を手伝ってくれるエンジニアは見つけにくいだろう。

　特にベンチャー企業においては、報酬が努力につり合わない場合は、経営者も従業員も、やがては興味を失ってしまうだろう。ニッチビジネスを狙う際には、そこから得られるリターンが、社員を含め優秀なステークホルダーを引きつけるに十分かどうか、常に念頭に置く必要がある。

●──── 成功のカギは、事業分野の選択にある

　ニッチビジネスにおいては、的確な事業分野や市場の選択がきわめて大きなカギとなる（事業分野は市場と必ずしも一致するわけではないが、ここではほぼ同義に使用する）。たとえ市場が小さくても、そこで高い市場シェアを誇る企業は、経験効果や知名度などに起因する先行者利益によって、高い収益性を実現できる場合が多い。通常、成長性が高いという理由だけで競争の激しい市場に参入しても、市場シェアが取れなければ、コストがかさむだけで収益性は低くなる。

　ただし、ニッチビジネスは規模が小さいぶん、環境変化に対する抵抗力は弱い。さらなる成長を志すのであれば、いち早く自らが定義した事業分野で競争優位を築くことが必要条件となる。いったん市場でトップシェアを獲得すれば、市場が成熟しても生き残る可能性が増加するし、再投資の原資を生み出す資金源としての役割を果たすことにもなるからである。

　事業分野の設定にあたっては、いくつかのポイントがある。

　第1に、自社の事業の付加価値の源泉を見極めることである。具体的には、技術的優位性なのか、優れた顧客基盤なのか、事業の仕組みやシステムとしての優位性なのかという点である。そのうえで、その事業分野にどれだけタイミングよく、他社に先駆けて参入できるかが問題である。一番手、さらに望ましくはオンリーワンになれる事業分野を探すことが必要である。

　第2に、長期的に大きく成長したいのであれば、事業分野を狭く設定しすぎないことである。事業分野を狭く限定すれば、確かに早い時期にトップシェアを獲得できるが、そのぶんすぐに成長の限界に達してしまう。競争が将来的に激化することも見越したう

えで、自社の強みを発揮してスピーディに勝ち切れる事業ドメインを幅広に設定することが肝要である。

◉ ニッチビジネスの落とし穴

ニッチビジネスは、現実的には以下の3つのパターンで失敗しやすい。こうした落とし穴を避けながら、「おいしい」事業ドメインを見出した企業は、かなりの確率で少なからぬ成功を収めるであろう。

❶ ニッチ市場を選んだものの、そこで収益を上げるだけのビジネスモデルが構築できない

この問題については、前節を再読されたい。

❷ ニッチと思われた市場が気がついたら大市場になっており、競争が激化してしまう

この事例はかなり多い。ニッチがニッチであるうちはいいが、いったん市場の拡大が見込めると、次々と新規参入が押し寄せてくる。

一例を挙げれば、ウーロン茶は、もともと伊藤園が先鞭を付けたニッチビジネスである。最初の数年は伊藤園がトップを走っていたが、市場が伸びると見るや新規参入が殺到し、あっという間に大きなビジネスになっていった。その中でシェアトップに立ったのが、豊富な経営資源（営業部隊や自販機網など）を持つサントリーである。伊藤園は、缶入り緑茶市場を開拓するなど、お茶市場で存在感を示しているが、それだけの経営資源がない場合には、さらなるニッチを探して戦っていかなくてはならなくなる。たとえば幼稚園児向けの学習塾が、特定の私立小学校への受験対策塾に徹していくなどである。

❸ ニッチ市場でいったん成功したものの、その成功に気をよくして他の大市場に参入して失敗する

かつて、アメリカのビック社（もともとはボールペンなどを扱っていた）は、新規事業として始めた使い捨てライター市場（当時としてはかなりのニッチ市場であった）への参入が成功したことに気をよくして、競争ルールがまったく異なるにもかかわらず、市場規模が10倍のパンティストッキング市場に参入して失敗した。

こうした落とし穴を避けるためには、自社の保有するスキルや強み、新市場の競争状況などを改めて認識する必要がある。なお、ビック社はその後、使い捨てカミソリの分野に進出したが、この市場では同社のコア・コンピタンスを活用し、成功を収めている。

4 ● 分散型ビジネス

● 分散型ビジネスとは

　分散型ビジネスでは、多数のプレーヤーがさまざまな強みを生かしてしのぎを削っている。そこでは、瞬間のビジネスチャンスをとらえ、組織を的確に運営して確実にオペレーションを実行する能力が重要になる。

　先述した飲食店以外の例としては、個人医院、地場の不動産業、販売代理店などがこのタイプに該当する。

● 成功のカギは人脈、オペレーション能力、交渉力

　こうしたビジネスでは、特定の顧客基盤や人脈が大きな意味を持つ。個別の業務委託契約や社員へのインセンティブ、業績評価基準などが成功のための重要事項である。オペレーションがしっかりしており、さまざまなトラブルに起因する資金ショートの危険性が低いビジネスであることが望ましい。

　たとえば、新規開店する飲食店の魅力は、賃借条件に大きく左右される。好立地で低い家賃の物件を見つけることができれば、多少不十分な計画であっても大きなキャッシュを生み出す。そして、こうした物件を見つけ出し、賃借条件を交渉する能力は、事前に分析を行い、戦略を練る能力とは別物である。どんなに優れた戦略家であったとしても、交渉が苦手だったり、優良物件を所有するオーナーをうまく説得できなければ、事業の成功はおぼつかない。

　分散型ビジネスもまた、ニッチビジネス同様、あまり大きな資金を必要としない。大きな初期投資の必要性は低く、投資は事業が成長するにつれて段階的に行うことができる。一方で、大きな利益を上げることは難しい。競争優位を保ってキャッシュを生み出す持続的な仕組みをつくりにくいために、株式を公開することも難しい（もちろん、不可能ではない）。それゆえ、経営者はキャピタルゲインを求めるのではなく、「この事業が好きだから」という理由で長期間その事業を続けることになりがちである。

　とはいうものの、分散型ビジネスはいつまで経っても分散型ビジネスかというと、そうでもない。新しい競争ルールを導入し、新しいビジネスモデルを構築することで、「持続的に儲かる仕組み」を構築することは可能である。QBハウスはその好例と言えよう。

　レストラン業界においては、かつて、すかいらーくなどのファミリーレストラン・チェーンが、セントラルキッチン・システムの導入や食材の一括購買によってコストダウ

ンを実現し、規模の経済性が働く事業に転換した。新たな競争要因として「規模」という軸を持ち込んだのである。ただし、それでも飲食店業界が高度に集中化することはなく、いまでも多数乱戦の業界であることに変わりはない。また、外食チェーンはその後、ノウハウが広く知られるようになり、追随者が増えた結果、過当競争が進み、収益性は低下している。

新しい競争ルールをどのように発想するかについては後述する。

◉ 分散型ビジネスの落とし穴

分散型ビジネスによくある落とし穴として、以下の点が挙げられる。

❶ 多くのことがトップの肩にかかっている

トップの属人的能力やネットワークに多くを依存しすぎる結果、トップがいなくなったとき、トップの処理能力を超える業務量が発生したとき、あるいはトップがミスを犯したときに一気にパニックに陥ってしまう。

この落とし穴を避けるためには、経営者は、自分に意見できるナンバーツー、あるいは次の世代のマネジャー層を早期に育てておく必要がある。

❷ いたずらに規模を追いかけ、成長のコントロールができない

規模を追求することが必ずしも必要ではないにもかかわらず、組織の常として拡大に走り、管理能力を超える場合がある。経営者は、勇気を持って「適切な規模にとどまる」決断をすることも必要である。

❸ 経営陣、従業員が燃え尽きてしまう

どのタイプの新規事業でも起こりうることだが、特に分散型ビジネスではありがちである。成長しているうちはいいが、いったん成長が停滞すると一気に疲労感が蓄積してしまう。だが、これを避ける有効な手段を提示することは難しい。

5 ◉ 革新型ビジネス

革新型ビジネスは、大きく、①それまで存在しなかった巨大市場を新たに創出するようなビジネス（新製品・新市場・新ビジネスモデル型）、②新しい競争ルールを導入することで、顧客に新たなバリューを提供するようなビジネス（新競争ルール型）の2つのパターンに分類される。現実には、両方のエッセンスを含むケースも多いが、本項では便

宜上、この分類に従って議論を進める。

●── 新製品・新市場・新ビジネスモデル型

　新製品・新市場・新ビジネスモデル型のビジネスとは、言い換えれば、それまでにない「誰に」「何を」「どのように」を発見、構想するビジネスのタイプである。

　莫大な先行投資を必要とするものもあれば（携帯電話、エイズ治療薬、電気自動車など）、ある人間の些細なひらめきから生まれるものもある（リクルートの就職情報誌、デルのパソコン受注生産販売事業など）。前者のケースでは、市場進化の方向性が業界常識として合意されており、あとは技術の開発競争という場合が多い。

　両者の最も大きな違いは、前者の場合、通常は組織のバックアップが必要なため、その市場性をはっきりさせ、皆の納得を得なくてはならない、という点にある。その新規事業は、本業にマイナスの影響を与えはしないだろうか？　その事業をやることで、本当に本業との間に範囲の経済性が働くだろうか？　必要な投資額は企業体力に見合うものか？　競争に敗れたとき、速やかに撤退可能だろうか、それとも赤字を出しながら数年間は走り続けなくてはならないのか？

　前者の新規事業を担当するマネジャーは、こうしたことを念頭に置いて、フィージビリティをチェックし、経営の上層部の支持を得、公式の事業計画書を提出し、経営資源の割り当てを確保しなければならない。

　しかし、ここでは、そうした巨大投資型の事業ではなく、些細なひらめきが大きな果実に結び付く事業について検討を加えることにする。ケースのQBハウスはまさにこの例であり、初期に1000人にインタビューすることで事業化の可能性を検証し、ビジネスモデルをつくり上げていった。

　では、些細なひらめきから新たな製品、市場、ビジネスモデルを創出する手順とはどのようなものか。潜在ニーズを見越して、市場を創出する発想とはどのような発想であろうか。それは、❶環境の変化を認識する、❷常識を捨て去りゼロベースで思考する、❸仮説の構築と検証を繰り返す、この3つのステップに集約される。

❶ 環境の変化を認識する

　事業に重要な影響を与える環境の変化を見極めることが最初のステップとなる。具体的には、人口動態（人口構成、未婚者比率など）、経済（個人消費、産業構造など）、個別業界動向（業界構造、原料の供給状況など）、環境（温暖化など）、技術（新技術など）、政治・法律（法律改正、外圧、税制など）、文化（ライフスタイル、風俗など）といったマクロ環境、そして何より顧客の意識や購買行動がどのように変わったのか、変わりつつあ

るのかを知る必要がある。
　QBハウスのケースでは、文中に明示はしていないが、当時の経営環境の変化として、世の中のスピードアップ化、あるいは経済が低迷する中で低価格サービスへのニーズがあったものと考えられる。

❷ 常識を捨て去りゼロベースで思考する

　まず、業界の常識、パラダイムはいったん捨て去る必要がある。ゼロベースで「こんな製品・サービスがあれば、喜ばれるのではないか」「顧客はこんな製品・サービスを望んでいるのではないか」「このようなビジネスモデルであれば、ステークホルダーに対してWin-Winの関係を築けるのではないか」などと考えることである。反対があれば、「なぜダメなのか」を問いかけ、その理由をつぶしていけるかどうか検討する。
　そもそも、それまでにない新しい市場・ビジネスを創出するわけであるから、ニーズはまだ喚起されていない場合が多い。したがって、ありふれた市場調査で、求めているような結果が出る可能性は小さい。重要なのは、自ら潜在的なターゲット顧客にヒアリングし、市場性、そして競争優位構築の可能性を確認することである。たとえば、いまでは当たり前になったERP（Enterprise Resource Planning：業務統合パッケージ）も、日本では絶対に成功しないと言われた時期があるのだ。
　ビジネスチャンスは一瞬であり、多くの場合、データの量とビジネスチャンスの魅力は反比例する。ある事業の予測がより徹底的に検討できるほど、その事業が直面する競争は激しい。一般的な常識が間違っていることにいち早く気づき、他人との認識ギャップを利用して事業を展開する新事業リーダーこそが「市場を創出」できるのである。
　なお、業界の中にいると、業界の常識に縛られ、斬新な発想ができないことが多い。QBハウスのケースには、業界の外からやってきた人間だからこそ発想できたという要因もある。

❸ 仮説の構築と検証を繰り返す

　ただ単に常識を疑い、「勘頼み」「無鉄砲」に突き進めばすべてが解決するわけではない。「こうしたらいいのではないか」と仮説を立て、その仮説を速やかに検証することが必要である。仮説を検証する過程では、まずその仮説が正しいのか間違っているのかを知るための手法（多くの場合はヒアリング）を考案し、次いでそれを実行することで成否を導き出す。QBハウスのケースでは、まずテレマーケティングによってニーズを確かめている。
　さらに、どのような可能性が残るのかを明確化するために、仮説を追加したり、仮説

の仮説を立て、同様のプロセスを繰り返す。こうすることで仮説を掘り下げ、コンセプトを明確にしていく。最初のアイデアは、単にもっともらしい仮説を提供しているにすぎないかもしれない。新事業リーダーは、アイデアを試し、検討し、推測・分析・行動のプロセスを通してアイデアを進化させなくてはならない。アイデアは、必ず以上のプロセスで検証し、新たな形に変えていくことである。

　なお、仮説の検証は、定量的、定性的の両面から行うのは言うまでもない。定量的な仮説構築・検証とは、「このレベルの製品・サービスならば、これだけの価格が実現可能で、これだけの需要が見込まれる。一方で、これだけの投資とランニングコストが必要」ということを分析するもので、事業採算性分析と言い換えることもできる。

　仮説検証のプロセスで注意すべきは、新市場創造にはスピードが何よりも重要なため、あまりに緻密な検証プロセスはかえって事業の成功を阻害する要因となってしまう場合が多い、という点である。完全な解答を追求することは、成功の敵である。仮説を完全に検証しつくした頃には、もはやビジネスチャンスは存在しない。また、分析を続けていると、しばしば抗しがたい悲観主義が発生することがある。

　ここで重要となる考え方が「20-80」のルールである。すなわち、仮説検証にあたっては、100％の信頼性を得るために100の情報を集めるのではなく、80％程度の信頼性があれば十分と考え、そのために本当に価値のある情報を20集めればよいと考えるのである。もちろん、せいぜい80％の信頼性であるから、やっていくうちに不測の事態も発生しよう。しかし、そうした問題は走りながら解決していけばよい。特にITビジネスは、比較的少額の初期投資で始められる場合が多く、そうしたメンタリティが求められる。

　一度にすべての問題を解決するよりも、次の行動や投資を正当化するのに十分なだけの調査をすればよい。市場を創造する競争においては、拙速よりも巧遅のほうを避けるべきケースが多いからである。また、明らかな不採算事業を素早く選別することも重要である。

◉──── 新競争ルール型

　既存の事業に新しい競争の軸を持ち込むことで顧客に新しいバリューを提供することができる場合がある。それがこのタイプの事業である。

　通常、既存の市場には、何らかのパラダイムが存在する。パラダイムとは「ルールと規範であり、境界を明確にし、成功するために、境界内でどう行動すればよいかを教えてくれるもの」である（ジョエル・バーカー『パラダイムの魔力』日経BP出版センター、1995年）。

既存市場では、既存のパラダイムを前提として、競争優位を築いている企業が存在する。その競争優位が維持されている期間が長ければ長いほど、その間に何らかの環境の変化が起きているはずである。その環境の変化（技術進化、消費者意識の変化、環境破壊、規制緩和、高齢化など）をてこにパラダイムを新しく組み替え、新しい競争ルールを持ち込み、新しいビジネスモデルをつくり上げることで、次の世代の勝者となりうるのである。

さて、新しい競争ルールをつくる場合、それは業界の常識を覆すようなものでなければならない。さもなければ既存企業が、新しいパラダイムのもとでも競争優位を維持できてしまうからである。しかし、従来の常識では考えられないようなものであれば、既存企業は古いパラダイムから抜け出そうとしないか、もしくは抜け出したくても抜け出せない。したがって、その間に競争優位を確立し、参入障壁を構築できる。

新しい競争ルール確立までのプロセスは次のようになる。

❶ 従来の競争優位を認識する

成熟市場では一般的に、リーダー企業が過去何十年もの蓄積の中で設定したルールに基づいて競争が行われている。そして、各企業はその競争優位をベースにしたビジネスモデルを構築している。競争ルールは業種や業態などによってさまざまだが、新規事業の第1ステップは、競合相手である既存企業がどのような競争優位を拠り所にして、ビジネスモデルを構築しているのかを見極めることである。

たとえば、かつてエレクトロニクス産業は、バリューチェーンをすべて社内に囲い込むのが一般的であった。しかし現在は、デザインや製造を請け負うODM（Original Design Manufacturing：相手先ブランドによる設計・生産）企業を積極的に活用し、自社は開発とマーケティングに特化するなど、垂直統合型を放棄したプレーヤーが市場で優位性を築きつつある。

❷ 新しい競争ルールをつくる

環境の変化や、競合相手の油断を利用して、新しいパラダイムを描くのが次のステップである。

それは大きく次の2つのステップにブレークダウンされる。

- 新しいルールとパラダイムを設定する。
- それに合わせてビジネスモデルを構築する。

既存リーダー企業の立場を根底から覆すための突破口は、競争ルールを変え、そこで優位性を構築することにある。すなわち、彼らが同等に戦えない、あるいはすぐには真似できないような競争ルールを設定するのである。

　たとえば、オンライン生命保険会社のライフネット生命保険は、ITを利用し、徹底的にコストを削減することで、既存の生命保険大手（多くの営業（職）員を雇用している）が容易には模倣しにくい状況を創出した。

　また、出版不況、特に雑誌の不調が続く中で業績を拡大しているのが宝島社の女性誌だが、同社の戦略のユニークさは、付録を文字どおりの付録ではなく、雑誌の重要な付加価値として前面に押し出したところにある。それまでの慣例を破って毎号付録を付け、それを表紙に大きく謳うという独自の編集を行った。しかもその付録は、これからブレークしそうなブランドとのコラボレーションによるものが多く、他社はなかなか追随できない。さらに一般的には雑誌の価格は毎号同じだが、宝島社では、付録を充実させにくいアパレルのセール期間中は価格を下げるなど、弾力的な運営を行うことで読者離れの最小化、売上げの最大化を図ったのである。

　新ルールを設定したら、そのルールのもとで、新規事業が採算をとれるようなビジネスモデルをいち早く構築しなくてはならない。どのようにして、アイデアを収益性が伴うビジネスとして成り立たせるかを描き、フィージビリティを吟味し、そしてそれをいかに実現していくかが問われることになる。

　新しいアイデアをビジネスモデルに落とし込んでいった例として、パソコンのアセンブル事業を見てみよう。

　パソコンの組み立て（アセンブル）は、CPUに代表されるパーツのモジュラー化が進むに従い、きわめてローテク化し、パーツの調達で性能がほぼ決まるような状況となった。この事実にいち早く気づき、パソコン製造を「アセンブリー事業」に変え、それまでの社内での熟練組み立てを無意味化してしまったのが、1990年代初頭のコンパックである。同社は、各社が開発した技術を集めてアセンブリーする方式に切り替えた。それをどこよりも早くやり、いち早くより安い製品を市場に投入する。つまり、パソコン業界における競争を技術開発や製造から、時間軸、価格の競争に変えてしまったのである（コンパックはその後、ヒューレット・パッカード（HP）に買収されたが、いまでも＜HP Compaq＞は高いシェアを誇っている）。

　また、デルは、パソコンの受注生産販売というビジネスモデルを、協力工場のネットワーク化や配送システムへの投資などを行うことで進化させていった。当初は電話での受注であったが、いち早くネット販売に切り替え、顧客が欲するスペックにきめ細かく対応することに成功し、シェアを伸ばしていったのである。

新しい競争ルールを導入し、それに沿ったビジネスモデルをつくったら、競合が簡単に追いつけないように、①さらに学習速度を高め、ノウハウを蓄積する、②優良な顧客やステークホルダーを囲い込む、などの手段を講じ、追随しようとする他社を引き離していかなければならない。

たとえば、集英社の『少年ジャンプ』は、他社の『少年マガジン』や『少年サンデー』に比べて後発雑誌であったが、若手漫画家の起用や編集者と漫画家が一体となったストーリーづくり、読者アンケート、新人賞の募集など、当時としては画期的な新機軸を打ち出した。そして、いったんナンバーワンの少年漫画誌になると、若い才能がどんどん集まってくるようになる。集英社は彼らと専属契約を結ぶことで、競合をさらに引き離していったのである。

QBハウスのケースでは、いち早くITを徹底活用することで、他社が見よう見真似では追いつけないようなオペレーション上の優位性を築いていった。

後続との差を一気に拡大すれば、当然、先行者利益を享受できるし、その市場におけるリーダーのイメージを確立することによって参入障壁を築ける。また、投資に対する回収も早まり、収益性が改善する。

昨今ではこのように、戦略をスナップショットで考えるだけではなく、一連のストーリーとしてとらえることが有効とされており、ビジネスプランにそうしたストーリーや想定する好循環を示すケースもある。

◉─── 革新型ビジネスの勝ちパターン

革新型ビジネスにおける勝ちパターンとして、デファクト・スタンダード、あるいは皆が使う標準プラットフォームになる、というものがある（**図表3-13**、**3-14**を改めて参照のこと）。これらは、すべての事業で成り立つわけではないが、それが成立しうる事業においては、非常に大きな意味を持つ。したがって、デファクト・スタンダード化、標準プラットフォーム化を目指さなくてはならない。

デファクト・スタンダードとは、「公的機関によってではなく、市場での競争を通じて勝ち残った事実上の標準」を意味する。家庭用VTRにおけるVHS方式、パソコンの基本ソフト（OS）であるMS-DOSやWindows、光ディスクのブルーレイなどがその典型例である。

標準プラットフォームも、デファクト・スタンダードに近い考え方で、「多くの人々がそれを利用する基盤、インフラ」と言える。例としては、オンライン書籍販売のAmazon、NTTドコモの「おサイフケータイ」などが挙げられる。

ただ市場シェアが高いというだけではデファクト・スタンダードや標準プラットフォ

ームとは言えない。「それを利用しなくては経済性の観点から不利であるため、ユーザーやサプライヤーが否応なしにそれを用いる」という状況を目指すべきである。その意味では、かつての「キリンラガービール」は、確かにシェアは高かったが、ユーザーが他のブランドを選んだからといって経済的に不利益を被ることはないため、デファクト・スタンダードとは言えない。ビール事業においてシェアが重視されたのは、純粋にスケール・メリットを追求することが競争優位につながるからである。自己完結的・単独に消費・使用される製品では、そうした標準は成り立ちにくい。

標準をとる意義は、「シェアがシェアを呼ぶ」という性格上、それが大きな利益に結び付く、ということに尽きる（特許で保護される場合は特にそうである）。たとえば、パソコン業界におけるマイクロソフトの成功については多言を要さないであろう。

デファクト・スタンダードや標準プラットフォームをめぐる競争には、経営者が知っておくべきいくつかの特徴がある。

第1に、標準となった規格やプラットフォームは、必ずしも性能的に最も優れたものではない。有名な事例であるが、キーボードのタイプ配列の標準である「QWERTY」は、旧式のタイプライターが作動中にからまないように、故意にタイプスピードを抑えるように設計された規格である（異説もあるが、こう説明されることが多い）。タイプライターの性能が改善され、さらにパソコンが主流となった現代においては、淘汰されてもおかしくないはずであるが、依然ほとんどのキーボードは「QWERTY」配列を採用している。それは、ユーザーがこの配列に慣れ親しんでしまったため、あえてスイッチングコスト（切り替え費用。金銭的な費用のみならず、手間ひまやそれに伴う機会費用も含む）をかけてまで、新しい規格を受け入れようとしないからである。このように、標準になるか否かは、性能差よりも、スピードやタイミング、そのときどきの偶然に左右されやすいのだ。

第2に、差別化が必ずしも有効ではないという点がある。なぜなら、あまりに極端な差別化は、「多くのステークホルダーを引きつける」という目的と相反するからだ。汎用的であって、なおかつ競合に先んじなくてはならないのである。

以上を踏まえたうえで、革新型ビジネスの立ち上げにあたっては、標準をとることに意義がある事業かどうかを確認したうえで、①標準競争に正面から取り組む（ハイリスク／ハイリターン）、②負け組にだけはならないよう競合他社と合従連衡を考える（ローリスク／ローリターン）、の対策を検討しなくてはならない。8ミリビデオなどは、すべての会社が後者を選んだ例である。

また、自社が直接に標準をめぐる競争に参加していなくても、周辺分野でそうした競

争がある場合には、どこが勝ち組として残るか慎重にウォッチしておかなくてはならない。この場合でも、どちらが勝ち残っても大丈夫なように「保険」をかける意味で両方と適度に付き合っておく、という考え方は有効である。

◉ 成功するためのカギ

「新製品・新市場・新ビジネスモデル型」「新競争ルール型」を問わず、革新型ビジネスを発想するうえで、いくつかの障害がある。それらを簡単に見ておこう。

これらを乗り越えることが、成功のカギになるのである。

❶ 常識／パラダイムの呪縛

革新的製品や革新的ビジネスモデル、新しい競争ルールを発想するうえで最大の妨げとなるのが「常識」「パラダイム」である。企業や経営者は程度の差こそあれ、それまでに数多くの成功・失敗の体験を積み、多くの常識を蓄え、パラダイムに縛られるようになる。

このことは、いままでの延長線上で事業を展開していく際にはスピードアップの源泉となるが、「これまでに誰も思いつかなかったようなビジネス」を志向していくうえでは、足手まといになってしまう。したがって、何かしらアンラーニングの仕組みを持たない限り、大企業が新ビジネスを生み出すことは難しい。

あるゲームメーカーは、新しい作品の制作にあたって、過去のやり方を踏襲しないよう、記録を封印してしまうというアンラーニングの仕組みを導入している。また、ある企業では、積極的に他業界から人材を採用することで、常に「新しい視点」を導入することを仕組み化している。

❷「失敗を許さない」組織文化

多くの大企業の組織文化は、端的に言えば「失敗を許さない」組織文化であり、評価システムも概ねそれを反映している。その結果、中で働く人間は、ますます常識にとらわれ、権威に従順になる。企業内新規事業を活性化したいのならば、経営トップが率先してこうした組織文化を排していくことが先決であろう。そのためには、トップは積極的に社員に語りかけるとともに、評価基準、採用方針を変更することで、新たな組織文化の醸成を側面から支援していかなくてはならない。

「やってみなはれ」のサントリーや、「私たちは、時代の変化を先取りし柔軟に対応することで、新しい情報価値を生み出す。これを社会に提示し、社会のニーズを最大限に充たしていく」と謳うリクルートは、そうしたチャレンジ精神を奨励する文化を持つ企

業と言えるだろう。「4年以内に出した新製品で30％の売上げをとる」という目標を掲げるアメリカの3Mは、適切なステップを踏んだうえでの「善意の失敗」は許容するとともに、面白いアイデアについては支援する、さらには、いきなり「No（無理だ）」と言うのではなく「How（どうすればできる）？」と問いかけるという。そうした組織文化こそが同社の強みの源泉と言われている。

❸ インセンティブの欠如

これは上記の「失敗を許さない」組織文化と表裏一体であるが、特に大企業においては、新しい事業を生み出したとしても、その金銭的見返りは驚くほど小さい（もちろん昇進やボーナスには反映されるであろうが、起業家が持つインセンティブに比べれば、はるかに小さい）。

新市場の創出は、創業に近いモチベーションを要求する。したがって、こうしたモチベーションを生み出す仕組みが必要である。具体的には、子会社化して個人的に資本参加させる、あるいは疑似ストックオプションを導入する、などの手法が考えられる。

●── 革新型ビジネスの落とし穴

立ち上がったばかりの革新型ビジネスの競争能力は、当然ながら、基礎となるコンセプトの独創性──イノベーションと洞察力──に大きく左右される。しかし、独創性のみに依存できないのも事実である。独創性は、革新型ビジネスの必要条件であって、十分条件ではない。逆説的であるが、独創的ビジネスであるからこそ、より実行力が求められる。

優れた実行能力とは、品質の高い製品を時間どおり、予算どおりに生産し、効果的に販売し、顧客に届ける能力である。失敗するのは、間違った戦略を追求したからではなく、実行が伴わなかったからである。新規事業においては、優れた実行能力こそが戦略の不確実性を埋め合わせ、事業を成功に導く。日常業務運営に関する分析とプランニングが、戦略的な計画よりも価値を持つことは多い。戦略が斬新なぶん、早期にしっかり結果を生み出さないと、「そもそもの戦略が間違っていたのでは……」という疑心を従業員や新事業リーダー自身が持ちかねないという背景もある。

したがって、新事業リーダーは、熱意、知識、人脈や技術などを駆使して、顧客や資金の出し手、従業員や仕入れ先を説得し、新規事業を支援してもらわなくてはならない。そして、そのうえで、限られた経営資源を十分にマネージしなければならない。たとえばデルは、その先見性とビジネスモデルについて言及されることが多いが、日々オペレーションを進化させ、顧客にとっての提供価値を高める努力を地道に続けてきたからこ

そ、現在の地位がある。ケースのQBハウスも同様である。
　必然的に、革新型ビジネスにおいても、ニッチビジネスや分散型ビジネス同様、リーダーには、カリスマ性と人をマネージする優れたヒューマンスキル、ディールメイキングの能力が必要になる。繰り返しになるが、創造性や独創性は、革新型ビジネスを開始するための「乗車券」にすぎないのだ。

4. マーケティングとオペレーション

POINT

　事業戦略やビジネスモデルは、可能な範囲で具体的なマーケティング戦略やオペレーションに落とし込むことが望ましい。ビジネスプランの読み手によっては、この部分をあまり重要視しないこともあるが、マーケティングやオペレーションの卓越性が競争優位の源泉である場合には、この部分もしっかり説明できるようにしておくのが望ましい。

CASE

　世界有数の飲料メーカーであるコカ・コーラは、マーケティングに強い会社として有名だ。
　日本での事業の開始は、1957年にさかのぼる。日本コカ・コーラが設立され、飲料の製造を開始した。1962年には、テレビCMを用いたマーケティング活動を始めるとともに、自動販売機を市場に導入し、拡充を図っていった。
　これは、アメリカで行ってきたマーケティング手法を踏襲したもので、テレビCMを大量投下してブランド認知を高めるとともに、自販機を設置して着実に販路を広げていくことを狙っている。この戦略が功を奏し、日本コカ・コーラは現在、全国に約98万台の自販機を持ち、業界他社に大きく水をあけている。ほぼ同じ時期に日本に参入したペプシコーラと比べても、販売力やブランド浸透における差は歴然としたものがあった（ペプシコーラはその後、販売権をサントリーに譲渡）。
　そのコカ・コーラがいま、これまでのマーケティング手法の見直しを図っているという。「No more spray and pray」（「神頼み」はもうやめよう）は、コカ・コーラ本社のCMO（Chief Marketing Officer：最高マーケティング責任者）が述べた言葉だという。消費者に一方的に広告を大量に流して、うまく当たってくれることを祈るようなやり方はやめなくてはならない、という意味だ。
　テレビCMや雑誌などの従来のメディアは、一般大衆向けに強力な宣伝力を持っていた。しかし、消費者のライフスタイルや嗜好が多様化、個性化し、それに伴って雑誌の種類が増え、テレビ視聴傾向なども分散したことから、かつてほど効率よく大勢の人に

到達できるツールではなくなっている。インターネットや携帯電話の登場によって、メディアの幅が広がり、顧客も参加する双方向のやりとりが活発化した。企業側が一方通行的に情報を流すやり方は、見直しを迫られるようになったのだ。

　こうした背景を踏まえて、コカ・コーラも、メディアの費用対効果を見ながら、より戦略的な資源配分を行い、マーケティング投資の生産性を高める方向へと転じた。多様なメディアを組み合わせた双方向的なコミュニケーションを通して、テレビ、パソコン、携帯電話、自販機、店頭など多様なインターフェースを用い、消費者の立場から統合的にマネジメントする、IMC（Integrated Marketing Communication：統合的マーケティング・コミュニケーション）を目指すようになったのである。

　日本地域でのIMCの基点となるのが、2007年から運営しているウェブサイト「コカ・コーラ パーク」である。これは「コカ・コーラ」「爽健美茶」「ジョージア」など、同社の全ブランドを集約させたポータルサイトで、一度会員登録をすれば、パソコンからでも携帯電話からでも、シームレスにアクセスできる設計になっている。

　コカ・コーラは、顧客との接触頻度を高めて、インタラクティブなやりとりを密にすることで、ブランドへの親近感やロイヤルティを高めようと考えている。したがってサイトでは、天気やニュース、スポーツ情報、テレビ番組など消費者が関心を持つ情報を提供し、さまざまなゲームやプレゼント応募のキャンペーンを実施している。

　さらに、会員には毎日、メールマガジンを配信し、サイトへのアクセスを促している。通常のメールマガジンへの反応率（クリックスルー・レート）は1％未満とされるが、コカ・コーラの場合、参加型のコンテンツを多数用意しているため、反応率が10％を超えることもあるという。

＊＊＊＊＊

　コカ・コーラ パークの会員数は2010年には800万人を数え、月間PV（ページビュー）は2億。その6割は携帯電話経由である。

　発足当時の会員数は30万〜40万人だったが、そこから飛躍的な成長を遂げた背景には、他の企業との巧みなコラボレーションがある。特に初期段階の会員増加に弾みをつけたのが、オークションサイトの「ビッダーズ」などを手掛けるIT企業のDeNA（ディー・エヌ・エー）が運営する「モバゲータウン」との提携である。

　モバゲータウンは、無料ゲームや占い、有名人ブログなどのエンタテインメントや、ニュース閲覧、検索機能、日記やサークルなどのコミュニティ機能などを持つ、携帯電話向けSNSのサイトだ。2007年5月時点の会員数は500万人、年齢構成は10代が53％、20代が34％と若年層に強く支持されていた。

コカ・コーラは、清涼飲料をよく飲む10代のユーザーを拡充したいと考えていた。そこでまず、モバゲーと小規模キャンペーンをテスト的に行い、そこで手応えを得たことにより、本格的な大規模キャンペーンを展開したのである。

それは携帯電話を用いたキャンペーンで、「コーク×モバゲー」限定サイトを立ち上げ、デコメやスロットなどを用意し、「コークスキー（コーク好き）」というキャラクターをつくって日記、アイテム、イベントを通じてユーザーと交流できる設計にした。それと同時に、コカ・コーラはテレビ、雑誌、商品、店頭のPOP、自販機など、さまざまなコンタクトポイントを使いながら、キャンペーンの告知を行い、参加を呼びかけた。その結果、コカ・コーラはモバゲータウンの会員を多数呼び込むことに成功し、狙いどおり10代ユーザーを獲得することができたのである。

このコラボレーションは、DeNA側にとっても大きなメリットがあった。モバゲータウンは携帯電話を用いてユーザーに無料でゲームなどのコンテンツを提供し、企業から広告収入を獲得するというビジネスモデルをとっていた。当時、モバゲータウンの会員数は着実に伸びてはいたものの、広告メディアとしての評価は定まらず、大手のクライアントを獲得できずにいた。だが、大手のコカ・コーラと組んで実績を出せたことにより、その後のビジネスチャンスの拡大へとつなげることができたのだ。こうして、双方にメリットのあるWin-Win関係のコラボレーションが実現した。

＊＊＊＊＊

コカ・コーラは、モバゲータウン以外にも、日産自動車やホンダと組んで自動車が賞品として当たるビンゴ大会を実施したり、フジテレビとクイズ番組で連携したり、携帯電話などで音楽コンテンツを提供するレコチョクと組んでキャンペーンを行ったりと、多様な相手とのコラボレーションを通して、コンテンツの充実や集客を図っている。

提携の際は、まず両者の役割分担を明確にした。たとえば、日産自動車との提携では、コカ・コーラはキャンペーン・サイトの構築・運営、コンテンツの企画・作成を行い、日産自動車は賞品提供とメディアを使った外部告知を担当することにした。事前に参加者数とページビューの目標値を設定して、効果検証ができるようにしたほか、獲得した顧客情報は両社で共有し、それぞれでデータ管理ができるようにするなどの取り決めも行った。

コンテンツのつくり込みは、両社の担当者が緊密に連絡をとり合いながら、それぞれの目的が果たせる仕掛けを考えた。たとえば、クイズに正解すれば応募できる権利が得られる形とし、クイズの答えを探すために関連サイトへと参加者を誘導し、企業側が見てほしい情報に接触するよう促したのである。

第4節　マーケティングとオペレーション　　　　　　　　　　　　　　　　　　143

　こうした一連のノウハウは、コカ・コーラが主に北京オリンピックのときのキャンペーンで培ったものだ。期間中は、スタッフは休日返上で、ユーザーが使いやすく楽しめるサイトになるように修正を重ねた。ニュース情報などのコンテンツは、提供会社ごとに異なるフォーマットなので、それを安定的に表示させるための調整が必要だ。メダル獲得などの速報ニュースの直後にはアクセス数が殺到するので、サーバーの増強や負荷分散を行うなどリソース調整が欠かせない。日々のアクセス状況を見ながら、サイトの外観、コンテンツの配置、内容の見直しも図っていった。

　マーケティング・プランを設計するだけでなく、こうした裏側のオペレーションを確実に組み立て、運営する体制を構築しない限り、せっかく獲得したユーザーを維持していくことはできない。そうして蓄積したオペレーションのノウハウは、会員規模の大きさと同様、有利なコラボレーションを行っていくうえで重要な要素となる。

　コカ・コーラは、獲得した会員ベースをもとにして、自社のサイトに他社の広告を掲載して、広告収入を得る試みも始めている。社内のコミュニケーション予算は抑制傾向にあるので、広告収入をコンテンツや集客の原資として使い、サイトをさらに充実させていこうと考えているのだ。

　IT技術の進展によって、企業が顧客と接点を持ち、コミュニケーションを図る方法は多様化している。自らメディアとなったり、異なる企業同士でコラボレーションを行ったりする試みは、これからも増えていきそうだ。その中でも、先進的な取り組みに挑むコカ・コーラの動きは今後も注目される。

理論

　マーケティング戦略やオペレーションは、事業戦略やビジネスモデルを具体化したもののうち、最も重要なパーツと言える。そもそもマーケティングがしっかりしていなければキャッシュが入ってこない。また、オペレーションがプアだと、どんなに素晴らしいビジネスモデルでも、結局はコストがかさんだり、顧客満足度を下げてしまったりして収益化を妨げる。特にオペレーショナル・エクセレンスこそが差別化や模倣困難性のカギである場合には、オペレーションの重要性は一段と増す。

　本節では、まずマーケティング戦略の中でもこれまであまり触れてこなかったコミュニケーションと営業戦略について述べた後、オペレーションについて解説していく。

1●コミュニケーションと営業戦略

　マーケティングとは、「買ってもらう仕組み」をつくることであり、通常、マーケテ

ィング戦略は、**図表3-18**に示すように、①環境分析、②マーケティング課題の特定、③セグメンテーション（市場の細分化）とターゲティング（標的市場の選定）、④ポジショニングの決定、⑤マーケティング・ミックス（4P）の検討、⑥実行計画の策定、というプロセスでなされる。

このうち、①環境分析、②マーケティング課題の特定、⑥実行計画の策定は、より大きな戦略立案・実行計画の一環として検討されることが多い。③セグメンテーションとターゲティングについては、すでに述べた。また、④ポジショニングの決定は、結局は他社との差別化ポイントとして何を前面に打ち出すかということであり、ある意味、提供価値や事業コンセプトの裏返しとも言えるため、ここでは割愛する。さらに、⑤マーケティング・ミックスのうち、製品戦略（Product）とチャネル戦略（Place）についてはすでに述べており、価格戦略（Price）についてもビジネスモデルの課金システムと合わせて考えられることが多い。

そこで、この項では、いかに潜在顧客に自社の製品・サービスを知らしめ、最終的に購買を促すかという、コミュニケーション、営業戦略（Promotion）にフォーカスして述べていくこととする。また、特にハイテクビジネスで生じがちなキャズム（アーリー・アダプターとアーリー・マジョリティの間にある深く大きな溝）をどう乗り越えるかについても簡単にヒントを提示したい。

図表3-18 マーケティング戦略策定プロセス

フェーズ	プロセス
分析フェーズ	❶環境分析
	❷マーケティング課題の特定
立案フェーズ	❸セグメンテーション、ターゲティング
	❹ポジショニングの決定
展開フェーズ	❺マーケティング・ミックス（4P）の検討 Product, Price, Place, Promotion
	❻実行計画の策定

コミュニケーション戦略

コミュニケーションとは、企業が提供する製品・サービスの情報を、それを必要としている潜在的な顧客に最適なタイミングと方法で伝えることにより、その顧客を製品・サービスの購買と満足に近づけることである。

ここで注意したいのは、コミュニケーションとは単にある製品・サービスについての情報を顧客に知らせればよいというものではないことだ。同じ情報でも、受け取る相手やその受け取り方によって、情報の意味はさまざまに変化する。コミュニケーションにおいては、情報の内容と同じかそれ以上に、「誰が、いつ、どのように」伝えるのか、すなわち情報の発信主体、それを受け取るタイミング、そしてその伝達方法が重要な役割を果たすのだ。

顧客とのコミュニケーションの際に企業が想定しうる情報伝達の手法（コミュニケーション手法）としては、「広告」「販売促進」「人的販売」「パブリシティ」「クチコミ」の5種類がある。また、顧客が製品・サービスについての情報を入手する経路（メディア）としては、「マスメディア」「屋外メディア」「流通チャネル」「ダイレクトメディア」「デジタルメディア」の5種類がある。

新事業リーダーは、それぞれのコミュニケーション手法やメディアの長所と限界を理解したうえで、適切なコミュニケーション・ミックスやメディア・ミックスを考えなくてはならない。特にケースでも紹介したウェブの活用は、新規事業を知らしめるうえでの重要度を増しており、その特性や限界、効果的な活用方法などをしっかり把握しておきたい。

それぞれの詳細は専門書に譲るが、ここでは新規事業や新製品ならではのコミュニケーション戦略について、いくつか留意点を挙げたい。

基本は、標的市場の多くの人に認知してもらうだけではなく、早い段階で多くの人に試してもらうことである。良い製品やサービスであれば、試してさえもらえれば、リピート需要が喚起できるし、クチコミも期待しやすいからだ。早期の顧客の囲い込みが重要なビジネスでは、その傾向はより高まる。

では、どのようにして試用してもらうのか。予算にもよるが、以下が典型的な方法である。

- 無料お試し期間を設け、広く周知する。あるいは無料版をつくる。
- 友人を誘うことのインセンティブを設ける（紹介キャンペーンなど）。

- その製品やサービスならではの特徴を前面に出し、パブリシティを積極的に活用する。場合によっては、書籍を出版することで重層的に露出する。
- その製品・サービスの潜在ユーザー像を描き、彼らがウェブで検索してくれるよう、SEO（Search Engine Optimization：検索エンジンで検索結果が上位に現れるようにウェブページを書き換えること）を行う。
- インフルエンサー（他者に対して影響力を持つ人。たとえば有名ブロガーなど）を見つけ、彼らに利用してもらい、顧客にアピールしてもらう。
- 協力してくれる企業とのコラボレーションなども活用し、試用のインセンティブを増やす。たとえば、購入に応じて共通ポイントを付与するなど。

　ベンチャー企業ではことに、コミュニケーション予算は限定されている。広告費を無駄遣いしたり、効果の薄いセールスプロモーションを行うことなく、知恵を絞って多くの人に知らしめ、まずは試用してもらうことに注力したい。
　ちなみに、ケースで紹介したコカ・コーラは日本でも有数の広告投資を行う企業である。そのコカ・コーラですら、知恵を絞って、ターゲット顧客の多いコミュニティ（モバゲーを利用するような若年層）を見定め、新しいコミュニケーション活動を模索しているのである。

◉────**営業戦略**

　営業は上記のコミュニケーション手段の一環だが、最終的に顧客に購買を促すという意味で、非常に重要な営みとなる。特に高額な商材や法人向けのビジネスにおいては、いわゆるプル型のコミュニケーション手段（広告やパブリシティなど）よりも、プッシュ型コミュニケーションの代表である営業が非常に大きな意味を持つ。
　営業については、「つかむ（まずは取引をしてもらう）」→「深める（他の製品・サービスも買ったり、購入頻度を上げてもらう）」の順で考えるとわかりやすい。新しい製品やサービスでは、まず「つかむ」が重要になる。いったんつかんでファンになってもらえれば、先ほどと同様のメカニズムで、売上げを伸ばしやすくなるからだ。
　では、営業において、最初の注文を獲得するうえでのカギは何か。まずは、「買ってくれそうな顧客を見極める」というターゲティングである。この見極めが悪いと、せっかくの営業担当者の時間や労力を無駄にしてしまう。当初の製品コンセプトや想定顧客を再確認しながら、適切なターゲティングを行う必要がある。
　ターゲティングがしっかりできれば、次は接点づくりだ。これは、法人顧客であれば、営業のアポイントメントを効率的にとるということで実現する。法人顧客の場合、情報

が比較的公開されているので、こうした作業は行いやすい。

　それに比べ、個人相手の事業は容易ではない。たとえば、小学生の子どもを持つ親相手の事業を展開しようとしても、個人情報保護意識の高まりもあり、そうした人たちと効果的に接点を持つのは難しい。最も手っ取り早いのは、業者からリストを買うことだが、コンプライアンス上の問題に抵触する可能性もある。そうしたリストがない場合には、プル型のコミュニケーションも併用しながら、セミナーを開いたり、見込み顧客が多そうなコミュニティにアプローチするなどの工夫をしながら、接点の数を増やすことが必要だ。ここでは万能のスマートな方法は見当たらず、泥臭い知恵と流した汗が生きる世界でもある。

　しかし、アポイントをとるのは最初の関門にすぎない。最大の難関は、商談を通じ、最初の購買に結び付けることだ。

　相手が個人の場合、相手の琴線を探り、そこに触れられれば、購入してもらうのは比較的容易だ。それに対して、法人ビジネスには特有の難しさがある。それは以下のような点だ。

- 購買に至るルールが、企業ごとに違う。具体的には、購買意思決定のタイミング（毎年何月頃か、納品の何カ月前に決めるかなど）、購買の予算（担当者が扱える予算権限は何千万円までか、年間総額予算はいくらかなど）、意思決定の形式（何千万円未満は書面、何億円以上は役員会にてなど）、稟議のフォーマットなど。
- 意思決定に関連する関係者が多く、誰が最も重要な意思決定者か見分けにくい。
- 組織ならではの心理である「新しいものを試して失敗するよりも、慣れ親しんだものを買い続けたい」という心理的慣性が働きやすい。

　ポイントは、とにかく早期に意思決定者を見つけ出し、彼／彼女に対して、自社の製品・サービスを利用することが、顧客の競争力や収益性向上につながることをしっかりと説明することだ。その際には、具体的なシミュレーションや、すでに別の顧客がいる場合にはその事例を紹介するのが有効だ。

　有名な企業が顧客として存在する場合には、そのネームバリューを最大限活用する（もちろん、セールスツールに実名を出す場合には、事前に了承を得るなどのコンプライアンスに配慮する）。実際、VCが投資を決めたり、銀行が貸し出しを行う際には、ビジネスプランの中でもどのような企業と取引があるのかに注目する。そうした点も留意したうえで、初期の営業戦略を検討することが望ましい。

● ――― キャズムを超える

　先述のように、一般に、キャズム（**図表3-4**を参照）よりも前の顧客（イノベーターとアーリー・アダプター）は、全体の20％以下と言われている。たとえば、標的市場が1000万人とすると、150万〜160万人程度のユーザーが獲得できたら、そろそろキャズムに差し掛かっていると考えられる。ここを乗り越えなければ、十分な売上げが確保できず、投資を回収できないといった事態が起こりうる。

　キャズムを超える重要なカギは、アーリー・アダプターまでの顧客と、アーリー・マジョリティ以降の層の差異を明確に意識することだ。つまり、それぞれの顧客層の特性に基づいて、攻略のポイントを見極め、実行することである。その際、KBFの把握が重要になるが、「自社の既存製品が、顧客の痛みをどれだけ解決できるか」をはじめ、必要なカスタマイズの度合い、心理的ハードル、「そもそもどこで情報を得、どこで買うのか」といった点を強く意識することが望ましい。

　たとえば、初期の顧客は優秀な製品というだけで満足したかもしれないが、アーリー・マジョリティ以降の顧客は、しっかりしたメンテナンス体制がないと買わないかもしれない。「ホールプロダクト」の概念をもう一度思い出し、メンテナンス体制も踏まえたホールプロダクトの再設計を行うとともに、いわゆるマーケティング・ミックスも、アーリー・マジョリティ向けに微修正していくことが必須である。

　なお、こうした対応は、必然的にオペレーションの煩雑化を伴う。その意味でも、強いオペレーションの仕組みを築くことが必要なのだ。

2● オペレーションシステムの構築

　ビジネスモデルの中身をさらに突き詰めて、現場のオペレーションに落としたものがオペレーションシステムである（広義には、このオペレーションシステムまでを含めてビジネスモデルという）。どんなに立派な事業戦略を構築し、ビジネスモデルを設計したところで、実際のオペレーションが破綻してしまっては、新規事業の成長はありえない。戦略やビジネスモデルの裏付けになるもの、それこそがオペレーションシステムである。

● ――― オペレーション設計のための概念と用語

　オペレーションを考えるにあたっては、いくつか知っておくべき概念や用語がある。これらは、特に生産や店舗オペレーションの設計において重要な意味を持つ。具体的なオペレーション設計の手法については専門書に譲るが、新事業リーダーは、オペレーシ

ョンがうまく機能していないと感じたとき、これらの事項について調べ、変更が可能であるかを検討する必要がある。

❶ サイクルタイム（cycle time）

1つの作業が完了してから次の作業が完了するまでの時間を指す。

図表3-19では、4分間ごとにAの完成品がBに送り込まれている。Bの従業員たちは自分たちの作業を2分間で済ませることができるが、結局はAの作業ペースに律される。すなわち、Bの従業員はAからモノが送られてくるまでの2分間、無駄な時間を過ごすことになる。したがってプロセス全体におけるサイクルタイムは4分になるのである。

この問題を解決するために、Aのキャパシティを倍にすることを考えてみる（**図表3-20**）。このプロセスでは、2分ごとに完成品をBに送り出すことが可能となり、プロセス自体のサイクルタイムも2分となる。なお、ここでは欠陥品や作業のやり直しを要するような事態が発生しないものと考えているが、現実にはそれが大きな問題となる場合が多い。

図表3-19　サイクルタイム　その1

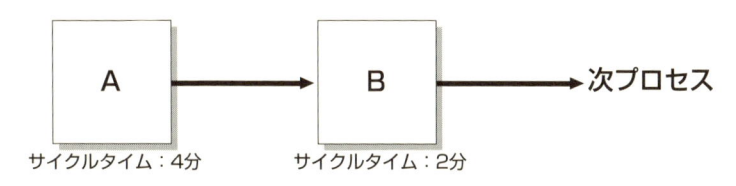

A（サイクルタイム：4分） → B（サイクルタイム：2分） → 次プロセス

図表3-20　サイクルタイム　その2

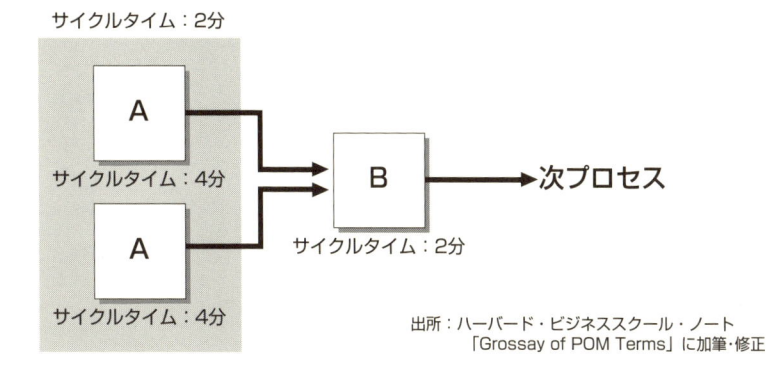

サイクルタイム：2分

A（サイクルタイム：4分）
A（サイクルタイム：4分）
→ B（サイクルタイム：2分） → 次プロセス

出所：ハーバード・ビジネススクール・ノート
「Grossay of POM Terms」に加筆・修正

❷ ボトルネック

最終的な生産量を制限する要素のことである。一般的に、最も遅い、つまり最もサイクルタイムの長いプロセスをボトルネックと呼ぶ（**図表3-19**では最初のプロセスがボトルネック）。

ボトルネックが発生する原因としては、機械・設備の性能の低さ、機械・設備の少なさ、作業員の熟練不足、作業員の不足、配置・セットの稚拙さ、需要の季節・時間変動などがある。また、通常はなめらかに流れるシステムでも、特注品になるとどこかのプロセスにボトルネックが発生する場合もある。生産速度、ひいてはキャパシティを制限する要因であるボトルネックには常日頃から目を光らせておく必要がある。

❸ キャパシティ／スループット

キャパシティとは一定時間における生産能力のことで、1時間当たりの客数や1日の生産量、1分当たりの製造部品数といったものを指す。

スループットも似たような概念だが、オペレーション・マネジメントでは通常、スループットは金額で表す。また、スループットは、スピード感を含意することが多く、ある生産額を上げるうえでどのくらいの時間がかかるのかという意味合いをより強く持つ。

通常、あるシステムのキャパシティやスループットは、ボトルネックによってほぼ決定される。さらに、システム全体のキャパシティやスループットは、製品の組み合わせ、人員配置、設備のメンテナンス時間などにも影響される。

当初のオペレーション設計にあたっては、どのレベルに最大キャパシティを設定するかが大きなカギとなる。たとえば、定食屋のオペレーションでは、昼の時間帯に最大何人の顧客をさばき、顧客にどの程度の待ち時間まで許容してもらうかということを決定しなくてはならない。それによって、アルバイトの人数や調理にかけられる時間はもちろんのこと、メニューや価格設定も変わる。最繁忙期のキャパシティを低めに設定してしまうと、オペレーションの管理はしやすくなるが、逆に本来得られたはずの売上げを逃してしまうリスクが出てくる。

スループットを上げるには、工程間の受け渡しや接続を効果的に連動させることが求められる。

❹ アイドルタイム

アイドルタイムとは、有益な作業が行われていない時間のことである。**図表3-19**においては、後段のプロセスで2分間のアイドルタイムが発生している。アイドルタイムは、どれほど緻密なオペレーションを構築しようが、必ず発生するものである。しかし、

無駄なアイドルタイムが発生しないに越したことはない。

● ── 戦略とオペレーションの関係

　戦略とオペレーションは切り離して語れるものではない。オペレーションとは戦略を実行する足腰であり、その足腰がしっかりしていないとすれば、戦略の変更も考えなくてはならない。

　そもそも、顧客から見ると、顧客満足を左右するのは戦略ではなく、サービスフロント部分でのオペレーションである。たとえば、あるファミリーレストラン・チェーンにおいて、上層部がどんなに優れた出店戦略やマーケティング戦略を打ち出したとしても、店舗で顧客が必要以上に待たされたり、オーダーにミスがあったりするようでは、顧客は離れてしまう。

　したがって、オペレーションを構築する際には、①戦略と整合したオペレーションを構築するとともに、②そのオペレーションシステムが用いられている意義を従業員、さらには顧客に繰り返しコミュニケーションしていく必要がある。

　事例として、2000年代初頭のマクドナルドと、いわゆる原田改革以降の2008年度時点のマクドナルドを比較してみよう。両者のオペレーションの差異を示したのが**図表3-21**である。

　何がこの差異を生じさせているのか。それは戦略の差異である。

　マクドナルドは一時期、低価格路線で成功を収めたが、2000年代に入ると飽きられてしまい、収益を悪化させた。そこで、2000年代半ばから「バリュー戦略」を打ち出し、つくりおきの廃止、店舗の居心地の良さの徹底、きめ細かなクーポン、さらには近年では「30分ルール（30分ごとに販売目標を設定し、PDCAを回すという手法）」などを次々に実施した。それが、来客者数、客単価、メニュー数、待ち時間、あるいは従

図表3-21　マクドナルドの変化

項目	「原田改革」以前 （2000年度）	「原田改革」以降 （2008年度）
来客者数	7.4億人（推定）	9.0億人
客単価	540円（推定）	574円
メニュー数	40（2003年度）	50
オーダーを取ってからの待ち時間	30秒	50秒以上

業員の態度の差、つまりはオペレーションの差になって表れてくるのだ。

　この戦略と整合したオペレーションが顧客にまで徹底してしまえば、オペレーションはさらに楽になる。なぜなら、顧客は「そういうものだ」と思うようになるからである。事実、かつてはつくりおきによって「非常に速い」ことで知られたマクドナルドも、オーダーをとってからの調理という方針が顧客に広く知られるようになった結果、かつてほどの速さは求められなくなっている。

◉───いったん、ビジネスプロセスに落とし込む

　オペレーションが戦略やビジネスモデルを支えているのはわかっていても、それをい

図表3-22　ビジネスプロセスの例

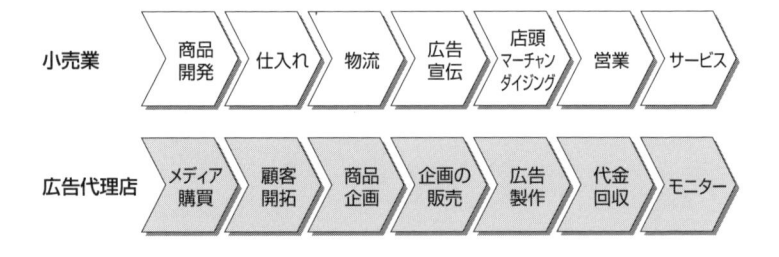

小売業：商品開発 → 仕入れ → 物流 → 広告宣伝 → 店頭マーチャンダイジング → 営業 → サービス

広告代理店：メディア購買 → 顧客開拓 → 商品企画 → 企画の販売 → 広告製作 → 代金回収 → モニター

図表3-23　ビジネスモデル・戦略〜ビジネスプロセス〜オペレーション

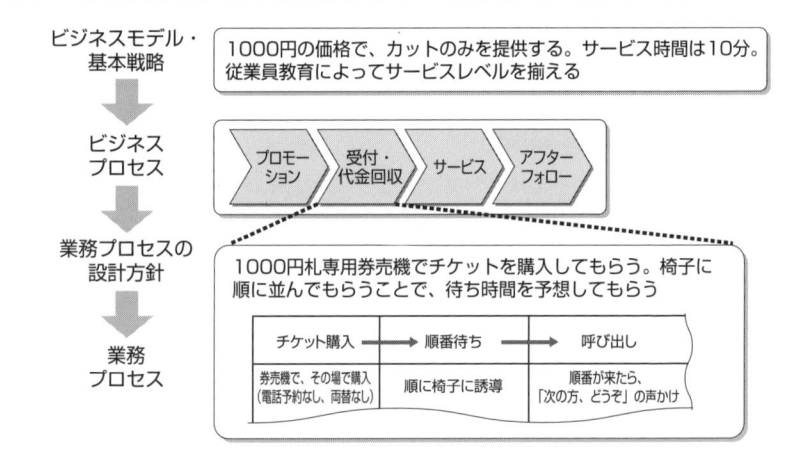

ビジネスモデル・基本戦略：1000円の価格で、カットのみを提供する。サービス時間は10分。従業員教育によってサービスレベルを揃える

ビジネスプロセス：プロモーション → 受付・代金回収 → サービス → アフターフォロー

業務プロセスの設計方針：1000円札専用券売機でチケットを購入してもらう。椅子に順に並んでもらうことで、待ち時間を予想してもらう

業務プロセス：

チケット購入	順番待ち	呼び出し
券売機で、その場で購入（電話予約なし、両替なし）	順に椅子に誘導	順番が来たら、「次の方、どうぞ」の声かけ

きなり詳細なオペレーション・マニュアルに落とし込むのは難しい。そこでよく用いられるのが、まずはビジネスモデルや戦略をビジネスプロセスの形に落とし、それをベースに詳細なオペレーションをつくっていくという方法だ。

ビジネスプランに詳細なオペレーションを記すことは稀であり、むしろこのビジネスプロセスの特徴を示すことが多い。

ビジネスプロセスは、**図表3-10**で示したビジネスシステム（バリューチェーン）に似ているが、ビジネスシステムが事業の機能を川上から川下に並べて描くのに対し、ビジネスプロセスは業務の流れに沿って時間軸で示すことが多い。

ビジネスプロセスを抜本的に変更することで成功を収めた会社として、かつてのベネトンがある。通常、アパレル製品は、特定の色の糸を用い、それを織布・裁断・縫製することでつくられる。それに対してベネトンでは、まず無地の糸で織布・裁断・縫製し、出来上がったものを染色するという方法に変えたのである。これによって、よりシーズンに近い時期まで意思決定を延ばすことが可能になり、不良在庫の削減、販売機会ロスの低減に成功したのである。

図表3-24　ベネトンのビジネスプロセス革新

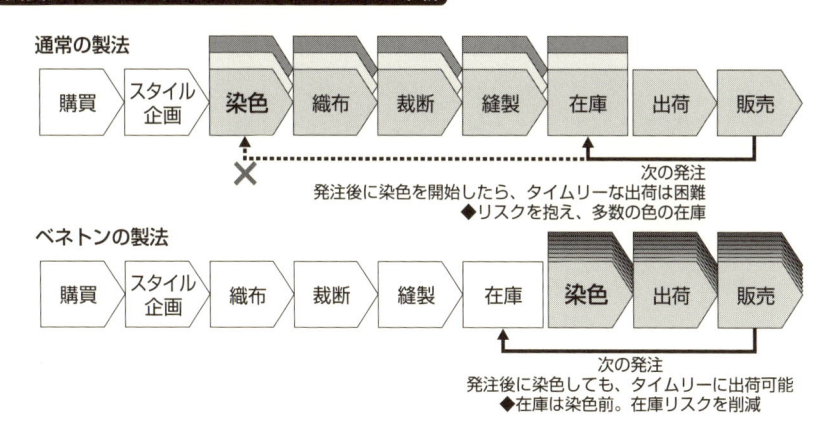

通常の製法

購買 → スタイル企画 → 染色 → 織布 → 裁断 → 縫製 → 在庫 → 出荷 → 販売

次の発注
発注後に染色を開始したら、タイムリーな出荷は困難
◆リスクを抱え、多数の色の在庫

ベネトンの製法

購買 → スタイル企画 → 織布 → 裁断 → 縫製 → 在庫 → 染色 → 出荷 → 販売

次の発注
発注後に染色しても、タイムリーに出荷可能
◆在庫は染色前。在庫リスクを削減

3● ベンチマークの活用

ベンチマーク（ベンチマーキング）は、新規事業をこれから展開しようとする企業がビジネスモデル、オペレーションシステムを構築していくうえで非常に役に立つ考え

方・手法である。

　いまではビジネスの世界で日常語になったベンチマーク、ベンチマーキングは、もともとは土地の測量をする際の基準点を指す技術用語である。ビジネスの世界では、企業が他社のやり方を分析し、学び、取り入れる手法を指す。1980年代初頭、アメリカのゼロックスが、倉庫業務でL.L.ビーン、請求回収業務でアメリカン・エキスプレスをベンチマークとし、その優れた点を学んだのが最初とされる。

　また、ベンチマーキングに関連した重要概念として、ベスト・プラクティス（ベストの事例）という考え方がある。文字どおり、ある分野で最高の業績を上げている企業の手法を指し、それをベンチマークとして自社の業務に取り入れようとする考え方である。

　ベンチマークの対象は同業種に限らない。むしろ、業界のパラダイムにとらわれずに最高のものを追求するため、ひいては同業他社に対し競争優位を築くために、他業種に学ぶべき、という考え方が広く浸透している。

　ベンチマーキングのメリットは、自社の中でまったく新しいものを創造するという「しんどい」作業が軽減される点と、ベスト・プラクティスが実際に存在することで期待成果が見えやすいという点にある。経営資源が限られ、成功の保証もない新規事業にとって、良い手本を探し、その手法を取り入れていくことは、現実的な成果を得たり、時間短縮の観点からも意味がある。

　その一方で、ベンチマーキングのデメリットや限界も認識しておかなくてはならない。ベンチマーキングという手法に頼る限り、その分野でブレークスルーを期待することは難しい。斬新なビジネスモデルを導入することで新境地を切り拓こうとする革新型の新事業にとって、ベンチマークという概念は初めから矛盾をはらんでいるのである（もちろん、革新型新事業であってもすべての業務プロセスが革新的である必要はないから、特定の分野で何らかのベンチマーキングは可能であるが）。

　また、他業種にベンチマークを求めたものの、実際に自社に取り入れることができなかったといった見込み違いも起きやすい。たとえば、ある病院経営者が「病院もサービスビジネスだ」と気づき、何らかのベンチマークをサービス業界に求めたとする。そして、患者の待ち時間を軽減するためにレストランのオペレーションを学んだとすれば、それなりの効果は出るだろう。しかし、接客態度をマクドナルドやディズニーランドに求めても、効果は期待しにくい。

　何より根本的な問題として、「どこまで真に価値のある情報を他社が提供してくれるか（あるいか他社から「盗む」か）」ということがある。たとえば、金融分野のある新規事業で、個人顧客の与信管理と貸し倒れの見積もりが成功のカギであるとする。そこで個人与信管理の先端企業である消費者金融をベンチマークにしようと、その人にインタ

ビューを申し込んだとして、どこまで「真に価値のあるノウハウ」を話してくれるだろうか。公表されているノウハウ（年収、資産、勤続年数、家族、借金の履歴など）のほかにも、社外秘のノウハウがある可能性が高い。そして、競争優位の源泉となっているのは、そうした部分なのである。それを理解せず、表面の見えるところだけを模倣するのは、新事業にとって非常に危険なことである。

第4章

ファイナンス

● 第4章のはじめに
[キャッシュがなければ始まらない]

●

　新規事業をスタートさせるために社内のスポンサーや投資家、あるいは銀行から資金を集めようとするとき、最も説得力のある方法は何だろうか。言うまでもなく、数字で事業の魅力を証明することである。どれだけ斬新なビジネスモデルをつくり上げ、画期的な技術を開発したとしても、きちんと売上げが上がり、利益の出る事業でなければ、誰も投資をしようとはしない。逆に、投資の見返りが得られることを数字で示せれば、社内のスポンサーや投資家、銀行も食指を動かすものである。

　とはいえ、当てずっぽうに売上げを予測したり、ビジネスプランが受け入れられるように都合のいい数字を並べたのでは、投資はしてもらえないだろう。戦略に沿った現実的な前提条件に基づいて売上げや費用の予測を立て、予測財務諸表やキャッシュフロー・シミュレーションをつくって初めて、数字に信頼性が生まれるのである。

　仮に、誰にも投資を頼まず、ベンチャー起業家が自己資金でビジネスを始めるにしても、きちんとした財務計画は欠かせない。会計上の利益が毎月上がっていたとしても、必要なときに必要なキャッシュが手元になければ、会社が倒産することもありうるからだ。いわゆる黒字倒産である。これを防ぐためには、毎月どのくらいの売上げがあり、どのくらいの費用がかかるかを予測し、そのうえで、いつどの程度の資金が必要かを予測するシミュレーションが必要になる。

　一度シミュレーションの雛形をつくってしまえば、現実が予測と違ってしまった場合にも、対策が立てやすくなる。売上げが思うように伸びず、利益が出ない場合、どこまで売上げを伸ばせばよいのか、どのくらい費用を削るべきかといった対策を、シミュレーションできるからである。

　ビジネスプランを作成しようとしている読者の中には、「これまで営業一筋、あるいは技術一筋で、数字は苦手だ」という人がいるかもしれない。また「ある程度は財務諸表を読めるが、つくる自信はない」という人もいるだろう。だが、そんなことを言ってはいられない。先述したように、財務計画はビジネスプランに説得力を持たせる重要なポイントであり、事業を着実に進めていくうえで欠かせないツールだからである。

予測財務諸表やキャッシュフロー・シミュレーションをつくるのは、それほど難しいことではない。本章で示すステップを一つひとつ着実に踏んでいけば、誰でもできるはずである。

　本章では、まず第1節で、ビジネスプランに必須の予測財務諸表と予測キャッシュフロー（間接法）の作成方法について述べる。併せて、主に投資家向けのビジネスプランや社内での新規事業計画に使える投資評価法について簡単に解説する。第2節では、より短期の資金需要を予測するための、キャッシュフロー・シミュレーション（直接法）のつくり方を示す。これは、ごく簡単に資金需要を見る方法を示したものである。第3節では、実際に事業がスタートしてからの資金の管理や計画の立て方について、実践面から解説する。

　第2節と第3節は、スポンサーのいない独立起業家、つまり本社からの資金サポートが期待できない人々にとって、特に重要なパートと言えよう。

1 予測財務諸表とプロジェクトの評価

POINT

投資家に投資を依頼するときや、企業の新規事業として投資に値するか否かを判断する場合には、予測損益計算書を作成して、予測キャッシュフローを予測したうえで、その事業が期待どおりの収益や利回りを上げるということを明確に示さなければならない。

CASE

東京有楽町界隈の一角に、アロマ鍼治療サロン「イーズ・オフ」(仮名)の本店がある。店内に入るとハーブの良い香りが漂い、環境音楽が流れ、イルカがゆったりと泳ぐビデオが映し出されている。ハーブの香りが漂っているのは、同店が「アロマテラピー」を使っているからだ。アロマテラピーとはヨーロッパを起源とする理念で、直訳すれば「芳香療法」である。植物の花や根から抽出される精油を使用し、その香りをかいだり、マッサージをしてもらうことによって心身をリラックスさせる、というものだ。アロマテラピーそのものは日本でも徐々にファンを増やしてきていたが、そこに鍼治療を組み合わせたところに「イーズ・オフ」の独自性があった。

いまでこそ軌道に乗ったものの、イーズ・オフにも苦しい時期があった。社長の山川洋介はこれまでの2年間を振り返って言う。「事業が落ち着いてきて、ようやく正確に先が読めるようになってきたのはつい最近のことですね。それまでは苦しい時期もありました」。新しいビジネスには不測の事態がつきもので、同社もその例外ではなかったようだ。では、同社はどんな問題に直面したのだろうか。

* * * * *

広告代理店で営業の仕事をしていた山川が、社内ベンチャー制度に応募したのは2008年の初めだった。もともといずれは独立したいと考えていたし、営業とは別の経験もしてみたかった。会社が経営多角化の一環として、社員に新規事業を立案させ、その運営まで任せるという社内ベンチャー制度を発足させたことに興味を持ったのだ。

山川がその当時、事業のアイデアとして抱いていたのは「ストレス解消のためのビジ

ネスをやろう」ということだった。なかでも、自分自身がユーザーとしてよく利用していた「アロマテラピー」と「鍼」を組み合わせてみたら面白いのではないかと考えた。山川は昼は営業の仕事を続けながら、夜はビジネススクールの「起業コース」に通い、アロマテラピーと鍼治療を組み合わせたサロンを展開するためのビジネスプランを練り上げていった。

　社内審査では、ストレス解消という時代のニーズに応え、競合店との差別化を打ち出した山川のビジネスプランは高い評価を集めた。また、体系立てて書かれたビジネスプランは、単なる思いつきレベルのものが多かった他のプランの中で目立っていた。財務数字の予測も、想定ユーザーにアンケートをとったり、専門家にヒアリングしてコストを精緻に見積もったりと、非常にしっかりしていた。プロジェクト評価もきちんとなされていた。

　その結果、数十件も集まったビジネスプランの中から、山川のプランは社内ベンチャーとして選ばれ、広告代理店と山川の共同出資で、早くも2009年1月には「イーズ・オフ」が設立された。

　山川がイーズ・オフを始める以前にもアロマテラピーのサロンはあったし、鍼治療院もあったが、両方を組み合わせたサービスはほとんどなかった。こういった状況は、プラスでもあり、マイナスでもあった。プラスだったのは、ファースト・ムーバーズ・アドバンテージ（先行者利益）が得られることである。新しいタイプの事業としてよく雑誌に取り上げられたりもした。だが、一方でマイナス面もあった。売上げが予想どおりには立たないのである。

　売上げの予測を立てる場合、一般的には、それまでの実績や同業他社の実績などをもとにはじき出す。しかしイーズ・オフの場合、店舗を出すのも初めてだし、同業他社も存在しない。想定ユーザーへのアンケートなど、一見、根拠が十分と思われた山川のプランも、実は直感に頼るところが大きかったのである。そして、現実は厳しかった。開店してみると、売上げは当初計画の半分以下だったのである。

注：本ケースは実在の企業をもとに作成したが、詳細はエッセンスを損なわない範囲で加筆・修正している。また、文中で使われている数値などは実際のものとは異なる。

理論

1● 予測損益計算書と予測キャッシュフロー

　ビジネスプラン作成にあたっては、5年から10年程度の予測財務諸表とそれに伴う

キャッシュフロー予測が欠かせない。ビジネスの良し悪しを判断するためには、良くも悪くも財務数字の裏付けが欠かせないからだ。

とはいえ、一般に、ビジネスプランの段階で、予測貸借対照表（B/S）をつくることはあまりない。通常は、予測損益計算書（P/L）をつくり、そこから予測キャッシュフローを計算する。まずはそのつくり方を見てみよう。

●───売上げ予測の方法

イーズ・オフが最も苦労したのが、売上げ予測である。売上げ予測について、アメリカのあるアントレプレナーシップの専門家は次のように述べている。

「優れたビジネスプランは、たいてい上手なコスト予測をしている。研究開発費やマーケティング費用、一般管理費などを比較的正確に予測してくるのだ。だがその優れたプランでさえ間違ってしまうことがあるとすれば、それは売上げの予測である」

それほどまでに、売上げ予測は難しい。1つの解決策は、予測が多少は外れても問題にならないように対策を立てておくことだ。その方法については第2節で説明するとして、ここでは基本的な売上げ予測の方法について述べておこう。

基本的には製品やサービスの売上個数と価格を予測し、それを掛け合わせる作業を繰り返す。イーズ・オフのような事業の場合であれば、店ごとにその月に何人来店するか（来店客数）を予測し、顧客1人が平均いくら支払うか（客単価）を予測して、両者を掛け合わせる。来店客数や客単価は、これまでの実績や同業他社の動向などを参考にして予測する。

イーズ・オフのように同業他社が存在しないのなら、類似の事業についての情報が多少は参考になるかもしれない。

図表4-1にイーズ・オフの売上高を計算するための「予測売上高計算書」を示した。各店舗の売上げと一番下の総売上げの欄には計算式がインプットされていて、それ以外の項目を入力すると売上高が自動的に計算されるようになっている。

●───費用の予測方法

費用の予測は売上げの予測に比べたら比較的簡単である。人件費は雇う人数によっておおよそ決まってくるし、家賃もほとんど変動することはない。広告費はどちらかと言えば予算を先に決めて、その範囲内で効率的な活用を考えるものである。原材料などの仕入れ費用は売上げによって変わってくるので、売上げの何％かかる、という形で考えておく。

費用の予測で難しいのは、原材料の仕入れ価格などが大きく変動する場合である。こ

図表4−1 イーズ・オフの予測売上高計算書

	1月	2月	3月	4月	5月	6月
本店						
来店客数(人)	500	700	833	833	833	833
平均客単価(円)	7,000	7,140	7,200	7,200	7,200	7,200
売上げ	3,500,000	5,000,000	6,000,000	6,000,000	6,000,000	6,000,000
2号店						
来店客数			500	714	857	857
平均客単価			7,000	7,000	7,000	7,000
売上げ			3,500,000	5,000,000	6,000,000	6,000,000
3号店						
来店客数					500	714
平均客単価					7,000	7,000
売上げ					3,500,000	5,000,000
総売上げ	3,500,000	5,000,000	9,500,000	11,000,000	15,500,000	17,000,000

とに農作物や貴金属、工業用レアメタルなど、相場や為替によって大きく価格が変わるものが費用の大きな部分を占めている場合、費用の予測は困難になる。その場合は、過去の相場をよく研究するか、製品市場に詳しい人にアドバイスを求めるなどの対策が必要になる。

2 ● キャッシュフローの求め方

　投資評価においては、予測キャッシュフローこそが生命線と言える。キャッシュフローは、採用する会計方針によって数字が変わることもある損益計算書の利益とは異なり、まさに会社が稼いだキャッシュそのものを表すからだ。ファイナンスの世界では、「キャッシュが現実で、利益は解釈」という言い習わしもある。

　ここでは、ある程度信頼できる売上げ、コスト予測ができたと仮定したうえで、そこからキャッシュフローを算出する方法を説明する。

　キャッシュフローの求め方にはさまざまな方法や考え方があるが、本節で示すのは「間接法」といい、損益計算書上の税引後利益を調整して営業活動からのキャッシュフ

ローを求める方法である。実際に事業を開始する前にキャッシュフローを予測する際に多用される。一方、実際のキャッシュの額を直接求める方法を「直接法」と言い、これについては第2節で紹介する。

　今回は会社全体のキャッシュフローではなく、プロジェクトのキャッシュフローを扱うものとする。したがって会計で用いる一般的なキャッシュフロー・ステートメントのつくり方とは若干異なる点に留意してほしい。

　図表4-2を見ながら話を進めていこう。これは生産財メーカーであるABC工業が新しい機械を導入して、4年間だけ自動車用部品を製造するという新規プロジェクト「部品事業プロジェクト」のキャッシュフロー・シミュレーションである。

　ABC工業は、このプロジェクトを始めるにあたって、以下のような前提条件を一つひとつ洗い出していった。

●売上高
　価格は単価1千円で一定、売上個数は初年度が9万個、2年度と3年度が12万個、4年度は8万個と考えた。

●初期投資額
　ABC工業の試算によれば、この新規プロジェクトを始めるためにかかる投資額は、6900万円である。

　機械本体のコストと輸送費、設置費の合計で6000万円。それに加え、事業を始めるにあたっては運転資本（ワーキングキャピタル）の手当てが必要だ。運転資本とは、在庫＋売掛金－買掛金で示される、事業継続のための一種の投資である（流動資産から流動負債を差し引いて求める場合もある）。

　買掛金（負債の一種）が多くて、そこでカバーできればいいのだが、概して在庫や売掛金など事業運営にあたって必要な流動資産のほうが多く、運転資本はプラスになる。したがって、事業を始める際には、そのぶんの資金も用意しなければならない。

　ABC工業は、初年度売上げの10％にあたる900万円が運転資本として必要だと判断した。また、売上げが増えれば、その10％の増加運転資本が必要と考えた。

　この例からもわかるように、運転資本は本来、在庫、売掛金、買掛金といった貸借対照表の項目から計算されるものだが、将来数年間にわたるキャッシュフロー予測にあたっては、簡便法として「売上げの何％」という前提を置くことが多い。つまり、予測損益計算書の数字を用いて、運転資本を計算するのである。

図表4-2 部品事業プロジェクト キャッシュフロー・シミュレーション

(単位:千円 売上個数を除く)

```
初期投資額                         減価償却
 機械価格           52,000                        減価償却額
 輸送費              4,000         1年目          13,000
 設置費              4,000         2年目          13,000
 運転資本            9,000         3年目          13,000
 合計               69,000         4年目          13,000

資金調達方法
 銀行からの借り入れ       0
 自己資金           69,000

その他前提条件
 年間売上個数       90,000
 初年度製品単価        1.0
 販売価格年間上昇率      0%

 機械の最終年度売却価格  10,000
 法人税率             50%
 利子率                5%
 株主資本コスト        10%                割引率           10%
```

キャッシュフロー・シミュレーション

	0年目	1年目	2年目	3年目	4年目
単価		1	1	1	1
売上個数		90,000	120,000	120,000	80,000
売上高		90,000	120,000	120,000	80,000
製造原価		49,500	66,000	66,000	44,000
マーケティング費		6,300	8,400	8,400	5,600
工場管理費		5,400	7,200	7,200	4,800
本社管理費		3,600	4,800	4,800	3,200
減価償却費		13,000	13,000	13,000	13,000
税引前利益		12,200	20,600	20,600	9,400
法人税		6,100	10,300	10,300	4,700
税引後利益		6,100	10,300	10,300	4,700
減価償却足し戻し		13,000	13,000	13,000	13,000
運転資本増加ぶん		0	3,000	0	-4,000
運転資本回収					8,000
営業活動からのキャッシュフロー	0	19,100	20,300	23,300	29,700
投資活動からのキャッシュフロー					
初期投資	69,000				
機械売却収入					10,000
売却収入に対する法人税					5,000
キャッシュフロー合計	-69,000	19,100	20,300	23,300	34,700
現在価値	-69,000	17,364	16,777	17,506	23,701
再投資収益率10%での将来価値		25,422	24,563	25,630	34,700
	-69,000				110,315

```
NPV           6,347
IRR          13.77%
MIRR         12.45%
ペイバック・ピリオド  3年2カ月
```

● 減価償却

設備を購入したら、それをどうやって費用として計上するのか、つまりは減価償却を考えなくてはならない。

機械の代金は生産開始前に全額支払うが、経理上では費用は最初の年に一括して計上されるのではなく、毎年少しずつ計上される。その機械が長年にわたって使用され、売上げに貢献するからである。この減価償却にはさまざまな方法があるが（日本では、定率法と定額法が一般的）、ABC工業は4年間で定額で償却する方法をとった。機械の代金を4等分し、毎年4分の1ずつ計上していくのである。

● 資金調達方法

次にABC工業が考えたのが、初期投資にかかるコストをどうやって調達するかである。結論として、銀行からは借り入れず、すべて自己資金で賄うこととした。そのため、このケースでは支払金利はゼロとなる。

● その他の前提条件

それ以外の条件は以下のように決定した。

コストは減価償却費以外、すべて売上げに比例するものとした。製造原価が売上高の55％、マーケティング費が同じく7％、工場管理費が6％、本社管理費を4％とした。

製造に使用する機械は4年間のプロジェクト終了後に売却する予定で、売却価格は1000万円を見込んでいる。法人税率は50％で、株主資本コスト（179ページを参照）は10％である。

こうして重要な前提条件を洗い出した後、ABC工業はいよいよキャッシュフローの算出にとりかかった。その前提条件に基づいて作成したのが、**図表4-2**のキャッシュフロー・シミュレーションなのである。

細かな項目が並んでいるが、基本的な構造は以下のとおりシンプルである。

営業活動からのキャッシュフロー＋投資活動からのキャッシュフロー
　＝（投資評価のための）キャッシュフロー合計

営業活動からのキャッシュフロー＝税引後利益＋減価償却－運転資本増加額

投資活動からのキャッシュフロー＝設備投資、設備売却など

ここで求めた投資評価のためのキャッシュフローを「フリーキャッシュフロー」と言

第1節　予測財務諸表とプロジェクトの評価

う。ファイナンスの教科書などでは、

$$\text{フリーキャッシュフロー} = \text{営業利益}(1-\text{法人税率}) + \text{減価償却} - \text{運転資本増加額} - \text{投資}$$

と表記されることも多いが、基本的な内容は同じである。本書では、フリーキャッシュフローという言葉は使わず、以降もキャッシュフローと表記していく。

キャッシュフロー・シミュレーションは、以下の手順で作成されている。

● **売上高**
単純に製品価格と売上個数を掛け合わせて算出した。
● **税引前利益**
売上高から順に各種費用を差し引いて求めた。
● **税引後利益**
税引後利益は、税引前利益に（1−法人税率）を掛け合わせて算出した。

ここまでは予測損益計算書と基本的に同じである。その下の欄からキャッシュフローの計算が始まる。**図表4-2**を見ていただきたい。

● **減価償却費を足し戻す**
この操作が必要なのは、減価償却費が現金支出を伴わない費用だからである。機械導入のための費用は、すべて事業開始の直前（0年目）に支払ってしまっている。減価償却は単に経理上の項目で、毎年1300万円を現金で支払っているわけではない。そこで、法人税を差し引いた後に、減価償却費を足し戻すのである。
● **運転資本増加ぶんを差し引く**
売上げが増えるに従って、より多くの運転資本が必要になる。売掛金や在庫が増加するためである。ポイントは、毎年の運転資本の実額ではなく、前年との差異である運転資本増加ぶんを差し引く点にある。その増加ぶんだけ、拘束される資金が増え、キャッシュフローが減ると考えるのだ。
● **運転資本回収**
運転資本は手元に必要だが、使ってしまうお金ではない。事業が終わるときには、売掛金は回収され、在庫は売却される。したがってそれまでに投資した運転資本も回収さ

れると考える（ただし、在庫が本当に評価額で売却できるかは難しい点である）。

● **支払利息を足し戻す**

今回のケースでは関係ないが、借入れにより資金を調達し、支払利息が生じた場合は、その金額を足し戻す。これは、資本調達方法にかかわらないプロジェクトそのもののキャッシュフローを見るためである。なお、利息を支払ったことにより、そのぶん会計上の利益も減少し、税額が減少している。そのため、減少したぶんの税額を差し引く。

ここまでで、営業活動からのキャッシュフローが算出された。ここまでできれば、もうゴールが見えたも同然である。

以下、投資活動からのキャッシュフローを簡単に見てみよう。

● **投資活動からのキャッシュフロー**

初期投資やそれ以外の設備投資関連のキャッシュフローを、ここに計上する。ABC工業のプロジェクトでは初期投資に6900万円かかる。また、事業終了時には機械を売却する予定であるから、その代金および売却代金に対する税金が計上されている。

以上の項目を加減算して、最終的なキャッシュフローが算出できた。シミュレーションではキャッシュフロー合計の欄で示されている。

ABC工業ではこうして出てきた数字は妥当なものだと判断したが、いくつかの前提条件を変化させてみて、より信頼性の高い数字をつくり上げるつもりだ。

納得のいく数字が得られたら、その数字をもとに、これから解説していくペイバック・ピリオド、NPV、IRRなどの指標を算出し、そのプロジェクトが実施に値するかどうか判断する（ペイバック・ピリオド、NPV、IRRの詳細は次項を参照）。

ちなみに今回のプロジェクトでは、NPVはプラス、IRRは13.8%という結果になった。ABC工業では、これらの値が他のプロジェクトと比べて良い数字かどうか、会社の要求基準を満たしているか、などをチェックしたうえで決定を下していくことになる。

ターミナルバリュー

ABC工業のケースでは、最終事業年度に運転資本や設備投資は売却するものとしてキャッシュフローを考えた。ただし、これは便法であり、そのほかにも事業最終年度のキャッシュフローを求める方法がある。

最もよく用いられるのは、事業をそこで清算するのではなく、キャッシュフロー・シミュレーションで示した翌年以降は一定のキャッシュフローが続くと仮定す

る方法である。毎年一定のキャッシュフローが続く場合（CFとする）、割引率をrとすると、その現在価値はCF/rで求められる。この式を使って、最終年度における、翌年以降のキャッシュフローの現在価値を求め、それを最終年度のキャッシュフローに加えるのである。

3● 投資評価法

　事業が投資に値するか否かを判断するには、その事業が資金の提供者にどのくらいの「価値」をもたらすかを測らなければならない。この場合の価値とは、キャッシュフローである。どのくらいのキャッシュフローが資金提供者にもたらされるかが、その事業の価値なのである。

　ここでは、キャッシュの額がすでに算出されたものとして話を進めよう。キャッシュの額を投資額と比較して、その事業が投資に値するかどうかを評価する。評価の方法は主に3つある。以下、事例をもとに1つずつ検討してみよう。

【事例】

　プロジェクト案、A、Bがあるとする。ともに投資額は4300万円だが、キャッシュフローは異なる。プロジェクトAは、毎年1100万円のキャッシュフローを生むと予想されている。それに対してBは、初年度500万円、2年目900万円、3年目1300万円、4年目1800万円、5年目2300万円のキャッシュを生む。

　あなたの会社には両方のプロジェクトを実施する資金的余裕はない。はたしてどちらのプロジェクトを選ぶべきだろうか。

●───── ペイバック・ピリオド法（回収期間法）

　まず「ペイバック・ピリオド」法で見てみよう。これは、投資した資金がどのくらいの期間で回収されるかにより、投資評価を行うものである。

　図表4-3は、両プロジェクトのキャッシュフローを示したものである。0年目に初期投資として4300万円を支払い、1年目以降は毎年事業からキャッシュが得られることがわかる。

　回収期間の求め方は簡単である。初期投資額をマイナスとして、そこに毎年のキャッシュフローを足していき、プラスになる年を探せばよい。たとえばプロジェクトAの場

図表4-3 ペイバック・ピリオド(回収期間)法

(単位:万円)

	0年目	1年目	2年目	3年目	4年目	5年目
プロジェクトA						
キャッシュ・アウトフロー	4,300					
キャッシュ・インフロー	0	1,100	1,100	1,100	1,100	1,100
トータル・キャッシュフロー	−4,300	1,100	1,100	1,100	1,100	1,100
累積赤字／黒字額	−4,300	−3,200	−2,100	−1,000	100	1,200
プロジェクトB						
キャッシュ・アウトフロー	4,300					
キャッシュ・インフロー	0	500	900	1,300	1,800	2,300
トータル・キャッシュフロー	−4,300	500	900	1,300	1,800	2,300
累積赤字／黒字額	−4,300	−3,800	−2,900	−1,600	200	2,500

合、3年目では−4300+1100+1100+1100=−1000(万円)で、まだ投資を回収しきれていないが、4年目ではプラスになる。プロジェクトBも同じ計算をしてみると、Aと同じく4年目でプラスになる。

つまり、ペイバック・ピリオド法ではどちらのプロジェクトを選んでもよい、ということになる。投資が回収されるのに要する期間が両方とも3年だからだ。もしどちらかの回収期間が短ければ、基本的には短いほうのプロジェクトを選ぶ。

●──── NPV法(正味現在価値法)

NPV (Net Present Value)法、すなわち正味現在価値法とは、投資によって生み出されるキャッシュフローの現在価値と初期投資額を比較し、現在価値が投資額を上回るかどうかによって投資を評価するものである。

投資によって生み出されるキャッシュフローについても、同様の方法で現在価値を求めることができる。この場合、割引率に何を使うかが問題になる。基本的には「そのプロジェクトに対して出資者が期待する収益率」(期待収益率、または期待利回り、ハードルレート)で割り引く。たとえば、ある企業の新規事業で、その事業からは投資額に対して15%のリターンが欲しいと考えるのであれば、15%で割り引く。具体的な割引率の求め方については、あとで述べる。

例に挙げたプロジェクトA、Bで考えてみよう。**図表4-4**では、2つのプロジェクトから生み出されるキャッシュフローと、その現在価値を示した。最低でも10%のリタ

> **現在価値**
>
> 　経営学においては、今日の1000円と1年後の1000円とでは、今日の1000円のほうが価値が高いと考える。なぜなら、今日1000円を銀行に預けて1年後に引き出すとしたら、そのときには元金の1000円に1年分の利子がつくからである。また、1年後の1000円は確実に手にすることができるか不明だが、現在の1000円であれば間違いなく手にすることができる。
>
> 　そこで、仮に年利が5%だとすれば、今日の1000円は1年後の1050円と同じ価値がある、と考えるのである。逆に、1年後の1000円を現在の価値に直したらいくらになるだろうか。答えは、およそ952円である。見方を変えれば、952円を利率5%で運用したら1000円になるということだ。952円を現在価値、5%を割引率、1000円を将来価値という。
>
> 　同じ1000円でも、2年後、3年後に手に入る1000円だったり、割引率が違っていたら現在価値も変わってくる。割引率7%のときに3年後に1000円が手に入るとしたら、その1000円の現在価値は816円である。
>
> 　現在価値を求める計算式は以下のとおりである。rは割引率、nは期間（年数）を示す。
>
> $$\text{現在価値} = \text{将来価値} \div (1+r)^n$$
>
> 　　　r：割引率
> 　　　n：期間（年数）

ーンが欲しいと考えているので、割引率は10%を使った（なお、**図表4-4**は、小数点以下を四捨五入している関係で、合計値が若干ずれている。**図表4-5**以降も同様のものがある）。

　冒頭で述べたように、NPV法とはキャッシュフローの現在価値の総計と初期投資額の差を見るものである。プロジェクトAでは、1年目以降のキャッシュフローの現在価値を合計すると4170万円になる。これから初期投資額4300万円を差し引くと、答えは－130万円。つまり、NPVがマイナスになる。これは、投資資金が回収できないことを意味する（なお、Excelの場合、**図表4-4**のように各年の現在価値を求めなくても、直接NPVという関数を使って計算することもできる）。

　ただし、もしこのプロジェクトが5年で終わらず、5年後もキャッシュをもたらすと予想されるならば、そのキャッシュの額によってNPVは変わってくる。また、5年目

図表4-4 正味現在価値（NPV）法

(単位：万円)

	0年目	1年目	2年目	3年目	4年目	5年目
プロジェクトA						
キャッシュ・アウトフロー	4,300	0	0	0	0	0
キャッシュ・インフロー	0	1,100	1,100	1,100	1,100	1,100
トータル・キャッシュフロー	-4,300	1,100	1,100	1,100	1,100	1,100
現在価値	-4,300	1,000	909	826	751	683
正味現在価値（NPV）	-130					
プロジェクトB						
キャッシュ・アウトフロー	4,300	0	0	0	0	0
キャッシュ・インフロー	0	500	900	1,300	1,800	2,300
トータル・キャッシュフロー	-4,300	500	900	1,300	1,800	2,300
現在価値	-4,300	455	744	977	1,229	1,428
正味現在価値（NPV）	533					
割引率	10%					

でプロジェクトが終了したとしても、終了後に設備の売却収入が見込めるのなら、やはりNPVは変わり、プラスになる可能性もある。だが、この事例ではそのような可能性はないとすると、NPVがマイナスであるプロジェクトAは投資に値しない、ということになる。

プロジェクトBでは、NPVがプラスになっている。したがってプロジェクトBは初期投資よりリターンのほうが大きく、投資する価値があると言える。

● IRR法（内部収益率法）

次に、IRR（Internal Rate of Return：内部収益率）法を見てみよう。IRRとは正味現在価値がゼロになる割引率のことである。この数値が高ければ高いほど、収益率が高い投資ということになる。IRRを求める場合は、以下の数式を用いる。

$$CF_0 + \frac{CF_1}{(1+IRR)} + \cdots \frac{CF_n}{(1+IRR)^n} = 0$$

CF_0：初期投資額（マイナスで表す）
CF_1：1年目のキャッシュフロー

CF_n：n年目、プロジェクト最終年のキャッシュフロー

　かつてはこの式のIRRにトライ・アンド・エラーでさまざまな数値を当てはめ、総計がゼロになるようなIRRを探していくことが多かったが、近年では表計算ソフトのIRR関数を使うのが一般的である。

　懸案のプロジェクトA、BではIRRはどうなるだろうか。計算してみると、プロジェクトAのIRRは9％、プロジェクトBでは14％となる。したがって、プロジェクトBのほうが魅力的なプロジェクトであると判断できる。そもそも、あなたの会社では投資から10％以上のリターンを期待しているわけであるから、プロジェクトAではそれに満たないのである。ここで、もし、期待収益率15％だったら、プロジェクトBもその収益率に満たないのだから、両プロジェクトとも実施するに値しないということになる。

◉───**各手法のメリット／デメリット**

　以上3つの投資判断手法を試した結果、2つの手法からBを選ぶべしという結果が得られた。だが、多数決でBを選んでよいというわけではない。それぞれの手法の優れた点、劣っている点を理解しておくことが必要だ。

❶ ペイバック・ピリオド法

　この方法の優れた点は「容易さ」だ。簡単な足し算をするだけで、投資判断ができるのである。もう1つの良さは、投資に伴うリスクを判断する基準になるという点だ。

　投資額に相応するキャッシュフローが得られるまで、資金はその投資にしばられている。銀行借入れで調達したならば、借りたのと同じ額を稼ぎ出すまで、借入れを返済できない。したがって、ペイバック・ピリオドが長くなればなるほど、プロジェクトの魅力は下がる。プロジェクトA、Bではペイバック・ピリオドがほぼ同じであるから、資金の流動性という観点から見たリスクはほぼ同じであると言える。

　ペイバック・ピリオド法の欠点は、1つには現在価値の概念がまったく入っていないという点だ。プロジェクトAでは毎年1100万円のキャッシュフローがあるが、5年目の1100万円のほうが1年目の1100万円よりも現在価値は小さいはずである。ところが、ペイバック・ピリオド法では、両方をまったく同じに扱っている。

　この問題を修正するため、キャッシュフローの現在価値を求め、その数値を使ってペイバック・ピリオドを求める方法が使われることがある（ディスカウンテッド・ペイバック・ピリオド法）。その計算を**図表4-5**に示した。これによると、プロジェクトAでは5年経っても投資資金が回収できず、Bでは5年目に回収できるという結果になる。

図表4-5 ディスカウンテッド・ペイバック・ピリオド（Discounted Payback Period）法

（単位：万円）

	0年目	1年目	2年目	3年目	4年目	5年目
プロジェクトA						
キャッシュ・アウトフロー	4,300	0	0	0	0	0
キャッシュ・インフロー	0	1,100	1,100	1,100	1,100	1,100
トータル・キャッシュフロー	-4,300	1,100	1,100	1,100	1,100	1,100
現在価値	-4,300	1,000	909	826	751	683
累積黒字／赤字	-4,300	-3,300	-2,391	-1,564	-813	-130
プロジェクトB						
キャッシュ・アウトフロー	4,300	0	0	0	0	0
キャッシュ・インフロー	0	500	900	1,300	1,800	2,300
トータル・キャッシュフロー	-4,300	500	900	1,300	1,800	2,300
現在価値	-4,300	455	744	977	1,229	1,428
累積黒字／赤字	-4,300	-3,845	-3,102	-2,125	-896	533
割引率	10%					

　ペイバック・ピリオド法のもう1つの欠点は、初期投資を回収した後のキャッシュフローをまったく無視しているという点である。投資を回収した後、膨大なキャッシュフローが得られようが、まったくキャッシュフローがなかろうが、ペイバック・ピリオドは同じになる可能性がある。

　したがって、ペイバック・ピリオドを投資評価基準として用いる場合には、あくまでも補助的な指標として用いることが望ましい。

❷ NPV法

　NPV法には、ペイバック・ピリオド法やIRR法ほど目立った欠点はない。事実、アカデミックな世界では、NPV法を投資評価の基準とする場合が多い。だが、NPV法を使う場合にも、気をつけなければならない点がある。それは割引率である。

　プロジェクトA、BをNPV法で評価したとき、割引率として10%を使った。仮にこの数字が15%だったら、各年のキャッシュフローの現在価値は**図表4-6**のように変わり、その結果、プロジェクトBもNPVがマイナスになってしまう。

　割引率が5%だと、やはり現在価値は違う値になる（**図表4-7**）。したがって、NPV法を使う場合には、「妥当な割引率」の設定が非常に重要になる。

図表4-6　NPV法・割引率15％の場合

（単位：万円）

	0年目	1年目	2年目	3年目	4年目	5年目
プロジェクトA						
キャッシュ・アウトフロー	4,300	0	0	0	0	0
キャッシュ・インフロー	0	1,100	1,100	1,100	1,100	1,100
トータル・キャッシュフロー	-4,300	1,100	1,100	1,100	1,100	1,100
現在価値	-4,300	957	832	723	629	547
正味現在価値（NPV）	-613					
プロジェクトB						
キャッシュ・アウトフロー	4,300	0	0	0	0	0
キャッシュ・インフロー	0	500	900	1,300	1,800	2,300
トータル・キャッシュフロー	-4,300	500	900	1,300	1,800	2,300
現在価値	-4,300	435	681	855	1,029	1,144
正味現在価値（NPV）	-157					
割引率	15%					

図表4-7　NPV法・割引率5％の場合

（単位：万円）

	0年目	1年目	2年目	3年目	4年目	5年目
プロジェクトA						
キャッシュ・アウトフロー	4,300	0	0	0	0	0
キャッシュ・インフロー	0	1,100	1,100	1,100	1,100	1,100
トータル・キャッシュフロー	-4,300	1,100	1,100	1,100	1,100	1,100
現在価値	-4,300	1,048	998	950	905	862
正味現在価値（NPV）	462					
プロジェクトB						
キャッシュ・アウトフロー	4,300	0	0	0	0	0
キャッシュ・インフロー	0	500	900	1,300	1,800	2,300
トータル・キャッシュフロー	-4,300	500	900	1,300	1,800	2,300
現在価値	-4,300	476	816	1,123	1,481	1,802
正味現在価値（NPV）	1,398					
割引率	5%					

❸ IRR法

IRR法は、使いやすい指標ではある。割引率も考えなくてよいし、「プロジェクトA

はIRRが9%、Bは14%」と言えば、関係者に説明する場合の通りも早いだろう。実際、商社や金融機関など「レートによる判断」に馴染みの深い事業では、IRRが投資判断の基準としてよく使われる。

　だがIRR法にも欠点がある。それは、キャッシュフローをIRRの値で再投資することを前提としている点である。たとえば、プロジェクトBでは2年目に900万円のキャッシュフローがある。IRR14%を実際に達成するためには、この900万円を5年目まで年率14%で運用し続けなければならない。だが、実際にはこの900万円を年率5%程度の預金に入れてしまうこともあるだろうし、反対にもっとハイリスク・ハイリターンのプロジェクトに投資することもあるだろう。つまり、必ずしもすべてのキャッシュフローをIRRと同じ利率で再投資できるとは限らないのである。

　そこで考え出されたのが、修正内部収益率 (MIRR: Modified Internal Rate of Return) 法である。これは、プロジェクトから得られるキャッシュフローをより現実的な利率で再投資することを前提として、収益率を求める方法である。

　MIRRの求め方は次のとおりである。

$$PVコスト = \frac{TV}{(1+MIRR)^n}$$

　　　PV (Project Value) コスト：プロジェクトにかかる投資額の現在価値
　　　TV (Terminal Value)：プロジェクトから得られるすべてのキャッシュフロー
　　　　　　　　　　　　　　の最終的な価値の合計額
　　　n：プロジェクトの年数

　プロジェクトBをもとに考えてみよう（**図表4-8**）。
　PVコストは初期投資額と同じ4300万円である。TVの考え方は次のとおりだ。
　プロジェクトから得られるキャッシュフローをすべて年率10%で再投資すると仮定する。したがって1年目に得られるキャッシュフロー500万円は、プロジェクトが終わる5年目には732万円になる（$500 \times 1.1 \times 1.1 \times 1.1 \times 1.1 = 500 \times (1.1)^4 = 732$）。同じく2年目のキャッシュフローは5年目には1198万円に、3年目のキャッシュフローは1573万円に、4年目のキャッシュフローは1980万円になる。これらを5年目のキャッシュフローと合計すると7783万円。これがプロジェクトBのTVである。
　MIRRとは、このTVがPVコストと等しくなるような割引率のことだ。上記の式に計算して代入すると、

第1節 予測財務諸表とプロジェクトの評価

図表4-8 修正内部収益率（MIRR）法

(単位：万円)

	0年目	1年目	2年目	3年目	4年目	5年目
プロジェクトA						
キャッシュ・アウトフロー	4,300	0	0	0	0	0
キャッシュ・インフロー	0	1,100	1,100	1,100	1,100	1,100
トータル・キャッシュフロー	−4,300	1,100	1,100	1,100	1,100	1,100
						1,611
						1,464
						1,331
						1,210
MIRR	9.3%					6,716
プロジェクトB						
キャッシュ・アウトフロー	4,300	0	0	0	0	0
キャッシュ・インフロー	0	500	900	1,300	1,800	2,300
トータル・キャッシュフロー	−4,300	500	900	1,300	1,800	2,300
						732
						1,198
						1,573
						1,980
MIRR	12.6%					7,783
再投資収益率	10%					

$$4300 = \frac{7783}{(1+MIRR)^5}$$

$$MIRR = 0.126$$
$$MIRR = 12.6\%$$

　これで、それぞれの評価方法の利点や欠点、またその修正の仕方がわかった。あとはそのときどきに応じてふさわしい指標を使えばよい。あなたに投資決定権があるならば、すべての指標を計算してみて総合的に判断すればよい。

　もし、数字をあまり知らない、時間のない上司にプレゼンテーションするのであれば、IRRやMIRRなどの収益率が説得しやすいかもしれない。もう少し本格的に「どのくらい儲かるか」を説明したいのであれば、キャッシュフローの額や割引率を含めて、NPVを示すのがよいだろう。

4● 割引率

先のプロジェクトA、Bの評価では、「会社が10％のリターンを期待している」として割引率に10％を使った。だがNPV法のところで見たように、割引率によってキャッシュフローの現在価値は大きく変わってくる。適切な割引率は、どのように設定するのだろうか。

具体的な割引率の計算に入る前に、割引率と深く関係する「資本コスト」について理解しておく必要がある。

> **資本コスト**
> 企業は債権者や株主からお金を預かって事業を運営している。債権者や株主は企業に対して「投資」をしているのであり、当然投資に相応のリターンを期待する。リターンとは債権者にとっては利子であり、株主にとっては配当と株式の値上がり益である。
>
> 一方、企業側から見れば、利子や配当などは資本を調達するためのコストである。したがって、これらを総称して「資本コスト」という。

資本を調達するのにはコストがかかるのだから、企業は最低でもそのコストをカバーするだけの収益を事業から上げなければならない。つまり、プロジェクトを実施する場合、資本の提供者が要求するリターン、すなわち資本コストと同じだけのリターンが最低限必要になる。さもなければ投資家が満足するリターンを投資家に提供できず、とどのつまりは必要な資金を投資家から得られない、という事態になる。そこで、プロジェクトの評価をする場合も、資本コストが割引率のベースとなるのである。

事例をもとに考えてみよう。

【事例】
あなたの会社は銀行から年率8％の利息で資金を借りられる。また株主は、配当と株式の値上がり益を合わせて15％のリターンを期待している。会社の方針で借入れは資本全体（負債＋株主資本）の50％を維持することになっている。このとき、資本コストは何％だろうか。

代表的な資本コストの求め方に、加重平均資本コスト（WACC：Weighted Average

Cost of Capital）がある。これは負債にかかるコストと株式による資金調達にかかるコスト（株主資本コスト）を加重平均したものである。計算式は以下のようになる。

$$WACC = w_d k_d (1-t) + w_s k_s$$

- w_d：負債と株主資本の合計に対する負債全額の比率｛負債÷（負債＋株主資本）｝
- k_d：負債の平均コスト
- t：法人税率
- w_s：負債と株主資本の合計に対する株主資本の比率｛株主資本÷（負債＋株主資本）｝
- k_s：株主資本の平均コスト

　負債コストに1－tが掛けられているのは、金利を支払えば、そのぶん利益が少なくなり、税金も少なくなるためだ。
　実際にWACCを計算してみよう。負債の比率は会社の方針により50％、負債コストは年利8％、株主資本の比率は負債が50％だから50％、株主資本コストは株主が15％のリターンを期待しているのだから15％とする。法人税率は50％としよう。これを上記の式に組み込むと、

$$WACC = 0.5 \times 0.08 \times (1-0.5) + 0.5 \times 0.15 = 0.095 = 9.5\%$$

　したがって、あなたの会社の資本コストは9.5％である。これまで使ってきた10％に近い数字である。「10％のリターンが欲しい」との会社側の要求は、資本コストにほぼ見合ったものだったのだ。このWACC＝9.5％を割引率としてプロジェクトのNPVを求めた場合、それがプラスになるようであれば、そのプロジェクトは債権者と株主の要望に応えるものだと言える。

　以上、資本コストの求め方について考えてきたが、その中で使った株主資本コストについて疑問を持った読者もいるかもしれない。「株主が15％のリターンを期待しているとあるが、その数字はどうやって求めたのだろうか」と。
　負債コストとの比較において株主資本コストを求める方法が、CAPM（Capital Asset Pricing Model）のモデルである。CAPMによる株主資本コストの求め方は、次ページに示した計算式のとおりである。

株主資本コスト＝$k_{rf} + \beta (k_M - k_{rf})$

　k_{rf}は、リスクフリー・レートを意味する。国債など、リスクのほとんどない債券の利率のことである。
　β（ベータ）は、株式市場全体に対してその会社の株価がどれだけ動くかを表す。一般にリスクの高い事業を行っている会社のベータは大きく（1以上）、リスクの低い事業を行っている会社のベータは低い（1以下）。これは東京証券取引所のデータなどで調べることができる。
　k_Mは、株式市場全体の収益率を表す。$k_M - k_{rf}$をリスク・プレミアムといい、市場全体が株式投資のリスクに対してどのくらいのプレミアムを求めるかを表す。証券会社などが時折データを発表するので、参考にするとよい。
　仮に長期国債の利率が4％、リスク・プレミアムが5％、あなたの会社のベータが1.2だったとすると、株主資本コストは下記のようになる。

　$4 + 1.2 \times 5 = 10\%$

　ただし、これらの方式も必ずしも絶対的なものではない。そもそも「絶対に正しい割引率」など存在しないのである。WACCは一般的に割引率として使われることが多いが、そもそもWACCを割引率として使うのが妥当なのかどうかという議論もある（コラム「WACCの限界と修正現在価値（APV：Adjusted Present Value）法」を参照）。
　また、単にこれらの数値を集めるのが困難な場合もある。たとえば、非公開会社のβや事業部ごとのβは、類推で求めるしかない。さらに、昨今のような環境変化の激しい時代には、特に目新しいプロジェクトについては、不確実性が高いぶん、さらに割引率の上乗せが必要と考える経営者や投資家もいるだろう。
　こういう場合は原点に立ち返り、「いったいどのくらいの収益率が、このプロジェクトに対して求められているのか」「このプロジェクトに投資しなければ、どのくらいの収益率で資金を運用できるのか」などを考えることが必要だ。
　182～183ページに**図表4-9**として、数字が書き込めるワークシートを用意した。実際にプロジェクトを企画したつもりで数字を練り上げ、書き込んでいただきたい。キャッシュフローを算出したら、NPV、IRRなどの指標も算出してみよう。NPVはプラスになるだろうか。IRRはあなたの会社で受け入れられそうな値だろうか。ぜひ確認してみてほしい。

WACCの限界と修正現在価値（APV：Adjusted Present Value）法

　WACCは税効果を修正した資本コストである。ただし、先に示した式からもわかるように、修正はただ一度、1つの税率を用いて行うだけである。

　今日、企業の資本構造は複雑で、税効果も複雑である。転換社債型新株予約権付社債など、構造が標準的でない負債が含まれている場合は、単純な式で税効果を計算するのは困難だ。また、資本構造も常に一定であることはあまりない。資本構造が変われば、それに合わせて資本コストも変わらなければならない。このような複雑な税効果や資本構造の変化などをWACCの計算に織り込もうとすると、計算式は長大となり、間違いが生まれる確率も高まる。

　そもそも、すべてのキャッシュフローを1つの資本コストで割り引こうとするのが無理とも言える。そんな考え方から生まれたのがAPV法である。

　APV法とは、財務面における副次効果（税効果など）を、事業からのキャッシュフローとは別に分析するものである。手順は以下のとおりだ。

①営業活動からのキャッシュフローと投資活動からのキャッシュフローの合計を、株主資本コストで割り引く。すべての資金が株式で調達されたと仮定するわけである。
②財務面の副次効果を計算する。現実には株式だけでなく、負債も並行して資金を調達することがほとんどであるから、負債ぶんの効果をここではじき出す。具体的には、負債を用いたことによって生まれたキャッシュフロー（税効果など）を、負債コストか負債コストを若干上回る程度の割引率で割り引く（割引率にどの数字を用いるかについては論争があるが、ここでは最も一般的なアプローチだけを示しておく）。
③この2つの割り引かれたキャッシュフローを合計したものが、APVである。

　APV法を使えば、さらに細かい事業分析もできる。たとえば、ある工場が改善運動として、効率の良い機械を導入することと、作業工程の変更を計画しているとする。従来のNPV法では、改善運動すべてから生み出されるキャッシュフローを1つの割引率で割り引くことになる。しかし、APV法の考え方では、機械の導入によって生み出されるキャッシュフローと、作業工程の変更によって生み出されるキャッシュフローを別々に計算し、別々の割引率で割り引く。それによって、どの方策が、どの程度、改善運動全体に貢献しているのかが明らかになるのである。

図表4-9 シミュレーション・ワークシート

1．前提条件表

初期投資額	金額
機械価格	
輸送費	
設置費	
その他初期投資1	
その他初期投資2	
運転資本	
合計	

減価償却	減価償却額	薄価
1年目		
2年目		
3年目		
4年目		
5年目		
6年目		
7年目		
8年目		

資金調達方法	金額
借入れ	
自己資金	
その他	
合計	

資本コストほか	%
利子率	
株主資本コスト	
法人税率	
割引率	

売上前提条件1	金額／%
製品A年間販売個数	
製品A販売個数年間上昇率	
製品A初年度製品単価	
製品A単価年間上昇率	

売上前提条件2	金額／%
製品B年間販売個数	
製品B販売個数年間上昇率	
製品B初年度製品単価	
製品B単価年間上昇率	

売上前提条件3	金額／%
製品C年間販売個数	
製品C販売個数年間上昇率	
製品C初年度製品単価	
製品C単価年間上昇率	

売上前提条件4	金額／%
製品D年間販売個数	
製品D販売個数年間上昇率	
製品D初年度製品単価	
製品D単価年間上昇率	

コスト前提条件1	金額	年間上昇率
製品A原材料費		
製品A製造にかかる人件費		
合計		

コスト前提条件2	金額	年間上昇率
製品B原材料費		
製品B製造にかかる人件費		
合計		

コスト前提条件3	金額	年間上昇率
製品C原材料費		
製品C製造にかかる人件費		
合計		

コスト前提条件4	金額	年間上昇率
製品D原材料費		
製品D製造にかかる人件費		
合計		

コスト前提条件5	1年目	2年目	3年目	4年目	5年目
従業員給与					
従業員賞与					
福利厚生費					
広告宣伝費					
販売促進費					
運搬費／輸送費					
通信費					
家賃／事務所管理費					
水道光熱費					
税理士／弁護士顧問料					
雑費					
減価償却費					
支払利息					

2. キャッシュフロー・シミュレーション

	0年目	1年目	2年目	3年目	4年目	5年目
売上高計						
費用計						
従業員給与						
従業員賞与						
福利厚生費						
広告宣伝費						
販売促進費						
運搬費／輸送費						
通信費						
家賃／事務所管理費						
水道光熱費						
税理士／弁護士顧問料						
雑費						
減価償却費						
支払利息						
税引前利益						
法人税						
税引後利益						
減価償却足し戻し						
（支払利息－節税分）足し戻し						
運転資本増加ぶん						
運転資本回収						
営業活動からのキャッシュフロー計						
投資活動からのキャッシュフロー						
初期投資						
機械売却収入						
売却収入に対する法人税						
キャッシュフロー合計						
現在価値						
将来価値						

```
NPV
IRR
MIRR
ペイバック・ピリオド
```

2 キャッシュフロー・シミュレーション

POINT

　たとえ事業が会計上の利益を上げていても、「資金繰り」に行き詰まると経営は立ち行かなくなる。手元に必要なキャッシュがなければ、取引先への支払いや従業員への給与支払いもままならず、会社は運営できないのだ。
　具体的に「いくらのキャッシュ」が「いつ」必要で、それをどうやって手に入れるか。その課題を解決するのに役立つのが、キャッシュフローのシミュレーションである。

CASE

　ビジネスプラン上はNPV（Net Present Value：正味現在価値）が多額のプラスで、期待されたイーズ・オフであるが、実際に開店してみると、売上げは当初計画の半分近いペースであった。
　売上げが予定より少ないと、どのような問題が起きるのだろうか。最大の問題は資金の不足である。売上げが減っても、費用はそう簡単には減らせない。家賃や機器のリース料は毎月定額を払わなければならないし、社員の給料も払わなければならない。仕入れや広告費は売上げに応じて削減できるが、あまり広告費を削減してしまうと、今度は集客に影響が出てしまう。だからといって、そのまま何の対策も立てずに営業を続けていると、手持ちの資金が底をついてしまう。
　図表4-10はイーズ・オフの初年度のシミュレーションをごく単純化して図式化したものである。新規事業であるから当初は若干の赤字ではあるが、本店は3カ月目に黒字化し、3月には2号店、5月には3号店を出す予定だった。だが実際は、売上げが予想を大きく下回った。
　実績をもとに予想を組み直してつくったのが、**図表4-11**に示した新しいシミュレーションである。当初の出店ペースを変えないとするならば、3月に1000万円の増資をして何とか持ちこたえられるかどうかという状況である。それでも、7カ月以降には、新たな増資をしないとやっていけそうにない。

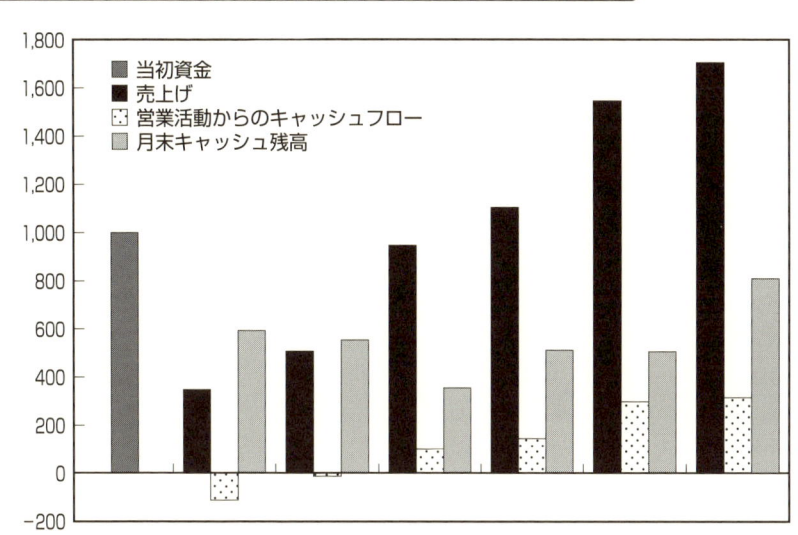

図表4－10　イーズ・オフが事業開始前に作成したシミュレーション

(グラフ：当初資金、売上げ、営業活動からのキャッシュフロー、月末キャッシュ残高の0カ月～6カ月の推移)

　そこで山川がとったのは、営業強化策だった。パンフレットなど資料の配布を増やし、売上げを増やすよう努めたのだ。幸い効果はてきめんで、女性誌に記事として取り上げられ、これをきっかけに客足が大きく伸びた。売上げが増え、本店の稼働率も100％に近い状況となった。

　本店の黒字化が見えたこともあって、予定よりも遅れたものの、イーズ・オフは事業の拡大に着手した。2号店、3号店と、相次いで店を出すことにしたのである。だがこのときも、創業時と同じような問題が起こった。当初、やはり売上げを大きく見積もってしまったのだ。

　しかしこのときは、親会社である広告代理店の財務部が早めに「待った」をかけた。彼らは売上げ予測をもっと現実的な金額に見直し、事業シミュレーションを改めてつくり直した。その結果、3店舗開店の数カ月後には、資金がショートしてしまうことがわかったのである。店舗の初期投資費用がかかるうえ、開店直後はどうしても赤字になるからだ。

　イーズ・オフは素早く増資計画を立て、資金ショートしないように増資資金が入るようにした。もしこのタイミングで増資されていなかったら、経営的にかなり苦しい状態になっていただろう。増資のおかげで新店舗3店の営業状況は順調に推移し、4店舗目

図表4－11　事業開始後、実績に基づいて作成し直したシミュレーション

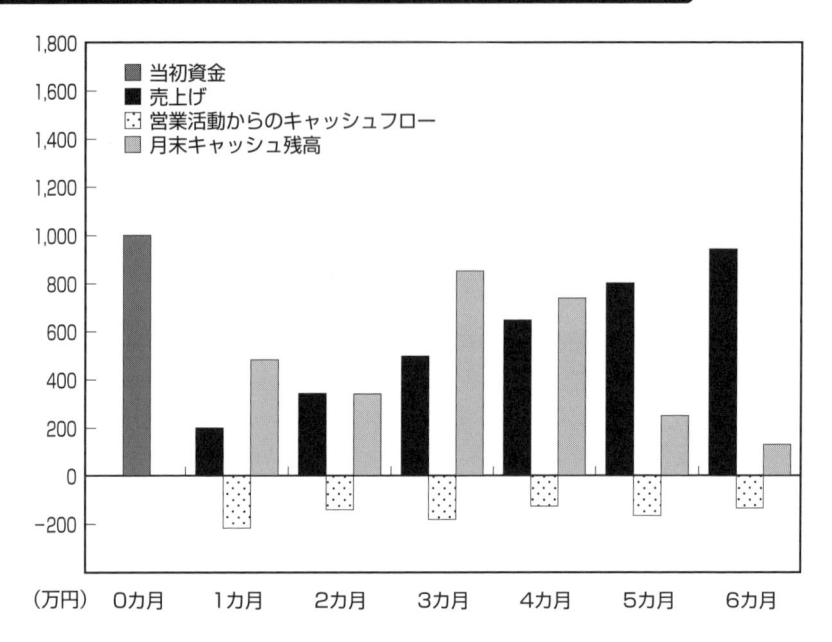

凡例：
- 当初資金
- 売上げ
- 営業活動からのキャッシュフロー
- 月末キャッシュ残高

（万円、0カ月〜6カ月）

の開店も見込める状況になった。

　イーズ・オフがこうして発展してこられたのは、しっかりとしたサービスを提供してきたからにほかならない。同社は、サービスの質を均一化するために、社内勉強会を何度も重ねた。そうでなければ顧客も獲得できないし、親会社も出資を続けないだろう。だが、提供するサービスの内容さえ良ければ発展できたかというと、そういうわけではない。常に数字を冷静に見つめ、何度もシミュレーションをやり直し、資金が不足しそうな場合は増資の計画を立てるなど、素早く対策を立ててきたからこそ、事業を続け、拡大することができたのである。

　山川は今後も事業をさらに拡大していくつもりだ。「新しい店舗の立ち上がりのパターンもわかってきたし、集客の方法もつかめてきた。今後は新しい店舗を出すときにも、もうそんなに予測を間違えることはないでしょう。最初の社内ベンチャー制度で出したビジネスプランどおりにはならなかったけど、これからは、それに近づけるよう頑張っていきたい」

注：本ケースは実在の企業をもとに作成したが、詳細はエッセンスを損なわない範囲で加筆・修正している。また、文中で使われている数値などは実際のものとは異なる。

第2節　キャッシュフロー・シミュレーション

理論

1● キャッシュフロー・シミュレーション

　ケースからもわかるように、ビジネスが将来、金銭的にどうなるのか、シミュレーションで予測することは非常に効果的だ。多くの場合、表計算ソフトのマイクロソフト・エクセルなどを使って実施する。
　シミュレーションにはさまざまな種類がある。ケースの中で行われていたのは、キャッシュフロー・シミュレーションだ。これは、資金要請のためのビジネスプランには含めないことも多いが、現実に事業を立ち上げ、継続させていくうえでは欠かせないシミュレーションであるため、ここで改めて解説する。
　第1節では、年度単位でのキャッシュフローを求め、プロジェクトの評価を行うという視点で解説したが、本節では、より短期のキャッシュフロー・シミュレーションについて考えていく。また、第1節で用いた間接法ではなく、実際に日々出入りするキャッシュに注目する直説法をベースに議論を進める。

● ── なぜ、キャッシュフローが重要なのか

　特に短期でキャッシュフローが重視される最も単純かつ最大の理由は、「十分なキャッシュが手元にないと、企業は運営できない」ということだ。誰でも想像がつくように、給料日に給料が払えなければ従業員は辞めてしまうし、支払期日までに取引先に代金が払えなければ、その後の取引は難しくなる。あげくの果ては、倒産という事態も考えられる。
　しかし、十分なキャッシュを手元に用意するのは、意外に難しいことである。イーズ・オフの例でもわかるように、正確な売上げ予測を行うのは非常に難しく、予測どおりの収入がないということも多い。売上げ予測が確かであっても、実際にキャッシュが入ってくるのは製品やサービスを提供した1カ月後、2カ月後だったりする。また、予想以上に支払いが増えて、手元のキャッシュが減っていくのもよくあることだ。
　こういった不確実な要素を織り込んで、将来的に十分なキャッシュが手元にあるかどうかを予測するのが、キャッシュフロー・シミュレーションである。シミュレーションにより、いつ頃、キャッシュが不足しそうかがわかる。それによって、早めに借入れや増資の手配を整えるなど、対策を立てることができる。また、キャッシュに余裕がありそうなことがわかったら、それを事業の拡張などに回すことも考えられる。

● ──── **キャッシュフロー・シミュレーションのつくり方**

では具体的にどうやってシミュレーションをつくるのか、説明していこう。

なお、減価償却費や運転資本増加ぶんなどについては、先の間接法と原理は同じなので割愛している。

❶ シミュレーションの構成

図表4-12に、**図表4-11**のシミュレーションのもととなったイーズ・オフのキャッシュフロー・シミュレーションを示した。細かな項目や並び順は業種や企業によって異なるが、基本的な構成は同じと考えてよい。キャッシュフローを大きく3つに分けたのは、会計で求められるキャッシュフロー・ステートメントに合わせるためだ。

一番上の「営業活動からのキャッシュフロー」は、事業に直接関わる収入と支出である。イーズ・オフの場合、収入はサロンに来る顧客から受け取ったサービス料である。支出は表にも示されているとおり、店舗の家賃（什器などのリース料を含む）、人件費、広告費、アロマ・オイルなどの仕入れ費用などである。

2番目の「財務活動からのキャッシュフロー」は、資金調達に関わる収入と支出である。収入は借入れや増資による資金の増加、支出は利息の支払いや配当金の支払い、借入れの返済などである。（利息は通常、営業活動からのキャッシュフローに含めるが、理解しやすくするため、ここに含めた。）

3番目の「投資活動からのキャッシュフロー」は、建物や大きな設備などを購入する際の投資金額である。

先にも述べたが、注意しなければならないのは、ここでは実際にキャッシュをいつ、いくら受け取る（支払う）かを考えなければならない、ということである。イーズ・オフはサービスを提供した直後に代金を受け取る現金ビジネスだから問題はないが、法人顧客の多い生産財メーカーなどでは、製品を顧客に配達してしばらく経ってからその代金を受け取ること（掛け売り）が多いので注意が必要だ。

これら3種類のキャッシュフローの収支を合計し、前月からの繰り越しキャッシュ残高とを合計すると、その月のキャッシュ残高が計算できる。

❷ どうやって、キャッシュの不足を予測するか

キャッシュフロー・シミュレーションの第1の目的は、常に手元に過不足なく資金があるかどうかを予測することである。このシミュレーションを使って、どのように予測

図表4-12 イーズ・オフのキャッシュフロー・シミュレーション

(単位:万円)

	1月	2月	3月	4月	5月	6月
1. 営業活動からのキャッシュフロー						
収入	200	350	500	650	800	950
支出						
家賃	100	100	180	180	260	260
人件費	120	150	200	250	300	375
仕入れ	50	88	125	163	200	238
広告	150	150	180	180	210	210
合計	−220	−138	−185	−123	−170	−133
2. 財務活動からのキャッシュフロー						
収入						
借入れ						
増資			1,000			
支出						
金利支払い						
借入返済						
合計	0	0	1,000	0	0	0
3. 投資活動からのキャッシュフロー						
支出	300		300		300	
合計	−300	0	−300	0	−300	0
4. 月末キャッシュ残高						
1+2+3	−520	−138	515	−123	−470	−133
前月から繰越	1,000	480	342	857	735	265
キャッシュ残高	480	342	857	735	265	132

ができるのか、順を追って見ていこう。

　簡単に言うならば、売上げからの収入、費用の支出、支払利息、投資金額などの各項目を順に予測して表に当てはめていき、その結果、月末のキャッシュ残高がプラスになるのかマイナスになるのかを見ていく。マイナスになることがあったら、キャッシュが足りないということだから、売上げからの収入、費用の支出などの各項目を見直すか、増資、借入れなどの計画を立てなければいけない。

　売上げからの収入、費用の支出の見積もりは、本章第1節で説明した売上げ予測、費用予測に準拠する。

　ところで、事業が年間を通じて利益を出すようになったら、税金についても考慮しなければならない。その際に注意しなければならないのは、税金は会計上の利益に対して課せられるということだ。本節で紹介するシミュレーションは、あくまでもキャッシュフロー上の利益を示している。会計上の利益を算出するには、ここで示したシミュレーションとは別に、会計原則に則った損益計算書を作成して求めなければならない（さらに厳密に言えば、財務会計における費用と、税務会計における損金には差異があるなど、財務会計と税務会計の差異も考慮しなくてはならない）。そうして求めた金額を改めて税金支払い月のキャッシュフロー・シミュレーションに組み込んで、月次収支を求める。

　こうして収入、支出に関するすべての項目の予測が終わったら、それをシミュレーションの表に当てはめていく。もし月末キャッシュ残高がマイナスになる場合があれば、それだけ資金が足りないということである。その場合は、売上げからの収入、費用の支出などの計画を見直すか、当初の資金を増やす、または途中で増資か借入れをしなければならない。計画の修正が決まったら、その金額をシミュレーションの表に入力し、月末の残高がプラスになるかどうかを確かめる。

❸ 誰が、どのくらいの期間のシミュレーションをつくるか
●誰が

　こういったシミュレーションは、誰がつくるべきだろうか。新しく起業する場合なら創業者が、すでに設立された企業の新規事業なら新事業リーダーがシミュレーションをつくることが望ましい。シミュレーションをつくり、動かしてみることで、事業における「金銭感覚」が養われ、ビジネスの特性に対する理解が進む。

　だが、すべてを創業者や新事業リーダーが行わなくても、共に事業をする仲間にファイナンスが得意で表計算ソフトを自由に操れる人がいたら、その人にシミュレーションを組み立ててもらってもよい。ただし、その場合、創業者や新事業リーダーは、シミュレーションを理解し、動かしてみるくらいはできるようにしておきたい。

● 期間

事業スタート時の資金需要を見ることが目的であれば、それほど長期間のシミュレーションをする必要はない。ただし、目的によっては、数年間のシミュレーションを組むこともある。

2● 感度分析

先述したように、正確な売上げ予測を立てることは難しい。また、費用についても予測がつきにくい場合がある。したがって、予測が外れた場合を想定し、「客があまり集まらなかったら、どうなるか」「価格を下げたら、どうなるか」などについて考えてみなければならない。感度分析とは、このようにさまざまなケースを考え、数字を入れ換えてみて、ボトムライン（この場合、月末キャッシュ残高）がどう変化するかを見ることである。キャッシュ残高を見るだけでなく、客数や単価を変化させたとき、売上げや月次収支がどう変わるかを検討することもできる。

感度分析を行う場合、注意しなければならない点が2つある。

1つは、事業に大きな影響を与え、変化する可能性の大きい項目の数字を中心に動かしてみることである。イーズ・オフでは、顧客の人数や価格などがそれに当たるだろう。価格変動の激しい原材料を使っている場合は、その材料の価格を動かしてみる。

2つ目は、数字を動かす場合は、一度に1つずつ動かしてみることだ。そうしないと、どの数字の変化がどのくらいのインパクトがあるのか、わからなくなってしまう。その反対に、動かした数字に必ずリンクして変化する項目がある場合は、リンクしている数字も忘れずに動かすようにする。たとえば、売上げが変化すれば、それに応じて仕入れ額も変化するから、売上げの変化に応じて仕入れ額も変えなければならない。借入金を増やしたら、そのぶん支払利息も増やさなければならない。

できれば互いにリンクしている項目は、片方を変えたらもう片方が変わるよう、あらかじめ表計算ソフトの中に計算式をインプットしておく。

◉──── 感度分析の実例

では、実際にはどのように感度分析を行うのだろうか。再びイーズ・オフの元の計画の例で見てみよう。なお、以降は、売上げや費用はすべてキャッシュベースのものとして議論を進める。また、話を単純化するために、本店の業績のみを扱うものとする。なお、イーズ・オフのケースでは、早期の出店を見込んでいたため、0カ月時の本店ぶんのボトムラインとなるキャッシュ残高を400万円と仮定した。

図表4-13、4-14に、イーズ・オフ本店のシミュレーションを示した。Line1の来店客数の欄に示されているように、1月には500人が来店し、3カ月目以降は顧客数が833人でほぼ一定となる前提だ。1人の顧客が1回のサービスに対して払う金額（客単価）は最初が平均7000円で、3カ月目には7200円になると予想する（Line2）。2号店のオープン以降は山川の人件費の配賦が減り、広告費も減額する予定であることから、3カ月目からは利益が出る（Line10）。月末のキャッシュ残高も、2月を底に増加し始める（Line12、およびグラフを参照）。

このシミュレーションを使って、感度分析をしてみる。

図表4-15、4-16に1つ目の分析の結果を示した。客数と客単価をオリジナルのシミュレーションとは変化させ、1月の状況が6カ月間変わらない場合を予測してみた（Line1）。結果はLine3に見られるように売上げは横ばい、Line10に見られるように月次の収支もマイナスのままである。このペースでいくと、月末キャッシュ残高は8月でマイナスに転じる。このままではじり貧なので、営業を強化する、費用を削減するなどの措置が必要になってくる。

図表4-17、4-18は、客数の予測をオリジナルのシミュレーションのとおりに戻し、さらにLine2の平均客単価が毎月3%上昇すると予測する。顧客が定着し、より高額のサービスを求めるようになる、と考えた結果である。この変更の結果、売上げは大きく伸び、6月の売上高はオリジナルのシミュレーションより76万円近く多くなっている。月末キャッシュ残高も増加し、6月末には1000万円を超えるまでになる。こうなると、さらなる新店舗の出店や営業強化などに資金を回すゆとりも出てきそうだ。

このように、数字を少し変えただけで、シミュレーションの結果は大きく変わってくる。起こりうるさまざまなケースを予測して、感度分析をしておけば、実際にどのケースが起きても、少なくとも驚くことはない。すべてのケースの結果に対して準備をしておく必要はないが、どうやって対処するかは考えておくことができるだろう。

● ── ベスト・ケース、ワースト・ケース分析

感度分析の中でもう1つよく行われるのは、「ベスト・ケース、ワースト・ケース分析」である。このベスト・ケース、ワースト・ケース分析はさまざまなシミュレーションや経営分析に応用できるが、キャッシュフロー・シミュレーションに使うとしたら、次のようになる。

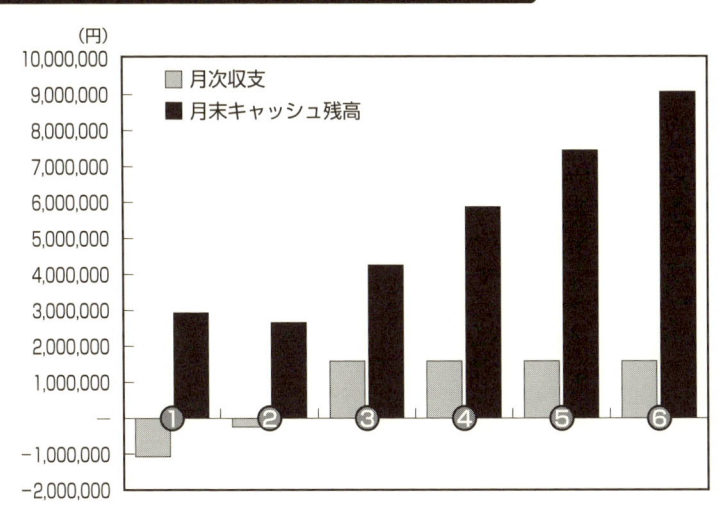

図表4-13　本店収益感度分析（オリジナル・ケース）

		1月	2月	3月	4月	5月	6月
Line1	来店客数(人)	500	700	833	833	833	833
Line2	平均客単価(円)	7,000	7,140	7,200	7,200	7,200	7,200
Line3	売上げ	3,500,000	5,000,000	6,000,000	6,000,000	6,000,000	6,000,000
	費用						
Line4	家賃	1,000,000	1,000,000	1,000,000	1,000,000	1,000,000	1,000,000
Line5	人件費	1,200,000	1,500,000	1,200,000	1,200,000	1,200,000	1,200,000
Line6	仕入れ	875,000	1,250,000	1,500,000	1,500,000	1,500,000	1,500,000
Line7	広告費	1,500,000	1,500,000	700,000	700,000	700,000	700,000
Line8	費用計	4,575,000	5,250,000	4,400,000	4,400,000	4,400,000	4,400,000
Line9	支払金利						
Line10	月次収支	−1,075,000	−250,000	1,600,000	1,600,000	1,600,000	1,600,000
Line11	前月からの繰越	4,000,000	2,925,000	2,675,000	4,275,000	5,875,000	7,475,000
Line12	月末キャッシュ残高	2,925,000	2,675,000	4,275,000	5,875,000	7,475,000	9,075,000

図表4-14　オリジナル・ケースの月次収支、月末キャッシュ残高

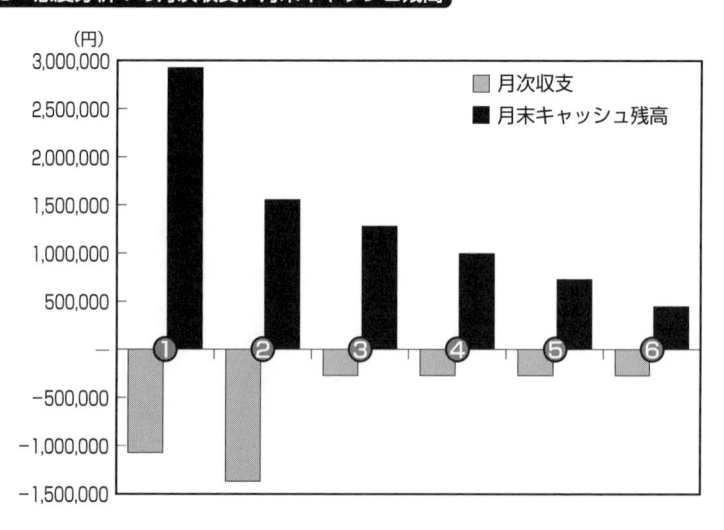

図表4−15　本店収益感度分析［感度分析1：客数横ばい］

		1月	2月	3月	4月	5月	6月
Line1	来店客数(人)	500	500	500	500	500	500
Line2	平均客単価(円)	7,000	7,000	7,000	7,000	7,000	7,000
Line3	売上げ	3,500,000	3,500,000	3,500,000	3,500,000	3,500,000	3,500,000
	費用						
Line4	家賃	1,000,000	1,000,000	1,000,000	1,000,000	1,000,000	1,000,000
Line5	人件費	1,200,000	1,500,000	1,200,000	1,200,000	1,200,000	1,200,000
Line6	仕入れ	875,000	875,000	875,000	875,000	875,000	875,000
Line7	広告費	1,500,000	1,500,000	700,000	700,000	700,000	700,000
Line8	費用計	4,575,000	4,875,000	3,775,000	3,775,000	3,775,000	3,775,000
Line9	支払金利						
Line10	月次収支	−1,075,000	−1,375,000	−275,000	−275,000	−275,000	−275,000
Line11	前月からの繰越	4,000,000	2,925,000	1,550,000	1,275,000	1,000,000	725,000
Line12	月末キャッシュ残高	2,925,000	1,550,000	1,275,000	1,000,000	725,000	450,000

図表4−16　感度分析1の月次収支、月末キャッシュ残高

図表4-17　本店収益感度分析［感度分析2：客単価増加］

		1月	2月	3月	4月	5月	6月
Line1	来店客数(人)	500	700	833	833	833	833
Line2	平均客単価(円)	7,000	7,210	7,426	7,649	7,879	8,115
Line3	売上げ	3,500,000	5,047,000	6,186,108	6,371,691	6,562,842	6,759,727
	費用						
Line4	家賃	1,000,000	1,000,000	1,000,000	1,000,000	1,000,000	1,000,000
Line5	人件費	1,200,000	1,500,000	1,200,000	1,200,000	1,200,000	1,200,000
Line6	仕入れ	875,000	1,261,750	1,546,527	1,592,923	1,640,710	1,689,932
Line7	広告費	1,500,000	1,500,000	700,000	700,000	700,000	700,000
Line8	費用計	4,575,000	5,261,750	4,446,527	4,492,923	4,540,710	4,589,932
Line9	支払金利						
Line10	月次収支	−1,075,000	−214,750	1,739,581	1,878,768	2,022,131	2,169,795
Line11	前月からの繰越	4,000,000	2,925,000	2,710,250	4,449,831	6,328,599	8,350,731
Line12	月末キャッシュ残高	2,925,000	2,710,250	4,449,831	6,328,599	8,350,731	10,520,526

図表4-18　感度分析2の月次収支、月末キャッシュ残高

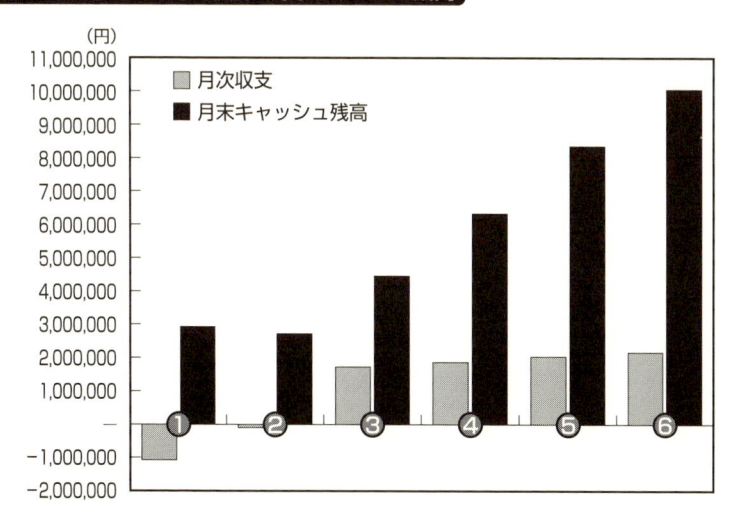

まずベスト・ケース、つまり何もかもが最高にうまくいったらどうなるか、を考えてみる。再びイーズ・オフの例で見てみよう。イーズ・オフにとってのベスト・ケースは、価格を高めに設定できたうえ、顧客が大勢集まった場合である。このときに注意しなければならないのは、あくまでも常識的な範囲内でのベスト・ケースを考えることである。あまりに価格を高く設定してしまえば、顧客が集まらないのは当然である。逆に、価格をやや低めに設定しても、顧客が大勢集まり、結果としてベストの売上げになる場合もありうる。いずれにしても、どうすればベストの売上げを得られるかを考え、その場合の売上げがいくらになるかをはじき出す。

　次にワースト・ケース、つまり何もかもがうまくいかない、最悪のケースを考えてみる。イーズ・オフであれば、顧客の集まりが悪く、価格も下がってしまった場合だろう。この場合も、どのくらいまで悪くなりうるかを考え、売上げをはじき出す。

　このようにして計算したベストとワーストの売上げをシミュレーションに入力し、それに応じて費用項目などの必要な調整を加え、最終的に月末キャッシュ残高がどうなるかを見る。

　結論から言えば、事業のタイプにもよるが、業績が良いケースも悪いケースも、資金需要は通常のケースより多くなることが多い。業績が良ければ、大量に生産、販売するために原材料などの仕入れ費用や人件費などが増える。特に、製品在庫を持たなくてはならない事業では、在庫となる製品を用意するために、運転資本が必要になる。よって、増大する支出をカバーするために資金需要が拡大するのである。

　一方、業績が悪い場合は、家賃や人件費など、決まって払わなければならない支出を売上げだけでカバーできない。理想的には、ベストのケースもワーストのケースもカバーするだけの資金が用意できるよう準備しておきたい。

3● 損益分岐点分析

　事業シミュレーションを行う際、併せてやっておきたいのが損益分岐点分析である。どこまで売上げが伸びれば事業が利益を出し始めるのかを見つける分析である。

　イーズ・オフの例でもわかるように、費用の中には、売上げにかかわらず一定の支出がある費用（会計用語で固定費という）と、売上げによって変化する費用（変動費）がある。固定費は家賃やパート以外の人件費など、変動費は材料費や仕入れ費などである。

　売上げが少なくても固定費は払わなければならないので、売上げが少ない場合、損失は大きくなる。一方、売上げが増えても基本的には固定費は増えない。売上げが増えると変動費は増えるが、その増え幅は売上げの増え幅より小さいので、売上げが増えれば

図表4-19　固定費と変動費

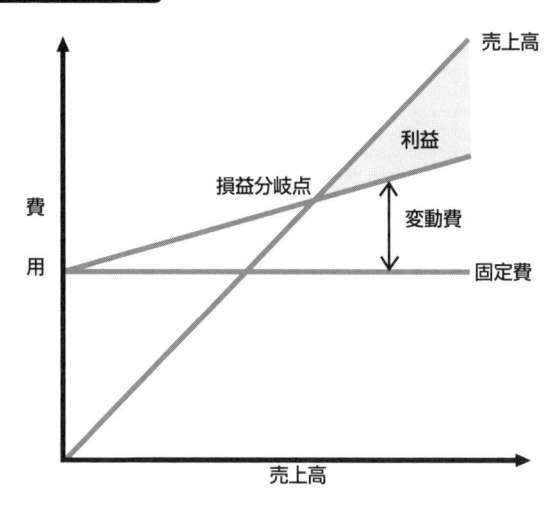

増えるほど利益は大きくなる（**図表4-19**）。損益分岐点、つまり収支がゼロになる売上高を見つけることが重要だ。

　固定費、変動費率、そして損益分岐点を求めるのによく用いられるのは、勘定科目法と回帰分析法だ。
　勘定科目法は、より簡便な方法であり、たとえば広告費は固定費、原材料費は変動費というように、会計上の勘定科目で固定費と変動費をラフに分ける方法だ。
　一方、回帰分析法とは、各月の売上げと費用をプロットし、回帰線を引いて固定費と変動費率を求める方法である（**図表4-20**を参照）。ただし、この方法は、固定費や変動費率が期間中に大きく変わっていないことが前提となる。
　固定費と変動費率がわかれば、損益分岐点は、以下の式で求められる。

損益分岐点売上高＝固定費÷（1－変動費率）

　ところで、いつまで経ってもシミュレーション上、オペレーティング・キャッシュフローがプラスにならなかったら（売上げが損益分岐点を超えないようなら）、どうすればよいのだろうか。そのときはまず、売上げや費用の予測が適切であるのか、見直す必要がある。売上げを低めに設定しすぎていないか、家賃や人件費が高すぎないか、といった

図表4-20　回帰分析法による固定費と変動費率の算出

月次の売上げと費用をプロットし、回帰式を求める

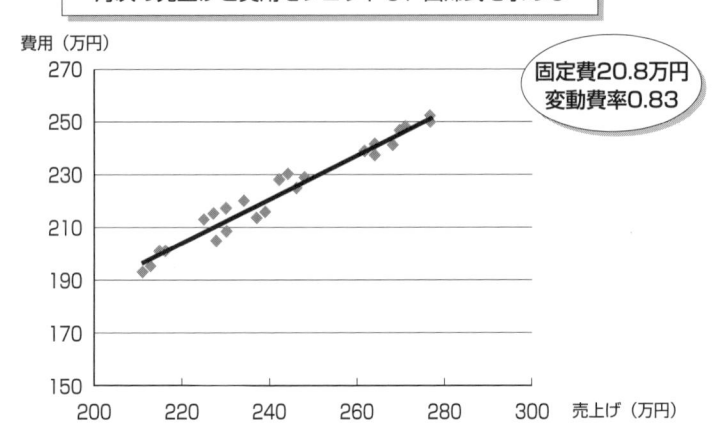

固定費20.8万円
変動費率0.83

(費用（万円）を縦軸、売上げ（万円）を横軸とした散布図と回帰直線)

ことを見直してみるのである。それでもオペレーティング・キャッシュフローがなかなかプラスにならないようであれば、そもそも事業計画自体に何か問題がないかを見直してみる必要がある。シミュレーションの究極的な存在意義は、はたして事業計画を本当に実現できるのかどうかを見分けるところにあるのだ。

借入れと株式発行：どちらの方法をとる？

　シミュレーションの結果、資金が足りなくなりそうだとわかったときには、なるべく早く資金調達の準備を始めなければならない。資金の調達は意外に時間がかかるもの。早めに準備しなければ、必要なときに間に合わない事態も起こりうる。
　スタートしたばかりの事業に可能な資金調達の方法には、大きく分けて借入れと株式発行の2つがある。双方にメリットとデメリットがあり、一概にどちらを選ぶのがよいとは言い切れない。資金調達の目的、企業の経営方針や経営計画などに合わせ、ふさわしいものを選ぶ。
　以下、項目ごとに、この2つの方法のメリット、デメリットを簡単に述べる。

【容易さ】
　●借入れ
　実績のある企業が新規事業を始める場合などは、銀行からの新たな借入れも特に

難しくはないだろう。借入れの担保となる資産もあるだろうし、それまでの取引など実績もあるからだ。

だが、担保も実績もない新設企業が、銀行など民間の金融機関から借入れを行うのは容易なことではない。その場合には、銀行に対してなんとか「信用」を築き上げるか、国民生活金融公庫、日本政策金融公庫（旧中小企業金融公庫）、商工組合中央金庫、商工会議所の「小規模事業者経営改善資金」といった公的金融機関などを活用するしかない。

信用を築くには、しっかりしたビジネスプランをつくって銀行を説得するか、取引先に信用のある大企業を持つなどの努力が必要だ。また、信用保証協会の債務保証を銀行経由で申し込み、融資を受けるのは、銀行からの信用を得るうえで大変有効だ。

● 株式発行

これも企業の新規事業であれば、親会社の出資を仰ぐという方法がある。新設企業の場合は、①友人・知人に頼む、②エンジェルを探す、③公的機関からの投資を受ける、④VC（ベンチャー・キャピタル）に投資してもらう、などの方法がある。VCや公的機関からの投資は、審査や手続きにも時間がかかるため、すぐにお金が必要な場合には適した方法ではない。だが、逆にこれらからの投資が決まれば、銀行からの信用が得やすくなるなどのメリットもある。

【コスト】

● 借入れ

銀行など民間の金融機関から借入れを行えば、毎年必ず金利を払わなくてはならない。信用の低い新設企業の場合、金利は当然高くなる。借入れが増えれば増えるほど、返済しなければならない金額も増えるから、倒産に対するリスクも高くなる。

しかし、金利の支払いにはメリットもある。金利を支払うことにより、株式投資で資金を調達したときよりも税金の支払額が少なくなるのである。支払金利は損益計算書でいう「営業外支出」である。そのぶん税金算出のもとになる利益が減少し、税金支払額が減る計算である。

● 株式発行

借入れと違って金利の支払いはない。その代わり株主に配当金を支払わなければならないが、利益が出ないうちは通常は配当は行わない。また配当額は企業側で決定できる。だが、株式配当には税金上のメリットはない。配当は、最終利益から税金を支払った後に残った金額から支払われる。つまり、税額の計算に配当の支払い

はまったく考慮されないのである。
　なお、これは現金の支出に限った議論であり、実際には、借入れのコストより、株式発行のほうのコストが高くなる。なぜなら、株主のほうがより大きなリスクをとっているからであり、彼らの期待に応えられないと、株価の評価（バリュエーション）は下がってしまうのだ。

【コントロール】
　●借入れ
　銀行から多額のお金を借りれば、銀行は経営に対して意見を述べるようになる。
　●株式発行
　株主は出資した株式数に応じて議決権を持つから、そのぶん企業の経営に影響を与えることができる。もし設立者が発行された株式のうち50％未満しか持っていなければ、設立者の一存では経営方針の大きな変更はできないことになる。

3 財務計画と管理

POINT

　事業が立ち上がり、稼働し始めると、ビジネスプラン上にしかなかった売上げ、利益が現実にキャッシュとなって手元に入ってくる。そうすると、キャッシュをどう管理し、現実の売上げや収益状況に基づいてどう財務計画を見直していくかが、差し迫った問題となる。日々の管理以外にも、月ごとや3カ月ごとのサイクルで、財務面の計画・管理を実施し、事業を育てていく仕組みを構築しなければならない。

CASE

　エンタテインメント・グラフィックス社（EG社）は、ソフトウエアの企画・販売会社で、特にイベント会場やテーマパークなどを巧みに演出するコンピュータ・グラフィックスを得意としている。

　EG社を創業し、現在も社長である石井は、大手エンタテインメント企業S社の出身である。S社ではゲームソフトのグラフィックス開発デザイナーや、テーマパークの企画・運営を8年ほど担当した。その間に自分の企画力とバイタリティに対して強い自信を持つようになり、やがてそれは彼の中で会社を興したいという気持ちに変わった。そしてついに2009年、EG社を設立することにしたのである。

　当初のEG社の経営は大変なものであった。設立してから数カ月は、眠る時間もないぐらい忙しかった。会社設立に際して大手広告代理店から引き抜いた清原と2人で営業活動に励んでも、なかなか取り合ってはもらえず、しばらくは売上げゼロの日々が続いた。しかし、夏頃からは状況も変わってきた。小さな注文がいくつか入るようになり、9月には初めての売上げも計上できたのである。

　ところが、売上げが順調に伸び始めた一方で、支出もどんどんかさんでいった。会計・財務に関しては素人に近い石井は、煩わしい資金管理が正直言って苦手であった。大事なこととはわかっているつもりでも、支出を一つひとつチェックするなどの地道な作業はついつい後手に回ってしまう。10月以降の売上げもなんとかめどがついたこともあり、石井は会計・財務を中心に経営管理面を任せられる人材を思い切って雇うこと

にした。石井は大学時代のつてをたどって松本と出会い、彼をEG社に迎え入れた。

＊＊＊＊＊

　松本は大学卒業後、データベースや開発支援ツールを扱う外資系ソフトウエア会社に就職し、そこで経理・財務の実務を幅広く経験した。最近では経営計画も多少手掛けるようになっていた。また、仕事をしながら経営大学院に通い、ベンチャー企業で働くことに強い関心を抱いていた。そんな彼だから、石井とは意気投合した。EG社に夢を託すことを決め、経営管理面を一手に引き受けることにしたのである。

　EG社入社後、松本は振込用紙の記入や小口現金の管理といった地道な仕事から、財務計画・管理を中心とした経営管理面のサポート役まで、幅広い仕事をこなした。「松本効果」はすぐに表れた。その年の末にEG社の資金が底をつきそうになったとき、彼が綿密なビジネスプランをつくり上げて銀行からの融資を取り付け、危機を見事救ったのである。

　2010年になり、EG社の成長にもはずみがついてきた。スキー用品の大手メーカーからは新製品発表会の仕事が、フランス系のアパレルメーカーからは新作コレクションの仕事が舞い込んできたのである。売上げが伸び続けるなか、石井は猪突猛進するかのように精一杯働いていた。

　そんな4月のある日、キャッシュフローの見込みをつくっていた松本は唖然とした。「このままでは、また5月末に資金が足りなくなる。石井さんに早く知らせなくては」。彼が作成したキャッシュフロー・ステートメントでは石井には専門的すぎてわかりにくいので、説明用に**図表4-21**のような簡単なものにつくり替えた。

　夕方、営業から戻ってきた石井をつかまえて、松本は早速説明を始めた。
「石井さん、このままですと、来月末にまた資金ショートします」
「えっ、そんなはずはないだろう。去年の末に借りたばかりだし、今年になって自分でも信じられないほど売上げが伸びているんだ。資金ショートするなんて、そんなの絶対におかしいよ」
　石井は驚きの様子を隠せなかった。
「ええ、確かに売上高は順調に伸びています」
　松本は**図表4-21**の売上高の推移を示した。
「でも、キャッシュフローを見てください。売上げは1月から伸びているのですが、それが実際に入金されるのは今月末からです。これまで使った費用の支払いもありますし、5月末にはわずかですが資金が足りなくなります」

図表4-21　EG社の2010年上半期予想

売上高の推移 （単位：千円）

	1月実績	2月実績	3月実績	4月見込	5月予想	6月予想
月間売上高	4,200	6,900	13,100	15,300	12,000	17,500

キャッシュフローの推移 （単位：千円）

	1月実績	2月実績	3月実績	4月見込	5月予想	6月予想
期首現金預金	19,680	16,768	12,656	3,566	482	-2,033
売掛金入金（イベント事業）	2,350	1,550	2,200	3,300	5,900	12,100
売掛金入金（テーマパーク事業）		0	0	0	0	0
売掛金入金（その他）	0	300	550	900	1,000	1,000
入金合計	2,350	1,850	2,750	4,200	6,900	13,100
買掛金支払（CGプロダクション）	940	740	1,100	1,680	2,760	3,930
買掛金支払（その他）	752	592	880	1,344	2,100	3,200
給与支払	1,350	1,380	1,380	1,740	1,660	1,350
家賃支払	1,100	1,100	1,100	1,100	1,100	1,100
その他経費支払	1,120	2,150	1,380	1,420	1,795	1,200
借入金返済	0	0	6,000	0	0	0
出金合計	5,262	5,962	11,840	7,284	9,415	10,780
入出金合計	-2,912	-4,112	-9,090	-3,084	-2,515	2,320
期末現金預金	16,768	12,656	3,566	482	-2,033	287

「信じられないなあ。儲かってきたから、そろそろ派遣の女性を入れようかと思っていたところなのに……。それじゃあ、むさ苦しい男3人の会社からなかなか脱出できないじゃないか。まあ、いいや。ちょっとそれを見せてくれよ」

　石井はキャッシュフローの数字を疑い深げに見つめながら、納得できないような表情をしていた。しかし、松本が丁寧に説明を繰り返すと、石井の表情も徐々にだが和らいできていた。

「つまり、6月以降にはキャッシュもなんとかなるんだね。問題はその前に足りなくなるぶんか……。でも松本君なら大丈夫だろう。対策は任せたよ」

　松本は石井が理解してくれたようなので少しほっとした。しかし、一方では資金繰りをいったいどうすればいいのか、頭を悩ませていた。

「どうしよう。またこの前みたいに上野銀行の高橋さんにお願いするか、それとも、袴プロダクションにお願いして、来月末の支払いを少し延ばしてもらうか……」

注：本ケースは実在の企業をもとに作成したが、詳細はエッセンスを損なわない範囲で加筆・修正している。本文で使われている数値などは実際のものとは異なる。

理論

　自ら事業を立ち上げたばかりの新事業リーダーは忙しいのが当たり前だ。現在進行中の商談をまとめたり、新しい取引先を開拓したりと、仕事は山ほどある。そんな中で、煩わしい自社の財務管理などからは解放されたいというのが本音だろう。ましてや新事業リーダーは営業や技術畑の出身者が多い。経理や財務に対する苦手意識が、彼らをますます財務管理から遠ざけてしまう。

　しかし当然のことだが、組織のリーダーとして、会社を倒産させてはならない。会社が倒産するのは、会社のキャッシュがなくなってしまったからである。会社を倒産させないためには、キャッシュを切らさないこと、キャッシュを中心に会計・財務をきちんと計画・管理することが非常に大事になる。いかに良い条件で資金調達を行うかも重要だが、借りた資金をどうやって経営のサイクルの中で効果的かつ効率的に回していくかにも注目しなければならない。

　本節では第2節より話を1歩前に進めて、事業がスタートした後、実際の経営活動の中でいかにしてキャッシュを絶やさないようにするか、また生み出すようにするかについて考えていく。具体的にはまず、当初の事業シミュレーションに比べ、より経営実務的な事業計画をつくっていく。また、キャッシュを中心とした財務計画・管理に関しても、それをもとに事業のサイクルをどのようにうまく回していくかに焦点を当てなければならない。ここでは、より実務に近い観点からそれらについて述べてみたい。

1 ● 財務計画・管理とPlan-Do-Check-Actionのサイクル

　ケースで見たように、新事業においては、たとえ（会計上の）売上げが出ていてもキャッシュが不足する可能性は高く、黒字でも倒産することすらありうる。こうしたことからも、キャッシュフローについて計画を立て、実際の資金の出入りをきちんと管理していくことが大事なのは理解していただけるだろう。

　キャッシュを計画・管理するためには、事業活動の中にPlan-Do-Check-Action（PDCA）のサイクルを根付かせていくことが欠かせない。PDCAのサイクルとは、計画を立て（Plan）、それに基づいて実行し（Do）、さらにその結果を見て（Check）、そ

図表4-22　キャッシュフローとPlan－Do－Check－Actionのサイクル

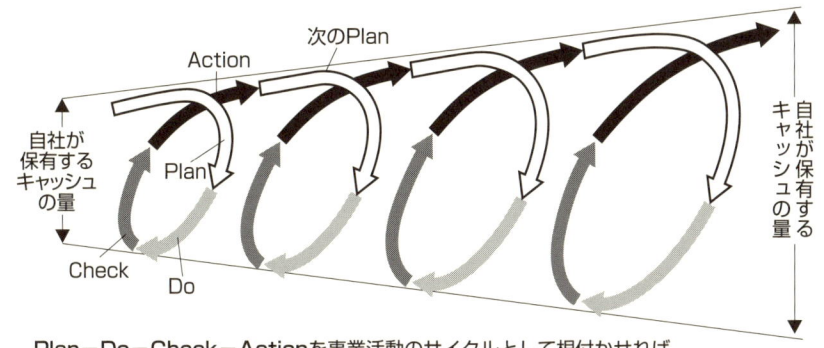

Plan－Do－Check－Actionを事業活動のサイクルとして根付かせれば、企業を成長させて保有するキャッシュの量も増やすことができる。

れを次の計画に反映させる（Action）というサイクルである（これがうまくいけば**図表4-22**のようになって、キャッシュも増えていく）。

　新事業を進めていると、思わぬ変化や予期せぬ出来事に遭遇することが非常に多い。当然、そのたびに計画の数字も修正しなければならない。面倒な作業ではあるが、だからといって数字に頼るのをやめたり、計画を策定するのをあきらめてしまったりしてはいけない。計画・管理が普段からできているならば、変化や予期せぬ出来事を事前に察知し、それに対処することも可能になる。また、いま手元にある数値をもとに意思決定をしたことが将来の業績にどう反映されるかを把握する経営センスも、計画・管理のプロセスを推し進めるうちに蓄積される。

　財務計画は経営のあるべき姿を描いた未来予想図であり、実績に基づいた財務管理は経営のありのままを映し出す鏡である。そして計画と実績の橋渡しの役目を担うのが、PDCAのサイクルなのだ。

2● 事業計画と財務計画

　前節で説明したキャッシュフローのシミュレーションをPDCAのサイクルで効果的に活用するためには、シミュレーションをさらに発展させて、よりまとまった事業計画に変えることが必要だ。事業の初期段階につくられ、試行錯誤的な要素の多いシミュレーションを実践の場に応用できるよう武装させ、事業計画としてパッケージ化するので

ある。事業計画の中でベースになるのは財務計画である。

その財務計画の中でも、キャッシュフローは特に重要である。しかし、だからといって、キャッシュフローそのものだけを独立させて計画・管理すべきではない。キャッシュフロー・ステートメントは基本的には、同じ会計期間の損益計算書と貸借対照表の数字をもとにして作成されている。いわば、この3つの財務諸表はそれぞれの数字が相互につながって統合されたもので、単独では存在しえないものなのである。したがって、短期で財務計画を作成するときには、3つの財務諸表を1セットとしてつくることが望ましい。

これら3つの財務諸表は、事業計画をもとにして策定されるべきものであり、事業計画の内容を反映している。つまり、財務諸表と事業計画との関連、すなわち個々の数値が事業計画のどういった前提条件から来ているのかを明確にしておく必要がある。そのためには、3つの財務諸表だけでなく、それを補足する関連資料もいくつか作成しなければならない。3つの財務諸表と事業計画、補足の関連資料の関係を図示すると、**図表4-23**のようになる。

ここに挙げたもののうち、予想の「損益計算書」と「キャッシュフロー・ステートメ

図表4-23　事業計画と財務計画に必要なものの関連図

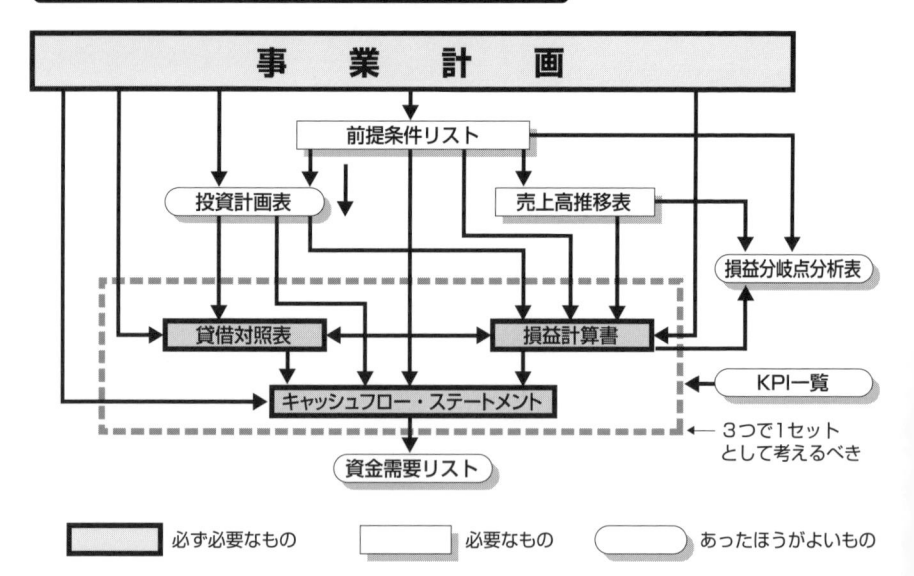

ント」については、第2節のキャッシュフロー・シミュレーションで触れているので説明は割愛する。

「貸借対照表」に関しては、詳細は『グロービスMBAアカウンティング［改訂3版］』（ダイヤモンド社）やその他の会計専門書を参考にしてほしいが、ここでは計画・管理の観点から簡単に触れておこう。事前の計画段階で予測貸借対照表をつくることは稀だが、事業が走り出した後はやはりしっかりと作成することが必要になってくる。

また、補足の関連資料についても、ここで説明しておく。

❶ 貸借対照表

貸借対照表の資産の部の明細は、キャッシュがどう使われているかを、負債・純資産の部の明細は、キャッシュがどこから来たかを示している。つまり、貸借対照表は「キャッシュの姿」を2つの側面から映し出している、と言える。

また、貸借対照表の数値を使ってROA（Return on Asset：総資産利益率）やROE（Return on Equity：株主資本利益率）などの経営指標も算出できる。それらの数値から、手持ちの資産またはキャッシュを効率良く使っているかを見ることもできる。財務計画の中では損益計算書に経営者の関心が向けられがちだが、貸借対照表にも注意しておきたい。

❷ 前提条件リスト

前提条件リストとは、事業計画の内容のうち、3つの予想財務諸表を作成するのに必要な前提条件を網羅したリストのことである。具体的には、たとえば下記のような前提条件を盛り込んでおく。

- 製品Aが属する市場の規模は、来年度で年間100億円。そのうちシェア10％獲得を目標とする。
- 広告宣伝費は売上高の4％をキープする。
- 売掛金のサイトは平均90日。つまり、ある月の売上高はその3カ月後にキャッシュとして入ってくるものとする。

このようなリストをつくっておけば、計画と実績が乖離してしまったときに、その原因を分析するのに役立つ。また、計画外の変化が起きそうなとき、その前提条件を変えて業績への影響をシミュレーションすることができる。せっかく作成した財務計画も、どういった前提のシナリオで成り立っているのかが理解されていなければ、ただの数字

の組み合わせで終わってしまう。

❸ 売上高推移表

　通常、損益計算書では、売上高はまとめて1項目か、多くても数項目でしか表示されない。しかし実際には売上高は、1項目で計画・管理すべき性質のものではない。売上げは経営戦略、なかでもマーケティング戦略を如実に反映するものであり、市場環境の変化によって大きく変動しやすいものである。

　特に新事業では、売上高の変動がキャッシュフローに与える影響は非常に大きい。たとえば、予定された売上高を大きく上回ると、そのぶん原価も増加し、ケースで見たように売上げがキャッシュとして入ってくる前に、仕入れなどの原価ぶんの支払いが先行することがある。すると、このタイムラグによって、キャッシュが不足する期間が発生してしまう。その逆に、予定より売上高が減少してしまえば、そのぶんキャッシュが少なくなって、問題となる。

　したがって、売上高は、売上高推移表によって、損益計算書よりも細かなレベルで計画・管理されていることが望ましい。売上高推移表は、製品別、地域別、店舗別などさまざまな形式があり、事業によって最適なものを採用すべきである。詳細な作成手順や表の具体例は、第1節の売上げ予測の方法、および**図表4-1**を参考にしてほしい。

❹ 損益分岐点分析表、投資計画表、資金需要リスト

　これらの資料も、可能ならば事業計画の中に盛り込んでおきたい。また、社内的な財務計画を立てる際にも、付加的な経営情報として意思決定に役立つであろう。

　損益分岐点分析は、前節で説明したとおりである。投資計画表は、いつ、どういった内容の設備投資をいくらで行うか、事業計画に沿って示したものである。また資金需要リストは、いつ、どういった目的で、どれだけのキャッシュが必要になるかを一覧表にしたものである。

❺ KPI一覧

　KPI（Key Performance Indicator）は、日本語で重要業績指標と呼ばれ、事業が円滑に行われているかを知るための指標である。売上高のように上記の表から直接導かれるものもあれば、顧客満足度やクレーム件数のように財務計画書には直接現れないものもある。PDCAを適切に回すうえで、近年、重要度が上がっている。

　財務計画は、事業計画の根幹をなすものであり、事業計画の1パッケージの中に不可

欠のものである。計画だけでなく、計画に対応する実績値に関しても、損益計算書、貸借対照表、キャッシュフロー・ステートメントを計画と同様の形式で作成し、また他の財務資料（特に売上高推移表）もできる限り作成しておくべきである。

　こうして計画値と実績値を対比しやすくしておけば、問題が発生したときに原因の所在が容易に発見でき、タイムリーに効果的な対応ができる。これらのパッケージは、PDCAの円滑なサイクルを実現するために必須のツールであり、同時に有利な資金調達のための武器にもなる。

3● 期間別の財務計画・管理

　財務管理においては、どのくらいの期間を管理するかによって、管理する方法も異なる。新事業では、時間が目まぐるしいくらい速いスピードで進むので、期間を下記のように区切って財務管理を行うのが望ましい。

❶日々あるいは3日から1週間まで
❷月ごと
❸3カ月ごと
❹年ごとに向こう3年から5年

❶ 日々あるいは3日から1週間まで

　日々の支払金額と支払うタイミングは、かなりの部分を自社でコントロールできる。したがって、担当者が一括して管理していれば、それほど難しいことではないだろう。注意を要する点を挙げるとしたら、以下の4点である。

- 1日単位で、銀行口座に入金・出金があるたびに、金額や内容を記載した記録を社内管理用として表計算ソフトなどを使って作成する。イメージとしては銀行の通帳に近いが、それと違うのは、実際に口座に出入りした記録だけでなく、向こう1週間以上先まで、予定の入出金と1日単位の予定残高が記載されていることである。また、社内で小口現金を使用しているならば、それに対しても銀行口座ぶんとは別に同様の管理をしなければならない。
- この社内用の資金管理表は、銀行の通帳、実際の小口現金の残高と照らし合わせなければならない。これは原則的に毎日しなければならないことであり、また、できる限り、担当者以外の人も頻繁にチェックをすべきである。

- 入金に関しては、予定どおりの金額やタイミングで入金されない可能性もあるので、キャッシュフローに大きな影響を与えそうなものについては、予定日の数日前に入金先に問い合わせて事前に確認しておく必要がある。
- 銀行に出向く、あるいは銀行に来てもらう機会が多いことを考慮し、会社から物理的に近いところにある銀行にメインの口座を開設し、その銀行との関係を密にしておく。

❷ 月ごと

①のような日々の積み重ねの後、PDCAのサイクルを活用して、月次で損益やキャッシュフローを管理する必要がある。

業態にもよるが、1カ月という単位になると、規則的なキャッシュの動きがある。給与が毎月25日に支払われたり、税金の納付日が毎月決まっていたりなどである。こういった基本的な動き以外にも、何らかの事業活動の規則性が、1カ月という単位の中にある場合がある。たとえば、売掛金の入金や買掛金の支払いの半分以上は月末に集中したりする。その規則性を把握しているかどうか、あるいは把握していてもそれを自社の経営にうまく生かしきれているかどうかで、業績や財務体質が大きく違ってくる。こうした規則性は、月次の数字を客観的に眺めて初めて気がつくことでもある。

月ごとの管理は、外部への会計報告に必要な決算の単位でもある。また、内部的にも計画と実績の差を把握するうえで最も見やすい単位である。つまり、期間別の財務管理の中で、月次は最も基本的でかつ重要な単位であると言えよう。

❸ 3カ月ごと

月次の財務管理は非常に有効だが、事業の流れを管理するという視点からは、3カ月という期間がより有効な単位であろう。1カ月単位のブツ切り状態ではわからないものも、3カ月あれば事業の流れとして見て取れることが多い。

たとえば、先にも述べたように、売上げがある月に上がっても、実際にキャッシュが入ってくるのはその3カ月後だったりする。3カ月あれば、売上げから入金までといった事業の流れが、ひととおり収まる場合が多いのである。

また、逆に考えれば、3カ月先に起こりうる変化に対して現時点で策を講じておけば、対処が可能なことも多い。特に創業間もない企業が多額の資金調達をしようとする場合、借入れの交渉には時間がかかるので、3カ月以上前から手を打っておくことが望ましい。成長期の企業は変化が激しく、3カ月というプランニング・サイクルが大企業の通常の1年分に相当すると言っても過言ではない。

❹ 年ごとに向こう3年から5年

1年という期間になると、会社が変化する度合いはより大きくなる。年間の事業計画では大きな経営目標を掲げることになり、それは財務計画にも表れる。

特に成長期にある事業では、「来年度に売上高を倍増」といった目標も決して夢物語ではない。成長のための投資や資金調達も行わなければならないことが多いだろう。したがって、年間計画は、経営者の積極的な経営目標に基づいて大局的な見地から立てられる。しかしその一方で、年間の財務計画は経営目標を数値的に裏付けるものでなくてはならない。とうてい達成できないような数値目標を、財務計画として掲げるわけにはいかないのだ。

より現実性を持たせるためには、年間の財務計画は、月次にまでブレークダウンされていることが望ましい。一方で、3年後から5年後までの中長期の計画も年度ごとに同時に作成し、年間計画とリンクさせておくことが必要である。この時点で出来上がる財務計画は、事業開始前のビジネスプランからはかけ離れたものになるかもしれない。しかし、ビジネスは生き物だ。常に現実を見据えながら、財務計画とその裏側にある経営戦略を更新していく柔軟性こそが、事業や企業の浮沈を左右する。

1年間という期間は、会計上や税務上のルールにおいても最も重要な期間である。会計原則や税法上の決算の単位も1年である。また、新事業リーダーが長期的なビジョンを実現するためには、年間計画を一つひとつ達成していくことが大切になってくるのである。

このようにして、期間によって計画・管理の視点は異なるが、大事なことは、その視点を適切に使い分けること、そして自社の業態に合うよう、それぞれをうまく組み合わせることである。PDCAのサイクルも、そうした流れの中でより円滑に回っていくのである。

4● 財務計画・管理をバックアップする体制の確立

ここまでで述べたような財務計画・管理を効果的に運営していくために、新事業リーダーは、以下のような会計・財務面のバックアップ体制を整えておくことを心がけるべきであろう。

❶ 公認会計士・税理士との信頼関係を築く

会社を担当する公認会計士や税理士との良い関係を築き、普段から会計・財務面での

的確なアドバイスや事務手続きをしてもらえるようにしておく。

❷ 銀行との信頼関係を築く

信頼関係があれば、必要なときに必要な金額を貸してもらえる可能性が高まる。しかし、そのような関係は一朝一夕には築けない。日頃から銀行の担当者と密にコンタクトをとっておくことが大事である。その際、経営状態について正確に話ができるようにしておくこと。また、財務諸表の提出を要求されることがあるが、その場合はきちんと対応することが大切だ。

❸ 会計・財務の計画／管理担当者の採用

早い段階で会計・財務の計画・管理面、あるいは経営管理面全般を、日常業務まで含めて任せられる人物を採用する。採用にあたっては、次の点を考慮する。

- 会計・財務の法的なルールや流れをひととおり理解しており、伝票起票から最終的な報告用財務資料作成までの実務ができるか。
- 会社の経営を大局的に理解でき、キャッシュを中心とした会計・財務数値による経営計画立案・内部管理統制などで経営面のサポートができるか。

この2点を兼ね備え、仕事への意欲もあり、なおかつ自分との相性がよい人を採用するとよいだろう。ただし、あまりオーバースペックの人材（元大企業の財務部長など）を採用すると、その人件費が経営を圧迫することもあるので、スキルと人件費のバランスの見極めは重要である。

しかし、新事業リーダー自らも、会計・財務の計画・管理について勉強し、特に大局的な観点からの理解を深め、経営上の意思決定にそれを生かせるようにしなくてはならない。いくらバックアップ体制を整えても、そこから生み出された情報をもとに最終的な決断を下すのは、新事業リーダーだからである。PDCAのサイクルを生かすのも殺すのも、新事業リーダー自身の手にかかっていると言っても過言ではない。

5● 財務計画・管理がうまくいかない場合

実際のビジネスでは、計画どおりに事が進まず、経営が苦しくなることもある。そうした場合、計画のどの前提条件が実際とは違ってしまったのか、その原因は何だったの

か、といったことを早急に突き止めて、対策を練り、機動的に実行に移さなければならない。

当然、PDCAのサイクルがどの程度効果的に回っているかにより、その対応のスピードと成果も違ってくる。財務計画・管理は、問題が発生するのを未然に防ぐばかりでなく、実際に問題が発生してしまった場合に上手に対処するうえでも効果を発揮するのである。

だが、こうしたことだけでは、現実的に手の打ちようがない深刻な状況に陥ることもあるかもしれない。たとえば、キャッシュが不足するばかりでなく、それを補う資金調達すら困難になってしまう場合である。

取引銀行やVCなどのステークホルダーに経営悪化の情報が流れるのは、想像以上に速いものである。経営悪化の結果、1つの資金調達先が借入れの条件を厳しくしたり、貸付けをまったくしなくなったりしたら、それが他の調達先に飛び火するのは時間の問題であろう。そんな事態に陥ってしまうと、多数の資金調達先に現状を説明し、今後の事業計画を納得させなければ、資金は提供されない。

ここで重要になるのが「いかに優れた事業計画を立てられるか」である。この場合の優れた事業計画とは、どういうものなのだろうか。条件としては以下のポイントが考えられる。

- 事業計画のそれぞれの部分に矛盾がなく、論理的で一貫した構成になっている。
- 将来展望が開けるような新しい材料が備わっていて、かつその具体的な裏付けも存在する。
- その反面、これまでの事業形態や事業領域、経営戦略から大きくかけ離れていない。つまり、地に足のついた計画になっている。
- 財務計画、特に資金返済計画がきちんとできている。

この事業計画が受け入れられ、資金を調達することができたら、新事業リーダー自身の資質と努力で計画を地道に実行していかねばならない。その際、以前よりもしっかりとPDCAのサイクルを回していかなければならないのは言うまでもない。

もう1つの運転資本調達方法

通常、仕入れから代金の支払いまでにはタイムラグがある。このタイムラグが実は、運転資本の調達方法の1つなのである。

たとえば、支払うべき代金があっても、支払期限まではそのお金は会社に滞留し

ている(通常、買掛金または未払金と呼ばれる)。こうして滞留しているお金は他の用途に回すことができる。この方法で調達したお金は、銀行借入れと違って金利も払わなくてよいし、財務諸表提出などの煩わしい制約もない。またこの応用としては、支払期間をさらに延ばして滞留期間を長くする方法も考えられる。

　だからといって、ケースに見られるように、いくら親密であったとしても、仕入れ先に短期間とはいえ支払い猶予を依頼することはできるだけ避けたい。これは、運転資本が非常に苦しく、会社が倒産に近い状態になったときの手段であり、安易に行えば取引先との信頼関係を損ね、仕入れがストップすることにもなりかねないからである。

第5章

マネジメントチームと
リーダーシップ

- 第5章のはじめに
  [戦略は組織が実現し、組織は人で動く]

●

　新事業を始めるにあたって、ビジネスアイデアを実現するための事業戦略や資金調達は重要事項として考慮されていても、人と組織の問題となると優先順位はさほど高く扱われない場合が多い。設立時の組織は簡潔なものであり、またそうでなければならないが、その簡潔さゆえに人のマネジメントが楽であるとは限らない。それどころか、人をめぐる問題が事業展開の足枷となる場合も少なくない。本章では、人と組織について考えていく。

　第1に考えなくてはならないのは、ビジョンにしても事業戦略にしても、立案、実行するのは人、そして組織であるということだ。1人でもビジネスプランを練ることはできる。しかし、実際にプランに従って事業を立ち上げ、運営していくには、1人の力では限界がある。事業活動のすべてを1人でこなす個人事業のままでよいのならともかく、事業を成長させることを前提とするのであれば、自分にできないことを実行してくれる人、特にマネジメントメンバーを巻き込み、効果的にアウトプットが生み出せるチームや組織をつくることは不可欠である。

　第2に、人は、入れ替えが難しい経営資源である。製品の改良や資金調達手段の変更は比較的容易に行えるが、一度マネジメントチームに加えた人間を外すのは難しい。また、いったん形成された組織文化を変革することは容易ではない。だからこそ、どのような組織にするのか、どのようなマネジメントをしたいのか、前もってイメージし、マネジメントチームを構成することが必要なのである。

　本来、新事業の強みは、ゼロから組織をつくることができる点にある。ところが現実には、人手不足や採用難に悩み、日々の業務に追われて対応が後手に回り、必要に迫られてから、その場しのぎの策をとることになりがちである。そして皮肉にも、成長に伴って組織が拡大するにつれて、その強みであるスピードと柔軟性を失ってしまう。

　一方、成長しても事業展開のスピードやオープンなコミュニケーションなど、スタートアップ期の良さを失わない企業には、必ず優秀なリーダーとそれを支えるマネジメントメンバーが存在しており、効果的なチームマネジメントや組織運営のための工夫を

日々実践している。

　第3に、マネジメントチームは、事業運営の主体となるだけではなく、必要な経営資源を獲得するうえで最も大きな武器となる。マネジメントチームがしっかりしていれば、ステークホルダーの協力を得ることも比較的容易であるし、いったん獲得した外部パートナーとの関係をみすみす損なうことも少ない。優良なパートナーを得るのは難しいが、失うのは簡単である。ちょっとしたトラブル処理のミス、末端レベルでの対応のまずさが大きな溝になってしまう。失敗した新事業の多くは、自社の内部崩壊と同時に、優良なパートナーを自らの過失により失っているのである。

　本章では、こうしたことも意識しながら、マネジメントチームと、その中心となる新事業リーダーの役割、果たすべきリーダーシップなどについて検討していく。

1. チームのあり方とリーダーの役割

POINT

　新事業の立ち上げにあたっては、新事業リーダーを中心とするマネジメントチームの能力がきわめて大きな意味を持つ。彼／彼女らこそが、戦略策定やその実行、あるいはスタッフの動機付けや能力開発の中心となるからだ。極論すれば、戦略やビジネスモデルが経営環境と合致しなくなっても、優れたマネジメントチームがあれば、適宜修正を加え、事業を成功に導く可能性は高いのだ。

CASE

　大手機械メーカーA社の会議室では、新規事業である映像ソフト事業の報告会が開かれていた。出席者は、映像ソフト事業チームのリーダーである大橋、メンバーの高田と中山、チームを管轄する経営企画部から取締役部長の野上、企画課長の岡崎と担当者の宮内、そして新規事業担当役員でもある今村副社長である。
　映像ソフト事業チームが報告を終えると、今村副社長は満足げに言った。「1年目は、当初の期待以上。まずは成功だ。おめでとう。社長には私から話しておくが、来週の取締役会での報告は、野上さん、よろしく頼む。今日の報告を要約すればいいだろう」。ほっとした空気が流れた。「とはいえ、これはほんの1合目。先は長い。これからが正念場だ。事業を始めたときに言ったように、3人で1つの会社を興し、経営しているつもりでやってくれ」

　　　　　　　　　　　　　＊＊＊＊＊

　大手機械メーカーA社の映像ソフト事業は、もともと現在の事業メンバーの1人である高田の提案が発端であった。2年前、A社のナンバーツーである副社長の今村の発案で、全社的に新規事業を育成する「社内ベンチャー支援プログラム」が発足し、全社から新規事業の提案を募集した。応募にあたって上司や所属部門の推薦は要求せず、あくまでも自主性が尊重された。
　数多くの提案の中から、高田の提案が「社内ベンチャー支援プログラム」の第1号に

選ばれた理由は、第1にハードからソフトに力を入れるというA社の方針に適合すること、第2にA社の技術力に定評のある画像処理システムや機器との相乗効果が期待できること、第3に高田自身が事業の実現に強い意欲と熱意を持ち、映像ソフト事業に必要な技術や知識、人脈を持っていることであった。

　高田は、画像情報処理システムの技術者で、開発リーダーとして実績を上げていた。技術者として優秀であるばかりでなく、社内外の技術者をまとめてプロジェクトを推進することが得意で、周囲の信頼も厚い。個人的にもCGが趣味で、映画やアニメーション、ゲームなどの映像ソフトに関心があり、知識も人脈も豊富であった。

　しかし、新規事業育成を担当する経営企画部には、不安もあった。高田には開発プロジェクトの予算管理は経験があるが、営業や事業全般を見た経験がない。また、誰に対しても率直にものを言う性格で、そのために信頼されてもいたが、社内には拒否反応を示す者もいた。偏見とやっかみもあり、趣味を仕事にするつもりかと批判的に見る者もいた。

　この事業は高田の意欲と才能がなくては実現しない。しかし、事業として成功させるには、別に事業全体の責任者が必要だ、というのが経営企画部と今村副社長の結論であった。結論は高田に率直に伝えた。「あなたが提案した事業とはいえ、会社の事業として採用された以上は、『あなたのもの』ではない」「どんなに良いソフトをつくっても、顧客に認められ、事業として成功してこそ意味がある」という真摯な説得に、高田も納得した。

　事業の責任者とメンバーは、経営企画部が全社から公募した。自発的にやりたいという意欲が重要だと考えたためである。人選には、経営企画部企画課のメンバーのほか、新規事業のメンバーに決まっている高田も加わった。最終選考では、さらに経営企画部長の野上取締役、今村副社長も交えて、候補者の面接を行った。

　事業責任者に選ばれた大橋は、産業用機械部門のマーケティング担当の課長であった。入社後、主に営業で実績を上げてきた。上司だけではなく、顧客や同僚、部下の評判もよい。アメリカ現地法人の経験もあり、マーケティング責任者を務めた後、経営企画の実質的な責任者を務め、現地法人の業績向上に貢献した。本社から出向している人間だけではなく、現地採用の従業員や管理職との人間関係のマネジメントがうまく、顧客やライセンス契約などの提携先などとの交渉力にも定評があった。意見や価値観の異なる相手の主張を理解したうえで、組織としてやるべきことを理由を挙げて相手が納得のいくまで説明する姿勢で信頼され、リーダーとして尊敬されていた。大橋なら、高田のような個性の強い人材も、長所を生かして引っ張っていけると期待された。

　社内で意外な人選と受け止められたのは、法務部の中山であった。当初、人選にあた

った企画課も高田も、開発か営業の担当者を想定していた。ところが、中山は「ソフトをカネにするには、技術や製品の知的所有権を守ることこそ重要」と、自分の知識と経験で新規事業に貢献できると主張したのである。「リスクをとることは重要。しかし、起こりうるリスクを理解し、リスクの軽減策を考えたうえでなくてはいけない。さもないと、事業が破綻してしまう」とも述べた。

中山は、法務部では海外案件を担当し、特にライセンス契約や特許紛争など知的所有権の分野に詳しかった。各事業部の営業担当者や技術開発担当者から「細かい」と煙たがられる一方、「問題点を整理して、きちんと対応してくれる」と信頼されてもいた。法務ばかりではなく、会計や情報技術にも明るかった。会計データに強く、法的な面からだけではなく、ビジネスにどう影響するかを考えることができた。情報技術を活用して属人化しがちな情報を共有化することに関心を持っていた。新人の頃に弁護士事務所と依頼案件の情報を、業務を覚えながらデータベース化したほどである。

「彼の言うことはもっともだ。こういう人間も新規事業には必要ではないか。確かに知的所有権は映像ビジネスのカギだ。リスクを理解することも致命的な失敗を避けるカギだ。自動車だって、アクセルとブレーキがあるから思いどおりに運転できる。アクセル全開だけではバブルに乗った企業のように行き詰まる」。今村副社長の意見が決め手となった。

＊＊＊＊＊

今村副社長が、「社内ベンチャー支援プログラム」を発案した背景には、A社の現状と将来に対する危機感があった。業界でも保守的と言われ、事業展開も製品開発も競合他社の後手に回りがちだった。製品分野別の事業部が強く、全社的にも部門内でも開発・営業・管理などの機能別の連携がよくない。社内を活性化し、新規事業が生まれやすく、その中から将来の事業の柱が育っていくような会社にしたい、というのが今村副社長の思いであった。新規事業の責任者になって成果を上げることを昇進の条件にしてもいい、とも考えていた。

映像ソフト事業チームを、画像情報処理システムを担当する事業部ではなく、経営企画部の管轄としたのも、新規事業が全社的な課題であることを示すためであった。決定したメンバーの新規事業への異動、各事業部や取締役会への働きかけなど、メンバーが動きやすい環境を整えて、バックアップすることが重要だと考えてもいた。

メンバーが決定し、映像ソフト事業チームが発足したのは、1年前である。発足に際し、今村副社長は3人のチームメンバーにA社における新規事業の重要性、ミッションを強調した。また、映像ソフト事業チームが社内調整に時間をとられすぎないようバッ

クアップするが、あくまでも3人のチームが動かす事業なので日常業務には口を出さないことを明言した。「ただし、報告は頼む。独立した会社だったら、当然、株主や銀行に説明するだろう。社内の事業だからと甘えず、会社を株主と思うといい」。今村副社長は、念を押した。

　最初の週は、映像ソフト事業チームの3人と経営企画部の担当者である宮内とで合宿をした。目的は、まず各人が互いを理解すること、映像ソフト事業でやりたいことを確認すること、映像ソフト事業のミッションを確認してビジョンを描くこと、ビジネスプランの再検討の方向性を確認することであった。高田のビジネスプランの草稿をもとに、徹底した議論が行われた。4人の誰もが、ここまで徹底的に他人と議論したことはないというほどであった。高田と中山の間でかなり激しいやりとりになって、大橋と宮内がなだめる場面もあった。最終日には、チーム内、社内外とコミュニケーションを効果的に行うためにはどうしたらよいかという観点から、チーム内での行動や意思決定に関する自主ルールも取り決めた。

　合宿後は、ビジネスプランを再検討し、当面の目標、行動計画を設定した。ビジネスプランの再検討により、高田のビジネスプランでは弱いことがわかり、事業のリスクの洗い出しと対応策、マーケティング戦略、収支予測、資金繰り予測、そして組織戦略といった部分が補強された。また、見直しの過程で、ビジネスプランの実現のためにチームとしてどのような機能が必要か、各メンバーがどのように貢献できるのかが明らかにされた。互いが各自の価値観、役割と能力を理解できた。

　再検討後のビジネスプランを見て、高田が言った。「これで、私のビジネスプランから、映像ソフト事業チームのビジネスプランになったわけですね」「そのとおりだ。プランだけではない。これからは、何もかもが3人の共同事業だ。私が全体の責任を持つが、私の事業でもない。当面の合い言葉は、『目指せ、ドリーム・チーム！』かな」と言って、大橋も笑った。

　彼らは、ビジネスプランをもとに、1年、3カ月、1カ月ごとに目標を立てることにした。目標といっても、新規事業のため、予測がつきにくいこともある。そこで、硬直的なものにせず、チームと各メンバーの優先順位を決め、定期的に事業の進捗状況を確認して課題を発見し、必要であれば方針を変更するための指標と考えることにした。また、定期的な進捗状況の評価のほか、日常業務の中で気がついたことは、随時、率直にフィードバックし合うこととした。

＊＊＊＊＊

　新規事業だからといって、A社の人事制度を大幅に変えることには無理があり、特別

な金銭的な報酬を設けることはできなかった。ただし、取締役会に報告した目標を達成できたなら、各人の現在の社内資格で可能な最高レベルの賞与を支給し、人事考課も最高ランクを付けることを人事部と合意できた。チーム内での評価は、目標見直しの時期に合わせて、目標達成度の評価、相互に貢献度や行動を評価することとした。公式の人事考課は、チーム内の評価をもとに、責任者の大橋、経営企画部長のラインで行うこととした。

こうして、最初の2カ月はもたついたものの、その後は開発も、顧客開拓も着実に進んだ。社外の開発者をまとめるのがうまい高田、営業の得意な大橋、リスクの把握と法律に明るい中山というそれぞれの強みが発揮された。試作品を顧客に見せ、ニーズを取り入れながらつくり込んでいく、という手法をとった。顧客ニーズの把握は、高田と大橋の連携プレーで確実に行った。開発では高田が豊富な人脈をもとに社外の開発者をまとめ、要所を押さえたプロジェクトマネジメントをした。顧客や社外開発者との契約は、中山が自社と相手のリスクを整理して条件を設定し、相手に説明したため、顧客や社外開発者からの信頼が得られた。問題が起きそうなときはただちに相談するというルールのもと、3人で議論し、合意したうえで行動に移した。合意が得られないときは、責任者の大橋が意思決定した。こうして、最初の完成品は目標より早く完成し、顧客も徐々に増え始めた。

そして1年。「この1年は、いままでの3年ぶんという気がする。プレッシャーはきつかったが、楽しかった。私も、高田さんも、中山さんも、それぞれ得たものは大きかったと思う。また1年後、事業もわれわれもさらに成長しよう」。報告会後、メンバーと祝杯をあげながら大橋は言った。

注：本ケースは実在の企業をもとに作成したが、詳細はエッセンスを損なわない範囲で加筆・修正している。また、文中で使われている数値などは実際のものとは異なる。

理論

本節では、マネジメントチームと新事業リーダーに求められる役割や資質について述べた後、既存企業における新規事業の場合のサポート体制について説明する。さらに、リーダーやマネジメントメンバーが意識すべきチームマネジメントについて触れ、補論で近年強く要請されるようになってきた「学習する組織」について簡単に紹介する。

1●マネジメントチームと新事業リーダー

将来の成長を志向するのであれば、ビジネスプランの段階から、事業立ち上げメンバ

ーをどう集めるか、考えておく必要がある。ここでは、新規事業を成功させるためのマネジメントチームの要件について考える。

● マネジメントチームの重要性

　優れたマネジメントチームは、新規事業の成功に不可欠の要素である。事業の成功要因になるのは、製品やビジネスモデル、技術の革新性や優れた事業戦略であると考えられがちだが、優れたリーダーとマネジメントチームは、それらと同等以上に成功を左右する。
　「アメリカのベンチャー・キャピタリストは、優れたアイデア（あるいは製品や技術、ビジネスモデル）さえあれば資金を出す」というような論調を見ることがあるが、これは誤解である。実際には、アイデア以上に、新事業リーダーとマネジメントチームが重視されている。
　アメリカでよく引用される言葉に、ジョージス・ドリオットというベンチャー・キャピタリストの口癖がある。その口癖とは「Bクラスのアイデアを持つ、Aクラスの人物に投資することを常に考えろ。Aクラスのアイデアを持つ、Bクラスの人物には決して投資してはならない」というものである。
　アメリカでもかつては、ハイテク・ベンチャーブームに乗って、製品や技術を重視して投資をしていた時期がある。ところが、経営者に経営手腕が欠けていたために失敗する企業が続出した。その経験から得られた教訓が「人物重視」、そして「マネジメントチーム重視」である。「人物重視」といっても、「人柄が大事」というのとはやや異なる。人柄を無視してよいわけではないが、事業を経営できる能力にウエイトがある。
　ところで、マネジメントチームをつくる意味は何か。それは、個人には得意・不得意やスキルの限界があり、1人でできることは限られている、ということに尽きる。新事業リーダー1人だけでは、彼／彼女のスキルの限界が、そのまま組織の限界、成長の限界となる。ビジネスプランを考えるにあたっては、事業のマネジメント全般に必要なスキルを充足すべく、最適なチームを組むことを考える必要がある。

● マネジメントチームの構想

　ビジネスモデル、事業戦略がある程度できて、事業のイメージが見えてきたら、マネジメントチームの構想を練らなくてはならない。いかによくできた事業戦略でも、マネジメントチームを考えないままでは、事業を立ち上げてから、ここがうまくいかない、ここができない、ということになりかねない。それからあわてて必要な人材を探しても、時間の余裕がなくて思うようなリクルーティング（社内、社外を問わず）ができず、事

図表5-1　マネジメントチームの結成

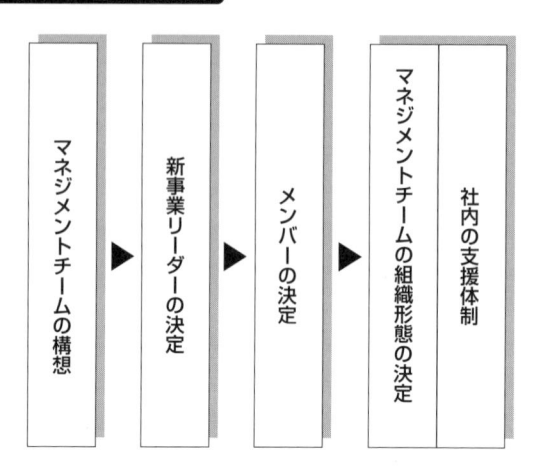

マネジメントチームの構想 ▶ 新事業リーダーの決定 ▶ メンバーの決定 ▶ マネジメントチームの組織形態の決定　社内の支援体制

業が進まなくなってしまう。

　マネジメントチームの構想を練る際には、まず、事業戦略を実行するにはどうするのか、どのような行動が必要かをイメージする。そして、事業戦略を実行するために「組織として」持っているべきコンピテンシー（期待される成果を実現するうえでの行動特性）の質と水準、すなわち何をどの程度できなくてはならないか、を洗い出す。さらに、そうしたコンピテンシーがなぜ必要かを考え、競争優位を生み出す重要なコンピテンシーは何か、組織内に保有すべきコンピテンシーは何かを検討する。この段階で、組織外にアウトソーシングするべきコンピテンシーが見えてくる。

　組織に必要なコンピテンシーのほか、どのような組織文化（第2章第2節を参照）にしたいかも考えておく。言い換えれば、「どんな雰囲気の組織にしたいか」というイメージを持つことである。意見が自由に言える組織がよいのか、新事業リーダーの指示どおりに整然と動く組織がよいのか、自由なイメージにしたいのか、フォーマルなイメージにしたいのか、などである。

　たとえば、3K（きつい、汚い、危険）のようなマイナスイメージがある事業で、清潔感がある、接客マナーがよい、従業員が誇りを持って働けるなど、プラスイメージを打ち出したいのであれば、清潔感やマナー、プロフェッショナル意識を重視する組織文化が必要であろう。望ましい組織文化がイメージできれば、それに適合する、あるいはそうした組織文化を創り出せるような人物の性格、言動など、人物像が明確になる。

　以上のように、組織に必要なコンピテンシーや組織文化を把握することによって、マ

図表5-2 マネジメントチームの構想

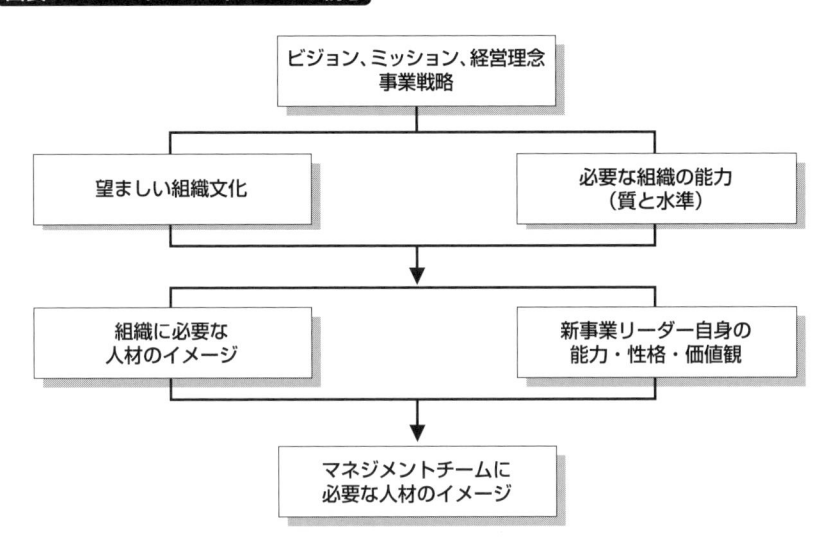

```
            ビジョン、ミッション、経営理念
                    事業戦略
            ┌───────────┴───────────┐
      望ましい組織文化          必要な組織の能力
                                  （質と水準）
            │                       │
      組織に必要な            新事業リーダー自身の
      人材のイメージ          能力・性格・価値観
            └───────────┬───────────┘
                 マネジメントチームに
                 必要な人材のイメージ
```

ネジメントチームに必要な人材のコンピテンシー、性格、価値観がわかってくる。そして新事業リーダーやメンバーを選定する際に、その人材がなぜ必要なのか、どのような役割を果たしてもらうかが明白になる。また、ベンチャー企業でリーダーは決まっていて、メンバーを採用する場合にも、「自分がやりたくないことを他人にやらせる」のではなく、「事業の成功に必要不可欠だが、自分にはできないことだから、力を借りる」と考えることができるのである。

　マネジメントチームの人選にあたっては、メンバーの相互補完性にも注意を払う必要がある。似た者同士が集まったのでは、発想が偏ったり、価値観が固定化して、外部環境の変化への対応が鈍くなるなどの弊害が生じる。
　たとえば技術が競争優位の源泉になる事業であったとしても、マネジメントチームが「技術屋」ばかりでは、研究開発のみに注力してしまうだろう。顧客ニーズの把握や営業、資金調達など、マネジメントに必要なほかの機能に目が届かず、やがて行き詰まってしまうおそれもある。
　だが、必要な人材とその理由を理解できていれば、意識して相互補完性のある、異質な人材を集めるようにするはずだ。ホンダの本田宗一郎と藤沢武夫、ソニーの井深大と盛田昭夫のコンビは、いずれも技術者と経営管理者という異質な能力の組み合わせで成

功した例である（盛田はもともとは技術者だが、それ以上に経営管理者としての高い能力を有していた）。

では、成功するマネジメントチームにおける組み合わせとは、どのようなものか。これに関する明確な解答は、まだ用意されていないし、将来的にも成功の十分条件たるマネジメントチームの組み合わせが見出されることはないだろう。しかし、新事業リーダーが念頭に置くべき傾向がいくつか観察されているので、参考にしてほしい。

- 必ずしも論理的ではないが天賦の才を有する事業家は、身近に論理的なパートナーを配していることが多い。
- 得意分野がある程度分散しつつも、企業活動の全般をカバーしていることが望ましい。たとえば、プランニングに長けた企画担当者と人間関係構築力に優れた販売部長、緊急時の意思決定が的確な開発部長などである。似た人材ばかりが集まると、判断に偏りが生じるし、組織が硬直化しやすくなる。
- 新事業リーダーに対するイエスマンばかりが揃ったマネジメントチームは、失敗しやすい。結果的に意見が一致するのはかまわないが、十分な議論を避ける風潮は排除する必要がある。
- 上記と矛盾するようだが、「民主的すぎる」マネジメントチームは成功しない。明確な信念がないままに多数決による衆愚に走りやすいからだ。トップの明確な意思はやはり必要である。

◉ 新事業リーダーの決定

マネジメントチームの構想が固まったら、新事業リーダーを決めなくてはならない。ベンチャー企業では一般的に事業発案者＝リーダーとなるが、社内新事業の場合には、この選出のプロセスは重要である。

新事業リーダーは、マネジメントのできる「経営者」であり、かつマネジメントチームを引っ張る要である。利益に責任を持った経験と、チームで実績を上げた経験があれば最適である。過去に新事業の立ち上げを成功させた実績がある人材ならば理想的だ。ベンチャー企業研究の第一人者であるバブソン大学名誉教授のW．B．バイグレイブによれば、起業家の重要なスキルは以下の2点であるという。新事業リーダーの適性を考えるうえで参考になろう。

- 同じ業界、もしくは類似する業界での経験：新事業リーダー自身に業界の経験がな

ければ、事業を始める前に身につけるか、経験あるパートナーを探してこなければならない。
- マネジャーとしての経験（特に予算責任や損益責任を負った経験があることが望ましい）：マネジャーの経験のない人は事業を興すべきでないとまでは言わないが、最初の事業では慎重になるべきである。

「経験」を強く要求するのは、業界やマネジメントの知識が必要だからというだけではなく、マネジメントのスキルを発揮した実績があるか否かが重要という趣旨であろう。

注意しなければならないのは、過去に実績を上げた人材であっても、それが専門家としての実績で、マネジメントの実績がないのならば新事業リーダーには向かないということである。

専門家とは、たとえば新事業のもとになる製品や技術の開発者や、ヒットメーカーと呼ばれるような企画担当者である。研究開発だけ、企画だけ、あるいは製品化までといった限定された責任を担った経験のみでは、その機能の責任者はできても、事業全体のマネジメントには必ずしも向かない。また、マネジメント経験にしても、売上げの責任だけではなく、利益の責任を負った経験があることが望ましい。研究開発担当者や企画担当者が新事業リーダーになると、特定の製品や技術に思い入れがあるために、事業がうまくいかなくても撤退や方針転換の決断ができずに経営資源をつぎ込んでしまい、損失を広げるおそれもある。

一方、管理職の経験があり、エリートと呼ばれているような人材を新事業リーダーにしても、失敗することがある。自分でリスクをとって意思決定し、実行するという能力に欠けている場合である。仕組みが確立している事業の中でその仕組みにうまく乗っていくのと、新しい仕組みをつくるのとでは、まったく違う。新事業の責任者は、自ら問題の解決策を考え、主導権をとって実行できるリーダーでなくてはならない。

社内新事業でも、新事業リーダーがあらかじめ決まっているケースもあるだろう。たとえば、新事業のもとになるプロジェクトのリーダーをそのまま新事業リーダーにするケースや、もととなった製品やサービスの開発者や企画担当者をリーダーに指名するケースである。

だが、彼／彼女らにマネジメントの経験や能力が欠けていることも考えられる。こうした場合は、マネジメントの経験と能力のある人材をメンバーに加え、マネジメントはその人材に任せるのも1つの解決策である。その場合、新事業リーダーは得意分野に注力するか、ビジョンやミッションを打ち出してメンバーを引っ張る役割に徹するなど、役割を変えることになる。

● 新事業リーダーが果たすべきリーダーシップ

次に、新事業リーダーが果たすべきリーダーシップについて説明する。なお、ここでは新事業リーダーのリーダーシップに焦点を当てて解説し、リーダーシップ一般については触れないこととする。汎用的なリーダーシップの詳細は『MBAリーダーシップ』『自問力のリーダーシップ』（いずれもグロービス著、ダイヤモンド社刊）などを参考にされたい。

では、新事業リーダーであるからこそ、やらねばならないこととは何か。それは「企業、あるいはチームとして、われわれはこうあるべきだ」と示すことである。新事業リーダー以外のメンバーも「こうあるべきだ」と意見を言うことはできる。また、各メンバーが「われわれはこうあるべきだ」と考えて意見を述べ、意思決定にコミットすることは好ましいことである。しかし、組織の最終的な意思として方向性を示し、全員に「確かにそうだ」と納得させることができるのは、新事業リーダーだけである。

繰り返しになるが、企業が目指す方向やあるべき姿を示し、実現するために重要という視点から、新事業立ち上げにおいてリーダーが果たすべき役割を確認しておこう。

❶ ビジョン、ミッション、経営理念の設計と伝達

目指す姿、あるべき姿、ミッション、経営の哲学を考え、わかりやすい形で示し、メンバー、ステークホルダーとコミュニケーションする。

❷ 好ましい組織文化の定着化

方策としては、好ましい組織文化について繰り返し言及する、新事業リーダー自身が好ましい言動を示す、好ましい組織文化を奨励するような評価軸を打ち出す、好ましい言動を表彰するなどがある。その逆に、不適切な言動を罰するなど、好ましくない文化の蔓延を防ぐことも必要である。

❸ 採用へのコミット

人の採用（社内の別組織からのリクルーティングも含む）は、スタートアップ期には特に重要である。新事業リーダー自身が候補者に会うなどして、コミットしなくてはならない。ビジョンや経営理念、好ましい組織文化を共有でき、かつ必要なスキルを持った人材を巻き込むためである。また、そうでない人材を入り口で排除するためでもある。

新事業リーダー自身も、採用候補者にビジョンなどを語るうちに、当初は漠然としていてうまく表現できなかったことが鮮明になってくるという副次的効果もある。

❹ 変革のリード

環境の変化や成長段階の変化に応じて、人と組織も変化していかなくてはならない。しかし現実には、短期的な目標や目の前の業務に追われたり、成功による慢心が生じたりして内向きになり、変化への対応が遅れがちなものである。新事業リーダーは、外部環境の変化をいち早く察知して変革の必要性を組織に訴え、変革の方向を示してリードしていかなければならない。

●──新事業リーダーの要件

次に、そうした役割を念頭に、新事業リーダーに必要な条件は何かを考えてみよう。

❶ 自分を知る

自分自身を客観的に見て、価値観、スキル、バックグラウンド、関心、性格、思考パターンを知ることが必要である。すなわち、自分が興味を持ち、コミットメントしたいことは何か、得意なものは何かを把握することである。得意なものに集中するほうが、モチベーションを持ちやすいからだ。

次に、自分に不足している資質や能力とその価値を理解することが必要である。人間は無意識のうちに、自分に備わっているものは重視し、そうでないものは軽視しがちだ。新事業の立ち上げには、大きな心理的エネルギーが不可欠であり、自分の資質やスキルに強い自信を持つことが必要である。しかし、自信を持つあまり、自分と異質な要素や、異質な要素を持つ人を軽んじてはならない。異質であるからこそ、相互補完性や相互依存性があるのだ。自分には不足している資質や能力を持っている人に尊敬の念を持つよう、心がけるべきである。これは、マネジメントチームのメンバーのほか、一般的に人材を採用する際に非常に重要なことである。

❷ 環境と組織の変化を知る

組織を創造し、変革をリードするには、環境と組織の変化を察知し、その原因と問題点を分析し、解決策を立案できる能力が必要である。このためには、洞察力、分析力、論理的思考力、戦略の立案能力などのスキルを身につけ、磨きをかけなければならない。

❸ 自分の役割を変える

望ましいリーダーシップのあり方は、環境の変化、組織の成長に伴って変わる。したがって、新事業リーダーは、環境と組織の変化によって自分の役割がどう変わるのかを考え、実践できなければならない。言い換えれば、自分自身を変革し、自分の能力を開

発できることが求められる。
　創業初期には自ら率先して行動することが必要だが、企業が成長したら、人を管理し、メンバーが自ら考えて行動するよう導くコーチ的な役割を果たすようにしなければならない。「組織がどこまで大きくなるかは、リーダーの器で決まる」という言葉はやはり的を射ている。

❹ 効果的なコミュニケーション

　コミュニケーション能力とは、「相手、そして自分の置かれた状況を的確に把握し、相手にこう動いてほしいというメッセージを効果的に伝える能力」を指す。ここでいうメッセージには、言語によるものだけではなく、行動や仕組みによるものも含んでいる。コミュニケーションの前提となるのは、先述のように、自分自身を知ること、そして、相手を知ることである。自分自身と同様に、相手の価値観、スキル、バックグラウンド、関心、性格、思考パターンを知ることである（ほかには、目的、利害関係、職務上の役割や責任、業績評価と報奨、周囲の人間関係、所属する組織の目的や計画なども、人の関心や行動に影響を与える）。
　メッセージを効果的に伝達するには、第1に、わかりやすく説得力のある表現でなければならない。借り物ではない自分自身の言葉で、相手が理解しているかどうかを確認しながら伝えるようにする。「効果的」とは、メッセージを伝えた結果、自分が意図したとおりに相手が動いてくれるということである。たとえ相手がメッセージを理解できたとしても、反発したり、納得しないようでは、「効果的」とは言えない。「効果的」であるためには、相手の状況を知り、相手が納得するような内容、表現を選ぶ必要がある。
　さらに留意しなければいけないのは、コミュニケーションは1回限りのものではないということである。一度話しただけで、メッセージが伝わるとは限らない。反復性と一貫性が必要だ。かつて、GE会長兼CEOだったジャック・ウェルチは、「シックス・シグマ」を戦略の核にするにあたって、「シックス・シグマ」という言葉を口を開くたびに発したという。
　また、何かを言ったり、したりすること、積極的に発信することだけがメッセージになるのではない、という点にも注意したい。何かを言わない、しない、変えないこともメッセージになってしまう。こうした暗黙のメッセージによって、結果的に自分の意図に反することを発信していないかどうか、注意が必要だ。

◉──── マネジメントメンバーの決定

　では、マネジメントチームに必要な要件を前提として、「事業立ち上げチーム」のメ

ンバー(さらにはマネジメントチーム以外のキーメンバー)を集めるにあたって、どのようなことに配慮すればよいのだろうか。
　以下のような4つの要件がある。
　❶新事業のビジョンやミッションと新事業リーダー個人への共鳴、❷強い意欲、❸適性、❹ケミストリー(相性)である。これらを見極めるためには、新事業リーダー自身が何度もメンバー候補者に会い、ビジョンやミッション、ビジネスプラン、そしてメンバーに求める役割を説明し、納得のいくまでコミュニケーションをとることが必要である。それぞれについて考察してみよう。

❶ 新事業のビジョンやミッションと新事業リーダー個人への共鳴
　第1に必要なのは、新事業のビジョンやミッション、そして新事業リーダー個人に対する共鳴である。ビジョンやミッションは、チームが目指すべき理想の姿や社会に対するコミットメントを示すものであり、チームをまとめる絆でもある。また、リーダー個人も共鳴してもらえるものを持っていないと、困難なことの多いスタートアップ期にメンバーの信頼感を維持することは難しい。

❷ 強い意欲
　リスクをとり、新しいものを形にしていくには、大きなエネルギー、強力な意欲が必要である。意欲とは、自分の理想や目的の達成に向けて、プランを「実現したい」という強い意思である。単に「面白いことをしたい」程度では、最初はよくても、長続きしない。事業の立ち上げは、挑戦的でエキサイティングな体験であるが、困難なことも多い。「面白いこと」をするためには、困難を克服する努力が必要である。しかし、その困難を「苦労」ではなく、「面白い」と考えたいものである。
　注意すべきなのは、新事業に参加する動機が、「○○は嫌いだから」というマイナス発想では、うまくいかないということである。「既存事業(あるいは大企業)はつまらないから」「いまの職場では冷遇されているから」というような後ろ向きの動機から、「面白いことがしたい」と期待を持つというのもありがちなことである。しかし、「何かを創りたい」という建設的な意欲がなければ、持続的なエネルギーにつながらない。
　社内新事業では、意欲を見るために、マネジメントメンバーを公募するのも1つの方法である。ただし、公募にするにせよ、指名するにせよ、候補者がその事業への参画を自分のキャリアパスにどう位置付けているかが、意欲のあり方に影響を及ぼす。その分野に興味があってできるだけ長く在籍したいのか、ビジネス経験の1つにすぎないと考えているのか。「この事業に加わることで、何が得られると考えているのか」と質問し

てみるとよい。
　また、新事業に参画することが社内でどう評価されているのかも、マネジメントメンバーの意欲に影響する。歴史のある部門が強く新事業は「傍流」とされる企業と、新事業を成功させることがトップマネジメントになる要件となっている企業とでは、参画することへの意欲はまったく異なるであろう。

❸ 適性
　事業立ち上げメンバーとしての適性である。マネジメントチームを構想する中で、必要なコンピテンシーは見えてきている。まず、新事業リーダーが苦手とするコンピテンシーを持っている人材が望ましい。加えて、マネジメント全般に関する知識があること。マネジメントチームの全員がマネジメントを意識し、討論できるからである。たとえば損益分岐点や収益予測の意味さえわからないのでは、討論自体が成り立たない。スタートアップ期には、どの機能も互いに密接に関係している。自分の得意分野以外はわからない、関心もないという人材では、ほかのメンバーと話が通じない。
　このほか、共通に必要な能力が、問題発見・課題解決能力、コミュニケーション能力である。コミュニケーションには、相手を理解することと自己を表現することの両面が必要とされる。また、ITを駆使できることも、スピードアップや情報共有化のために必須である。
　コンピテンシーを見極めるには、過去の実績が参考になる。実績とは、その人が単に「売上げ成績ナンバーワンだった」「○億円の事業を担当した」というような数字ではなく、その人自身が「何をしたか」「何を創造したか」「何を変えたか」である。新事業やプロジェクトに関わって成功させた経験があれば理想的である。また、個人プレーではなく、チームプレーで成功した経験は貴重である。
　なお、スタートアップ期においては、メンバーが必要なコンピテンシーをすでに持っていることが求められる。一般的に、スタートアップ期には能力開発の仕組みは存在しない。仕組みをつくるよりも、実際に事業活動をしながら、自ら能力開発をしていくという状態である。したがって、必要な能力をあるべき水準まで持っていないにしても、自分の能力を自ら高めていく意欲を持ち、自ら行動する人材でなければならない。
　コンピテンシーが発揮できるかどうかは、その人材の置かれた環境にもよる。したがって、その人材が新事業の環境に向いているかどうかも、見極めなければならない。スタートアップ期には、細かい業務も、自分でしなければならない。たとえば、瑣末なことだが、コピーを自分でとる、FAXを自分で送る、といったことも必要である。営業の手が足りないときは、自ら営業に行くこともある。何か問題が起こったら、「部下」

からの報告や「上司」からの指示を待つのではなく、自ら問題解決に動かなければならない。また、動きの速さを求められるスタートアップ期には特に、権威やメンツにこだわらず、行動の誤りを認めて修正する、という率直さも必要であろう。

❹ ケミストリー

ケミストリー（相性）を考慮する。ケミストリーが合うためには、コンピテンシーに相互補完性があるほか、互いに信頼感を持って効果的にコミュニケーションできる関係を築き、協調して行動できることが条件になる。

メンバーを新たに採用する際は、新事業リーダー自身やすでに採用しているメンバーと組み合わせて、ケミストリーが合うかどうかを考えてみなければならない。

◉ ── シンプルな組織形態

組織形態は、ビジネスプランに盛り込まなくてはならない必須要件ではないが、組織の動き方を大きく左右するものであるため、ここで簡単に触れておこう。

事業の立ち上げ時の組織は、多くの場合、新事業リーダーとメンバー数人程度の規模であろう。少人数であっても、責任と役割分担を明確に決め、目に見える形にしておくことが必要である。

少人数なので「組織図など書くまでもない」と考えるかもしれない。しかし、たとえマネジメントチーム内ではわかっていても、親会社や取引先など、チーム外にはわからないかもしれない。チーム内でも「わかったつもり」「話したつもり」になっていて、行き違いが起こることもある。

初期の組織形態を決定するにあたっては、ビジネスを動かすために必要な仕組みは何であるかを考える必要がある。事業の立ち上げ時の経営環境は、流動的である。したがって、役割分担も固定的に考えるのではなく、以下のように一連の仕組み、プロセスの中での機能の役割分担として考えなくてはならない。

❶ ビジネスが継続的に回るための仕組み

ビジネス全体を統括するもので、ビジョンの創出、事業戦略の立案、ステークホルダーとの関係の構築などからなる。これは主に新事業リーダーの役割である。

❷ 継続的に売れる仕組み

マーケティング戦略の立案、販売チャネルの構築、営業体制の構築、広告、営業などを含む。

❸ コアの業務プロセス

たとえば製品の開発、試作、調達、製造という業務の一連の流れである。新事業リーダーは、一度はすべての業務プロセスを自ら実践して定型化するとともに、業務プロセスに従事するメンバーにモチベーションを与えることが有効である。なお、詳細なプロセスの構築は、新事業リーダー以外のパートナーがやってもよい。

❹ 経営システム

財務、経理、広報、情報システムなどの全社的な機能であり、大企業では「本社管理部門」と呼ばれるような機能である。社内新事業では、これらの機能は本社に依存することが多い。

こうしたことも踏まえると、初期の組織形態としては機能別組織が一般的であろう。

図表5-3　初期の組織形態の考え方

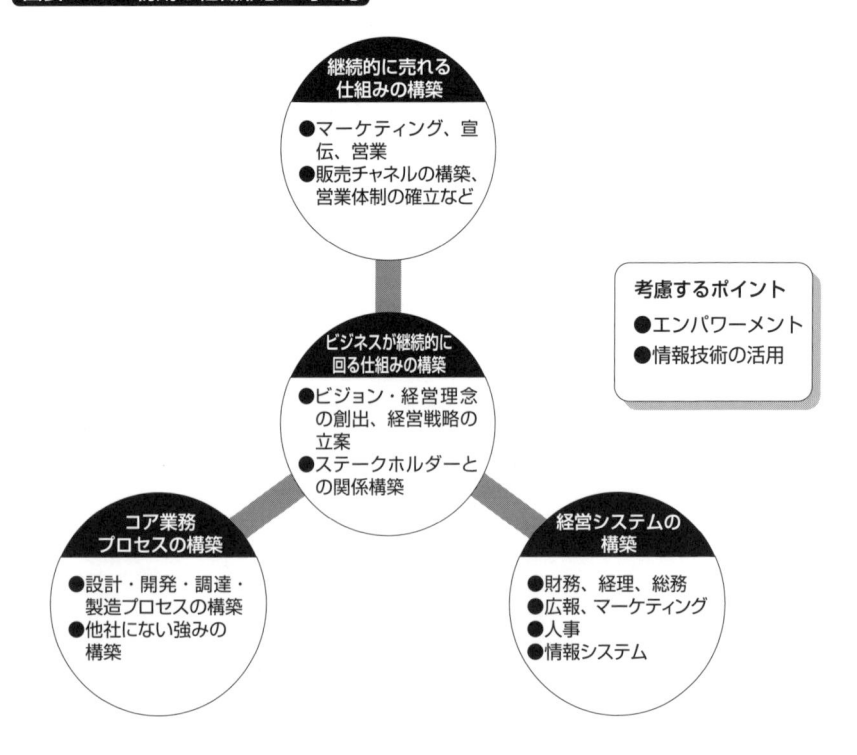

継続的に売れる仕組みの構築
- マーケティング、宣伝、営業
- 販売チャネルの構築、営業体制の確立など

ビジネスが継続的に回る仕組みの構築
- ビジョン・経営理念の創出、経営戦略の立案
- ステークホルダーとの関係構築

コア業務プロセスの構築
- 設計・開発・調達・製造プロセスの構築
- 他社にない強みの構築

経営システムの構築
- 財務、経理、総務
- 広報、マーケティング
- 人事
- 情報システム

考慮するポイント
- エンパワーメント
- 情報技術の活用

新事業リーダー（経営責任者）が全体を統括し、その下に開発、製造、マーケティング、管理など、機能別にメンバーが役割分担をする。人数が少ないので、兼務もある。兼務のパターンは、新事業リーダーとパートナーの適性に応じて決まる。新事業リーダーがマーケティング担当を兼務し、あるパートナーが開発と製造、別のパートナーが管理ほかの担当を兼務するなどだ。あるいは、新事業リーダーが開発と製造の担当を兼務し、パートナーがマーケティングと管理の担当を兼務するパターンもあろう。

　責任を明確にしたうえで、チームとして協力し、経営上の問題発見、解決策の立案、実行にあたる。特に最初のうちは、実行の部分は全員で動かなければならないことが多い。たとえば大口の受注がかかった説明会には、全員総出で取り組まなくてはならない。

　数少ない人的資源を最大限有効に活用するために考慮すべきポイントとして、エンパワーメント（Empowerment）がある。限られた人的資源で競争しなくてはならない新事業では、早い時点からエンパワー（意思決定の権限と責任の付与）することは不可欠である。エンパワーすることで、メンバーもやる気になる。小さな意思決定をメンバーが少しずつ行うことによって、経営を理解し、経営者マインドを持ち始めるようになるからだ。

　エンパワーメントには、このメンバーのモチベーションを高める効果のほかに、意思決定者と顧客との距離が縮まることで、より顧客のニーズにフォーカスできるというメリットがある。今後、ますます消費者の力が強まり、技術や製品のライフサイクルが短縮化していくことが予想される。これに対応するためには、顧客にフォーカスし、スピードのある組織であり続けることの重要性が高まっていくはずだ。

　なお、エンパワーメントとは、何もかも部下に任せきりにすることではない。裁量権を与えながらも、最終的な結果責任をとるのはリーダーである。したがって、コミュニケーションを密にとり、適切なコーチングを行うよう心がけなくてはならない。

2● 支援体制

◉──── 支援体制の確立

　新事業を成功させるには、マネジメントチームそのものだけではなく、新事業を支援するための社内体制もきわめて重要である。支援体制の前提として、新事業の形態と位置付けを決定しなければならない。大きく分けて、事業部門内の1部署、社内の独立した事業部門、別会社がある。なお、別会社にする場合は、子会社か、他社との合弁が考えられる。

　これらは、予想される事業規模、既存事業との関連性の強さ／弱さ、自社の経営資源

図表5-4　組織図の例

社内新事業

独立した事業部で、本社企画部門が担当する場合

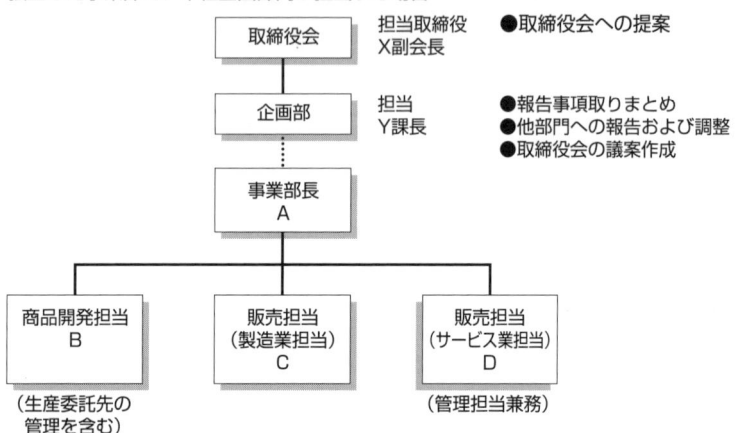

```
取締役会 ──── 担当取締役 X副会長      ●取締役会への提案
   │
企画部 ──── 担当 Y課長              ●報告事項取りまとめ
   ┊                              ●他部門への報告および調整
事業部長 A                          ●取締役会の議案作成
   ├──── 商品開発担当 B（生産委託先の管理を含む）
   ├──── 販売担当（製造業担当）C
   └──── 販売担当（サービス業担当）D（管理担当兼務）
```

●報告および承認事項

事　項	決裁権限		
	事業部長決裁	企画部長決裁	取締役会の決議
〜	〜	〜	〜

ベンチャー企業

代表者がマーケティング担当を兼務する場合

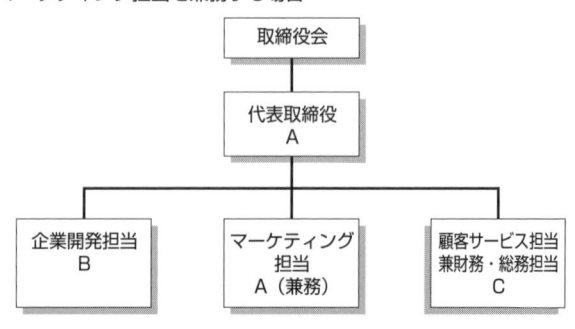

```
取締役会
   │
代表取締役 A
   ├──── 企業開発担当 B
   ├──── マーケティング担当 A（兼務）
   └──── 顧客サービス担当 兼財務・総務担当 C
```

などで決まる。一般的には、事業規模が大きいほど、既存事業との関連性が弱いほど、より独立性の高い形態に向いている。最初は既存の事業部門の1部署から始め、成長に合わせて、独立した事業部門、子会社と、より独自性の高い形態に段階的に変えていく方法もある。

　また、重要な経営資源を外部から提供してもらう場合は、その相手先と合弁にしなくてはならない場合もある。重要な経営資源には、販売チャネル、不可欠な技術やノウハウなどがある。事業リスクの負担を軽減するために、他社に資本を提供してもらうこともある。

　ところで、企業内の新事業において支援体制がなぜ重要なのだろうか。社内新事業は、資金その他の経営資源の提供を受けられるという点では、ベンチャー企業に比べて有利である。半面、ベンチャー企業と違って、社内の既存事業との調整を図らなければならない。資金や人材など、新事業の当面の資源の調達は、既存事業に依存することが多い。既存事業にとって、新事業は経営資源を奪うライバルでもある。既存事業部門には独自の目的や目標があり、自部門の経営資源は自部門のために使いたいのは当然のことである。利害が対立しかねないときに、「新事業は全社的に重要であるから、セクショナリズムに陥ってはいけない」いったタテマエを振りかざして批判しても、事業は進まない。既存事業との利害を調整し、協力を得るために動かなくてはならない。

　とはいえ、社内での調整のためにマネジメントチームが忙殺されるようでは、肝心の新事業そのものに注力できない。本社側が社内調整を支援し、新事業のマネジメントチームが本来やるべきことに注力できるよう、また動きやすいように環境を整える必要がある。

　支援体制のカギを握るのは、新事業を支援する担当部門・担当者、担当役員である。新事業を支援する部門が、特定の事業部門か、全社的な企画部門かによって、企業全体における新事業の位置付けが変わる。企業全体の戦略上、重要性や優先順位が高いのであれば、全社的な企画部門が担当するほうが適している。特定の事業部門が担当すると、その部門のための事業とみなされる。

　新事業の担当役員は、事業の重要性を社内に浸透させ、全社的な調整をする役目を負う。意思決定のスピードも、担当役員に左右される。したがって、影響力の大きい役員を担当者にすることが望ましい。新事業の意義をよく理解し、行動してくれる人であれば最適である。

　追加投資など事業の重要な節目では、新事業のマネジメントチーム自身が役員や既存事業部門を説得しなければならない場合もある。しかし、説得の責任がすべてマネジメントチーム側にあるのでは負担が大きすぎるし、意思決定が遅れ、事業の展開スピード

が遅くなるため、チャンスを逃してしまう危険性がある。また、マネジメントチームだけが動き回ると、マネジメントチーム自身の利害のためだと受け取られてしまう。全社的な課題であることを理解させるためにも、本社を説得する際には、本社側の支援担当部門・担当者、担当役員が責任を持って全社をリードしなければならない。

　新事業のマネジメントチーム、事業を支援するための本社側の社内体制ともに、新事業が軌道に乗るまでは、できる限り変更はしないほうがよい（明らかに失敗であって、変更すれば良い結果が出ることが明白な場合は別である）。体制を変更すると、業務への慣れ、信頼関係の構築に時間がかかり、ロスが生じるからだ。定期的なローテーションによる社内異動のように、新事業と関係のない理由による変更は好ましくない。新事業にかける熱意が疑われてしまうからである。

●───新事業の報奨制度

　既存企業の新事業において、給与や待遇を本社の水準以上にすることは、一般的には難しい。通常は、新事業そのものの面白さや能力開発の機会をインセンティブとし、給与そのものは本社に合わせる場合が多い。特に会社の一部門として事業を行う際には、その傾向が強い。

　しかし、強いモチベーションを持ってもらうには、それだけでは不十分と考えるケースもある。そうした問題を解消するために、個人のモチベーションを高める報奨制度として、企業の業績と連動させたストックオプションや持ち株制度、プロフィットシェアリングを取り入れる企業が増加している。これらは、特に子会社として本社と別会社化した際に採用しやすい（報奨制度をはじめとする人事制度を独自のものにするために、別会社化することもある）。

　こうしたやり方は、一面では妥当であるが、注意すべき点もある。

　1つは、企業業績と連動する制度とは、企業のリスクも共にする制度である、ということである。この制度のメリットとして、「業績が上がれば、そのぶん利益を得ることができる」といった言い方がされる。しかし、その逆も言える。企業の業績が上がらなければ、利益は得られない。ストックオプションや持ち株制度で株式を持った場合には、損失もありうる。

　つまり、「得」するばかりではなく、「損」も企業や事業と共にある、という負の面を理解しておかなければいけない。「得」だけを強調すると、業績が上がらなかった場合、「話が違う」と不信、不満を持つことになる。本来は、事業の持つリスクを理解し、事業とリスクを共にする覚悟を持った人材に対してのみ意味を持つ制度なのである。

　もう1つは、公平性、納得性の問題である。当然のことながら、業績がメンバーに公

開されていなければならない。かつ、メンバーの貢献度と業績評価、報奨との関連性が強くなければならない。そうでないと、納得が得られず、不公平感が生じ、不平不満のもとになる。

以上の2点をまとめると、業績と連動する評価制度が機能するためには、その前提としてビジョンや価値観の共有、目的や目標の共有、情報の共有が不可欠だということである。それがないと、制度だけ導入しても「仏つくって魂入れず」ということになりかねない。

◉ 採用や人員補充でのサポート

ビジネスは進化、成長していく。新事業リーダーは、必要な人材の不足が成長のボトルネックとならないように、事業の成長スピードを予測し、必要な人材の人数とスキルを把握していく必要がある。

たとえば、多店舗展開を考えていても、店舗マネジャーにふさわしい人材が不足していると、出店スピードを落とさなくてはならなくなってしまう。無理をして出店しても、店舗のマネジメントができず、製品やサービスの質が落ちたり、最悪の場合にはトラブルを起こしたりして、市場での評価を下げてしまいかねない。したがって、人材の不足

図表5-5　マネジメントチームと支援体制の要件

新事業リーダー
- ●マネジメントの経験・実績
- ●意思決定し、実行するスキル

メンバー
- ●事業のビジョンと新事業リーダーへの共鳴
- ●強い意欲
- ●適性
- ●ケミストリー

組織形態
- ●機能別のシンプルな組織形態
- ●役割分担・責任の明確化
- ●フレキシブルに協力

支援体制
- ●新事業の位置付け、重要性の明示
  - ・新事業の形態
  - ・1事業部門内の1部署／事業部／別会社
  - ・担当部門／担当者
- ●意思決定権限の明示

が懸念されたら、その人材が必要になる前にタイムリーに採用するか、社内から補充しなければならない。

　ただし、人的資源の調達には新事業リーダー自らがコミットしなくてはならないとはいえ、リーダーにすべてを任せてしまうと、ただでさえ足りない彼／彼女の時間を浪費しかねない。ある程度、本社としても支援をすることが必要だ。通常は、本社の人事部と協力して実行する。

　採用や人員補充にあたって注意すべきは、会社の論理を押し付けるのではなく、従業員側のキャリアパスや仕事に対するインセンティブを十分に尊重することである。もちろん、これは希望をすべて受け入れろと言っているわけではない。希望を聞きながらも、経営として譲れないところは、説明・説得すべきということである。

補 ● チームマネジメント

● ── あるべきチームマネジメント

　ここで、簡単にチームマネジメントについても触れておこう。
　スタートアップ期の新事業の組織は、マネジメントチームのみならず、補助的なメンバーも含めて、全体で1つのチームと言える。チームをマネジメントすることが、そのまま事業をマネジメントすることになる。また、全員でコミュニケーションをとることができる人数までは、1つのチームとしてマネジメントしていくのが現実的でもある。1つのチームとしてやっていける規模は、一概には言えないが、最大25〜30人とされている。
　チームとして成果を上げるようにマネジメントしていくコツは、チームに共通の「目的」や「目標」を持たせ、それを確実に実現していくことで各人がチームの成果に達成感を持ち、相互理解と信頼を育むような環境をつくることである。
　まず、メンバーが共通して目指すべき「目的」が必要である。チームのメンバーには、それぞれ異質な能力、個性、価値観がある。チームの目的には、別々の方向を向いているメンバーを一定の方向にまとめる機能がある。スタートアップ期には、リーダーの示すビジョンやミッションが、そのままチームの目的となるだろう。
　目的は、メンバーで共有され、メンバー自身のものとなることで、強い使命感を生み出す。目的を共有することで、事業を進めるための意思決定や行動のあり方について、ある一定の価値観、規範も共有することができる。たとえば、「問題が起きたら、まず原因と解決策を考えて、実行しよう」「責任は明確にするが、糾弾はしない」「問題の原因を明確にし、同じ失敗を繰り返さない」などである。こうした価値観から、長い時間をかけて組織文化が形成されるわけである。
　次に、どう行動するかを考え、実行に移すためには、達成度を評価し、確認できるような「目標」も必要である（ここでは、目的は、やや抽象的で漠然としており、かつ長期的スパンで見たもの。目標は、より具体的で個別的な近未来の到達点をイメージしたものとして、使い分けている。そして長期スパンで見た具体的な目標がビジョンである）。
　目標には、達成する期限と、達成したかどうかを判断できるような数値または状態の定義がいる。たとえば「ビジネスパーソンが道具として使いこなせるような、高性能で使いやすい、2万円程度のパソコンを広める」が目的とすれば、「○年○月に販売を開始する」「△△年には年間売上高を□□億円にする」は目標である。

目標があると、メンバーにとってはやるべきことが明確になり、達成意欲が湧きやすい。また、目標を設定することは、何をもって成功とするか、「成功の定義」を具体化しておくことでもある。成功できれば、メンバー一人ひとりが達成感を味わえ、さらに高い目標に向かう意欲が湧いてくる。チームで達成したという共同達成感によって、チームへの帰属意識や誇りが増し、相互信頼も増す。
　そうした意味で、目標の設定レベルは重要である。目標が低すぎると、競合に後れをとる危険があるうえに、達成感も小さい。逆に、現状に比べて高すぎても「達成は無理だ」と思わせ、意欲を引き出せない。現実に達成できなければ、挫折感を招く。責任逃れ、責任の押し付け合いも起こり、チームへの帰属意識や誇りが持てなくなり、他のメンバーに対する不信感が募ってくる。
　しかし、目標があることで、事業の進捗状況を評価することができる。事業の節目ごとに細分化した目標があれば、実際の進捗状況が当初の予想より早いか、予想どおりか、遅いかを節目ごとに把握できる。目標どおりであれば、次の目標の達成に進めばよいし、目標が達成できないのであれば、その原因を考え、解決のための手を打たなければならない。
　事業全体のほか、個々のメンバーの評価も、基本的には目標達成への貢献度で測るべきである。メンバーに対しては、最終的な成果を評価するだけではなく、実行途中の段階で進捗状況を確認し、問題があればそのたびにフィードバックし、解決策を話し合って行動を修正することも重要である。そのために、いわゆる結果指標だけではなく、プロセス指標（訪問件数や成約率など）を測定することもある。
　スタートアップ期にはメンバーの誰にとっても未知のことが多く、試行錯誤を重ねつつ、成果を上げていくものである。したがって、定期的な評価を制度化するのもよいが、日常的に個々の行動や成果に対して、そのつど相互に率直にフィードバックし合い、受けたフィードバックをもとに修正するように習慣付けることが、事業を遂行するためにも不可欠である。
　納得性の高い評価にするためには、目的や目標だけではなく、結果、つまり目標の達成状況、売上高や利益などの財務的業績も、メンバーの誰もが知ることができる透明度の高い仕組みにしておくとよい。実績と貢献度との乖離が大きすぎると、貢献しているメンバーの意欲を損ねるし、新事業リーダーや他のメンバーに対する信頼も失う。たとえ実績をメンバーに知らせないようにしていても、組織が小さければ、誰がどの程度貢献しているか、おおよそ見当がついてしまうものである。情報を隠すことは、不信のもとになる。
　スタートアップ期のチームにおけるインセンティブとして大きいのは、金銭や地位よ

りも、成功体験の共有による共同達成感、そして事業を進めながら自分の能力を高めること、起業の実績をつくっていくことであろう。つまり、事業立ち上げのプロセスと成功そのものが、最大の報酬である。事業の節目節目での小さな成功、小さくても「成功した」という事実から来る達成感を共有し、モラール（士気）と相互信頼を高め、さらなる目標に向かってモチベーションを引き出すような、「チームの好循環」を創出することが重要である。

　チームの目的や目標の設定と共有、それに基づいた行動、進捗状況の評価とフィードバック、目標や行動の修正、というサイクルをうまく回すことが、立ち上げ期のチームマネジメントの基本である。

　チームマネジメントにおける新事業リーダーの役割は、この「チームの好循環」が生まれるように、コミュニケーションを促進し、自らも率先して範を示すように行動する

図表5-6　チームマネジメント：チームの好循環

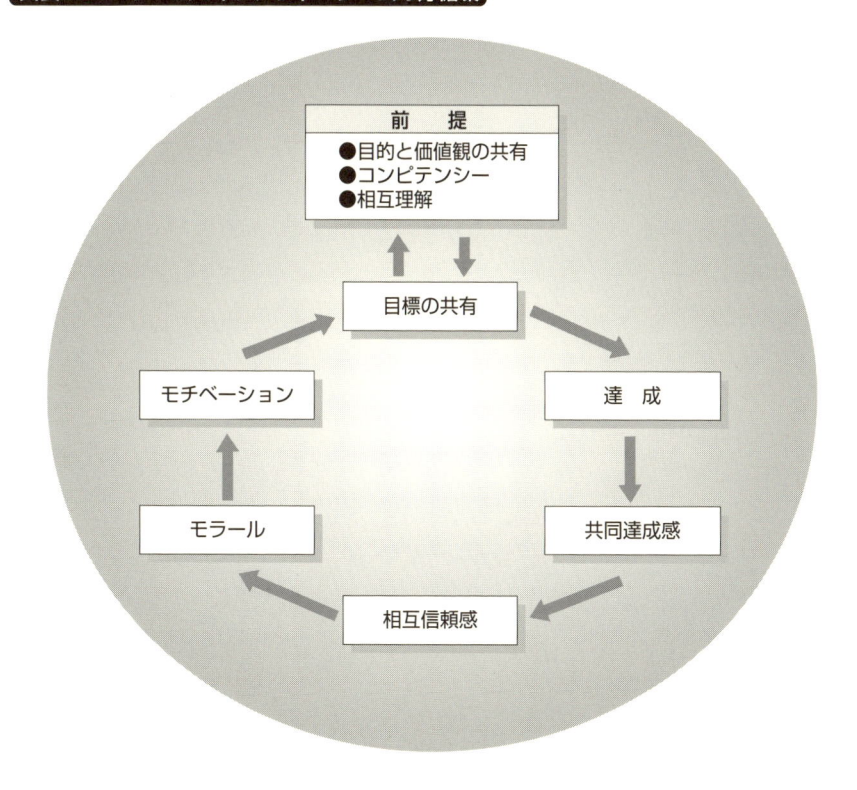

前提
- 目的と価値観の共有
- コンピテンシー
- 相互理解

目標の共有 → 達成 → 共同達成感 → 相互信頼感 → モラール → モチベーション → 目標の共有

ことと言っても過言ではない。

● ── **チームマネジメントの効果を見る**

　チームマネジメントが良好にできているかどうかを評価するやり方にはさまざまな手法があるが、ここでは、❶従業員のコミットメント、❷従業員および組織のコンピテンシー、❸ケミストリーの3つの要素を重視する方法を紹介する。この3つが高いと思われるチームは、チームマネジメントが有効に機能していると判断できるだろう。

❶ コミットメント

　企業あるいはチームの目標の達成に貢献するために、従業員個人が自ら意欲を持って能力や時間を投入し、責任感を持って関わり合うことである。

　経営者や上司からの指示や命令が下りてくるのを待ち、そのとおりに動けばよいのであれば、コミットメントは低くてもよい。しかし、個人個人が環境変化を感知して自ら考え、かつ他の個人や組織全体と調整しながらスピーディに動くことが競争優位につながる新事業では、メンバーの高いコミットメントは必要不可欠である。新事業リーダーはこのコミットメントを高めるために、さまざまな手段で従業員をモチベートしなくてはならない。いったん高いコミットメント・レベルが築かれてしまえば、メンバーの満足につながるし、他のステークホルダーの満足にもつながる。

❷ コンピテンシー

　メンバーあるいは組織としての知識やスキルを指す。

　新事業リーダーが銘記すべきは、それが個人のみに関係するものではなく、組織として獲得した知識やスキルをも含むという点である。新事業リーダーは、目に見えやすい個人のコンピテンシーのみを問題にしがちだが、実際に差がつくのは組織としてのコンピテンシーというケースが意外に多い。

　野球チームに譬えて説明しよう。個人のコンピテンシーはわかりやすい。打者で言えば打率3割、ホームラン30本を打てる能力、ピッチャーならば時速150キロの速球が投げられる能力である。一方、春のキャンプでどのようなトレーニングメニューをこなすか、どのようなポイントを重視して選手の補強を行うのか、あるいは試合に備えてどのような準備を行うのかといったことは、組織として学習し、獲得したコンピテンシーである。どんなに個人の能力が高くても、そうした組織のコンピテンシーのないチームは良い成績は残せない。

❸ ケミストリー

　ケミストリーとは、簡単に言えば相性のことだが、より正確には、個人が、組織のアウトプットを高めるように、他人、組織内の部署・部門、組織全体と調整を図り、調和している度合いを指す。

　能力のある個人個人が自発的に意欲を持って行動しても、その方向性がバラバラだったり、互いに反発し合うようでは、企業のアウトプットにはつながらない。サッカーチームで言えば、フォワードばかりでは試合に勝てないのと同様である。組織は、個人の能力の総和以上の成果を上げることができるからこそ、存在価値がある。それができなければ、財務的な数字が悪くなるだけではなく、力を発揮しきれていない従業員のモチベーションをも殺ぐことになる。そうならないように、組織内部の個人の役割分担や責任を調整したうえで、その能力の最大活用を図ることが必要なのである。

　なお、チームマネジメントを評価する際には、その効果が投資（金銭的な意味合い以上に、リーダーやマネジメントチームが投下した時間やエネルギーを指す）に見合っているかという点についても考えなければならない。

　たとえば、売上げ目標を厳しくする一方で、賞与は低く抑え、能力向上のための教育も実行しなければ、人件費などの経費を抑制できるから、短期的には低コストで高収益を上げることができるかもしれない。しかし、営業担当者が短期間で辞めてしまうので顧客の情報やノウハウが蓄積されず、短期間で売り逃げるような営業をしているためにトラブルが続出するとなると、長期的に見れば高コストになるかもしれないのである。

> **補 ◉ 学習する組織**

　新事業は、予想もしないことの連続である。新しい事業部やベンチャー企業が将来起こりうる変化に対応していくには、スタートアップ期から、自らを変革できる仕組みを組み込んだ「学習する組織」を目指すほうが、変革に伴う痛みやロスが少なくて済む。成長しつつも、動きの速さと高い効果性を維持することができるからである。
　「学習する組織」のつくり方については、MITスローン経営大学院の組織学習センター責任者、ピーター・センゲの著書である『最強組織の法則』（徳間書店、1995年）などを参照されたい。センゲは学習する組織を実現するために5つの実行課題を挙げ、とくにシステム思考を他の4つの実行課題を束ねるものとして位置付けている。

●システム思考
　独立した事象に目を奪われずに、各要素間の相互依存性、相互関連性に着目し、全体像とその動きをとらえる思考方法。「原因と結果の直線的なつながり」から「問題の根底にある相互関連性」へ、「静止画像的な断片的な事象」から「変化のプロセスによる全体像への影響」へと視点を転換する必要がある。
●自己実現と自己研鑽
　自らのビジョンを明確に探り、同時に現状を冷徹に見極めることにより、そのギャップを創造的緊張として有効に生かすことができる。
●メンタルモデルの認識
　物事の見方や行動に大きく影響を与える固定観念、暗黙の前提などを自己省察し、克服する。組織では共有されたメンタルモデルに取り組むことが重要である。
●共有ビジョンの構築
　各個人のビジョンから共有されたビジョンを導くことにより、お題目のビジョンではなく、組織のメンバーが心から望む将来像を構築する。
●チーム学習
　組織学習の重要な単位がチームであり、チームが集合的に自己省察し、学ぶうえで、意思決定に向くディスカッションと、複雑な問題探究に向くダイアログ（対話）のバランスをとることが重要である。

　「学習する組織」のメンバーは、強いプロフェッショナリズムを持つ自律的な人材であり、上からの割り当てをこなすだけでなく、スタンドプレーに走るのでもなく、チーム

ワークを重視する。考え、意思決定し、実行し、内省する機能が、組織の各単位の中に併存しているか、有機的なネットワークにより結合されている。このため、現場の情報が迅速にフィードバックされ、問題発見と解決に生かされる。

　また、マネジメントメンバーだけが組織全体の問題を考え、矛盾する要素を調整するのではなく、組織のあらゆるメンバーが問題を解決でき、自律性と協調性、現在の環境に適応する強さと将来の変化に対する柔軟性という、相反する要素を理解・実践できる。言い換えると、組織全体が学習する能力を備え、また、組織学習の障害となるものを排除する勇気を持っているのだ。

　個人の場合に学習の障害となるのが、「これが正しい」「こうなるはずだ」という思い込みである。組織の場合も同様で、従来の価値観、規範や、無意識のうちに持っている思考の枠組みが障害になる。たとえば、競合というと、自社とシェアの近い特定の企業しか想定していないことがあるが、実際にはトップ企業からシェア下位の企業にいたるまで、市場ではすべてが競争相手である。思いもかけぬ競合が自社の最も良い顧客を奪いつつあるかもしれないし、異業種企業や代替財が自社と同様の顧客ニーズを満たす製品・サービスを提供しようとしているかもしれない。

　思い込みには、部外者から見れば、なぜそうするのか理解できないものもある。しかし、それが組織に根付いてしまうと「それは違う」と否定するのは非常に難しい。その組織の中では、慣れ親しんでいて、空気のように自明で疑いようのないことだからである。こうした罠に陥らないよう、先の5つの要素を意識し、初期の段階から「学習する組織」をつくり上げていくことが、近年特に求められている。

あとがき

●

　本書は、「まえがき」でも触れたとおり、旧版の『MBAビジネスプラン』同様、新しい事業を立ち上げようとするベンチャー起業家や社内の新事業リーダーに対して、事業企画書の書き方や、そのベースとなる経営学の基礎的かつ今日的な考え方をコンパクトに、ショートケースも用いて実践的にまとめたものである。

　今回の改訂の背景には、読者からの強い要望や、重版の実績があった。旧版は12年前に書かれた書籍であり、内容的には古い個所が多いにもかかわらず、近年も毎年増刷を重ねてきた。これは、ビジネスプランというテーマに関して、本格的かつ実践的な教科書が少なく、いまだに決定的なものが見当たらないことの証左と考えられる。

　折も折、日本は持続的なデフレ環境にあり、少子化、高齢化の見通しもあって、戦後最大の経済的閉塞感の中にいる。その一方で、グローバルな競争は、待ったなしの状況である。

　こうした時代には、地道なコストダウンもさることながら、斬新な視点で新たな価値創造のあり方や優位性構築の方法論を構想し、それを実践することが社会からも強く求められている。その基盤となるのが、事業企画をしっかり考えるビジネスプランニングにあることは論を俟たないだろう。旧版を改訂したベースには、そうした熱い思いがあった。

　グロービスは、1992年に社会人を対象としたビジネス・スクール「グロービス・マネジメント・スクール（GMS）」を開校し、以来、一貫して実践的な経営教育を行ってきた。

　2003年4月には独自の修了証書であるGDBA（Graduate Diploma in Business Administration）を授与する「社会認知型ビジネス・スクール」をスタートさせた。その後、構造改革特別区制度を活用し、2006年4月よりMBAが取得できる「グロービス経営大学院」を開学した。グロービス経営大学院は、2008年4月に学校法人立の経営大学院へと移行し、すでに規模、評価とも国内トップクラスの経営大学院へと発展

を遂げた。現在は、International MBA Program（IMBA）という、英語で取得できるＭＢＡプログラムも展開している。さらに、2012年にはフルタイムの英語によるＭＢＡプログラムの開始も予定しており、これからも「アジアNo.1のビジネス・スクール」を目指していく。

　グロービスではまた、1993年から、企業の組織能力強化を手助けすることを目的に、実践的なトレーニング・プログラムをさまざまな企業に提供するグロービス・オーガニゼーション・ラーニング（GOL）事業を開始し、MBAで学ぶ経営フレームワークや論理思考、リーダーシップ開発などの講座を開講している。「自社課題」と呼ばれる実践的な応用セッションでは、特にビジネスプランがテーマとなることが多く、さまざまなクライアント企業の事業計画力向上のお手伝いをしている。教育を主目的としながらも、実際の事業に発展したケースも少なくない。

　1996年からは、ベンチャーキャピタル事業も手がけている。いわゆる付加価値型のベンチャーキャピタルとして、すでに第3号ファンドまで展開中である。こうしたベンチャーキャピタルビジネスを運営する中から得られた知見が、本書や大学院のカリキュラム、企業向けトレーニングにも生かされているのは言うまでもない。

　グロービスはそのほかにも、実践的な経営に関する知を発信する出版や、オンライン経営情報誌「GLOBIS.JP」の運営といった事業を行っている。

　新事業を成功に導くには、強い情熱に加え、ファクトに基づいた論理思考、そして時代の変化を先取りする洞察力、さらにはマクロな視点からビジネスの勝ち方や成長を描く構想力が必須である。これは、ベンチャー起業家であっても、社内の新事業リーダーであっても変わることはない。

　次世代を担うビジネスパーソンが、1人でも多く、新しい価値を創出する新事業の企画・実践という、いままさにわが国に求められていることに果敢にチャレンジされることを切に願う次第である。

グロービス経営大学院

● 参考文献

グロービス、堀義人、起業イノベーション研究会著『ケースで学ぶ起業戦略』日経BP社、1994年
グロービス著『ベンチャー経営革命──ケースで学ぶ起業戦略　PART2』日経BP社、1995年
グロービス経営大学院編著、堀義人監修『グロービスMBA事業開発マネジメント』ダイヤモンド社、2010年
グロービス・マネジメント・インスティテュート編著『MBAケースブック１　ビジネスクリエーション』ダイヤモンド社、2004年
グロービス経営大学院編著『グロービスMBAマネジメント・ブック[改訂３版]』ダイヤモンド社、2008年
グロービス経営大学院編著『グロービスMBAマーケティング[改訂３版]』ダイヤモンド社、2009年
グロービス経営大学院編著『[新版]グロービスMBAファイナンス』ダイヤモンド社、2009年
グロービス・マネジメント・インスティテュート編『MBA経営戦略』ダイヤモンド社、1999年
グロービス著『ビジネス仮説力の磨き方』ダイヤモンド社、2008年
グロービス著『利益思考』東洋経済新報社、2010年
グロービス著『ウェイマネジメント』東洋経済新報社、2010年
ジョン W. ムリンズ著『ビジネスロードテスト』英治出版、2007年
ジェフリー A. ティモンズ著『ベンチャー創造の理論と戦略』ダイヤモンド社、1997年
リタ・マグレイス、イアン・マクミラン著『アントレプレナーの戦略思考技術』ダイヤモンド社、2002年
マイケル・ポーター著『競争優位の戦略』ダイヤモンド社、1985年
D. A. アーカー著『戦略市場経営』ダイヤモンド社、1986年
ゲイリー・ハメル、C. K. プラハラード著『コア・コンピタンス経営──大競争時代を勝ち抜く戦略』日本経済新聞社、1995年
クレイトン・クリステンセン著『イノベーションのジレンマ──技術革新が巨大企業を滅ぼすとき』翔泳社、2001年
W. バイグレイブ著、千本倖生、バブソン大学起業家研究会訳『MBA起業家育成』学習研究社、1996年
バート・ナヌス著、産能大学ビジョン研究会訳『ビジョン・リーダー』産業能率大学出版部、1994年
W. B. Chew "A Glossary of POM Terms" ハーバード・ビジネススクール教材

J. P. コッター、J. L. ヘスケット著『企業文化が高業績を生む』ダイヤモンド社、1994年
J. K. カッツェンバック、D.K.スミス著「チーム・ダイナミズムによる好業績革命」『DIAMOND ハーバード・ビジネス』1994年2-3月号
ジェフリー・ムーア著、川又政治訳『キャズム』翔泳社、2002年
エイドリアン J. スライウォツキー著、中川治子訳『ザ・プロフィット——利益はどのようにして生まれるのか』ダイヤモンド社、2002年
クリス・アンダーソン著、高橋則明訳『フリー〈無料〉からお金を生みだす新戦略』日本放送出版協会、2009年
ピーター M. センゲ著、守部信之訳『最強組織の法則——新時代のチームワークとは何か』徳間書店、1995年
コーネリス・クルイヴァー、ジョン・ピアーズⅡ世著、大柳正子訳『戦略とは何か』東洋経済新報社、2004年
W. チャン キム、レネ・モボルニュ著、有賀裕子訳『ブルー・オーシャン戦略——競争のない世界を創造する』ランダムハウス講談社、2005年
平野敦士カール、アンドレイ・ハギウ著『プラットフォーム戦略』東洋経済新報社、2010年
楠木建著『ストーリーとしての競争戦略——優れた戦略の条件』東洋経済新報社、2010年
ジョエル・バーカー著『パラダイムの魔力』日経BP出版センター、1995年

● 索引

■A
APV（修正現在価値）………………………… 181

■B
BOP（貧困層）……………………………………… 84

■C
CAPM（資本資産価格モデル）………………… 179
CSR（企業の社会的責任）…………………… 59,72

■D
DMU（購買意思決定者）………………………… 29

■F
FAQ（Frequently Asked Question）………… 11

■I
IRR（内部収益率）……………………………… 172

■K
KBF（主要購買決定要因）………… 29,80,90,120
KPI（重要業績指標）……………………… 14,208
KSF（成功のカギ）…………………… 31,112,119

■M
MBO（Management Buy-out）………………… 38
MIRR（修正内部収益率）……………………… 176

■N
NPV（正味現在価値）…………………… 107,170

■P
PDCA（Plan-Do-Check-Action）……… 14,151,204
PVコスト ………………………………………… 176

■R
ROA（総資産利益率）…………………………… 207
ROE（株主資本利益率）………………………… 207
ROI（投資収益率）………………………………… 38

■S
SEO（Search Engine Optimization）………… 146

■T
TV(Terminal Value)…………………………… 176

■W
WACC（加重平均資本コスト）………… 178,181

■あ
アーリー・アダプター ………………………… 87
アーリー・マジョリティ ……………………… 87
アイドルタイム ………………………………… 150
アウトソーシング ………………… 36,106,108
アドバンテージ・マトリックス ……………… 123
アライアンス ……………………………………… 97
アンラーニング ………………………………… 137

■い
イグジット（EXIT）……………………………… 38
イノベーション ………………………………… 91
イノベーションのジレンマ …………………… 85
イノベーター …………………………………… 87
インセンティブ ……………………… 138,238,242
インフルエンサー ……………………………… 146
意思決定プロセス ……………………………… 36

■う
ウェイ（Way）…………………………………… 70
売上高推移表 …………………………………… 208
売掛金 …………………………………………… 164

運転資本（ワーキングキャピタル）
　　　　　　　　　　　　　　164,167,213

■え
エンジェル……………………………… 16
エンパワーメント ……………………… 235
営業活動からのキャッシュフロー …… 163,188

■お
オープン・ネットワーク ……………… 109
オペレーションシステム ……………… 148,151

■か
回帰分析法 ……………………………… 197
回収期間 ………………………………… 107
回収期間（ペイバック・ピリオド）法
　　　　　　　　　　　　　　169,173
買掛金 …………………………………… 164
価格設定 ………………………………… 32
課金 ……………………………………… 96
革新型ビジネス ………………………… 123
加重平均資本コスト（WACC）……… 178
仮説 …………………………………… 91,131
株式公開 …………………………… 11,38,43
株式発行 ……………………………… 37,198
株主資本コスト ………………………… 179
借入れ ………………………………… 14,198
勘定科目法 ……………………………… 197
間接法 …………………………………… 163
感度分析 ………………………………… 191
学習する組織 …………………………… 246

■き
キャズム …………………………… 87,148
キャッシュ・アウト …………………… 106
キャッシュ・イン ……………………… 106
キャッシュフロー ……………… 39,163,187
キャッシュフロー・シミュレーション
　　　　　　　　　　　　　　158,187
キャッシュフロー・ステートメント … 39,206
キャパシティ ……………………… 33,149,150
キャピタルゲイン ……………………… 38
期待収益率 ……………………………… 170
期待利回り ……………………………… 170
規模型事業 ……………………………… 125
規模の経済性 …………………………… 104

狭義のオペレーション ………………… 32
競合禁止条項 …………………………… 111
競争ルール …………………………… 127,133
業界構造 ………………………………… 29
業績評価 ……………………………… 128,230

■け
ケミストリー ……………………… 231,233,245
経営理念 ……………………………… 9,52,69
限界利益 ………………………………… 105
減価償却 ………………………………… 166
現在価値 ……………………………… 169,171

■こ
コア・コンピタンス ………………… 13,100
コストリーダーシップ戦略 …………… 118
コミットメント ……………………… 231,244
コミュニケーション …………………… 145
コミュニケーション・ミックス ……… 145
コントロール …………………………… 13
コンピテンシー ……………………… 224,244
コンプライアンス ……………………… 44
広義のオペレーション ………………… 32
行動指針 ………………………………… 70
顧客 ……………………………………… 27
顧客との親密さ ………………………… 121
固定費 ……………………………… 104,105,196

■さ
サービス ……………………………… 27,88
サイクルタイム ………………………… 149
サマリー ………………………………… 24
採用 ……………………………………… 228
差別化戦略 ……………………………… 118
在庫 ……………………………………… 164
財務活動からのキャッシュフロー …… 188
財務計画 …………………………… 10,158,205

■し
シーズ型 ………………………………… 90
システム思考 …………………………… 246
シナジー ……………………………… 13,59,87
支援体制 ……………………………… 36,235
資金計画 ………………………………… 9
資金調達 ……………………………… 11,43,179
資本コスト ……………………………… 178

資本構造 …………………………………… 181
市場 ……………………………………………… 27
社債 ……………………………………………… 37
習熟効果 …………………………………… 104
修正現在価値（APV）法 ……………… 181
修正内部収益率（MIRR）法 ………… 176
集中戦略 …………………………………… 118
出資要件 ……………………………………… 36
商標 ……………………………………………… 34
正味現在価値（NPV）法 ………… 170,174
将来価値 …………………………………… 171
初期投資額 ………………………………… 164
新競争ルール型 ……………………… 129,132
新製品・新市場・新ビジネスモデル型
 ……………………………………………… 129,130
事業コンセプト …………………………… 97
事業ドメイン ………………………… 27,127
事業計画 …………………………………… 205
事業経済性 ………………………………… 103
事業採算性分析 ………………………… 132
事業戦略 ……………………………… 27,31
事業特性 ………………………………… 24,119
事業評価マトリックス ………………… 86
事業分野 …………………………………… 126
事業目標 ……………………………………… 27

■す
スクリーニング …………………………… 91
ステークホルダー ………………… 27,55,61
ストックオプション ……………… 35,138,238
スループット ……………………………… 150

■せ
セグメンテーション …………………… 85
製品 ……………………………………………… 27,88
製品コンセプト …………………………… 90
製品リーダーシップ …………………… 121
税効果 ……………………………………… 181

■そ
創業期 ………………………………………… 63
組織形態 …………………………………… 36,233
組織図 ………………………………………… 36
組織文化 ………………………… 27,70,72,228
損益計算書 ……………………………… 39,206
損益分岐点 ………………………………… 105

損益分岐点分析 ……………………… 196,208
損益予測 ……………………………………… 39

■た
ターゲティング …………………………… 86
ターミナルバリュー ………………… 168
貸借対照表 ……………………………… 39,206
卓越したオペレーション …………… 121

■ち
チームマネジメント ………………… 241
直接法 ……………………………………… 164

■て
ディスカウンテッド・ペイバック・ピリオド
法 …………………………………………… 173
ディスクロージャー ……………………… 44
デファクト・スタンダード ……… 101,135
提供価値 ……………………………………… 28,88
手づくり型事業 ………………………… 124
転換期 ………………………………………… 62
転換社債型新株予約権付社債 ……… 181

■と
ドミナント効果 …………………………… 110
投資活動からのキャッシュフロー …… 166,188
投資契約 ……………………………………… 38
投資評価法 ………………………………… 169
特化型事業 ………………………………… 124
特許 ……………………………………………… 34

■な
内部収益率（IRR） ……………………… 172
内部収益率（IRR）法 ……………… 172,175

■に
23の利益モデル ………………………… 101
「20-80」のルール ……………………… 132
ニーズ ………………………………………… 29
ニーズ型 ……………………………………… 90
ニッチビジネス ………………………… 122,125

■ね
ネットワーク経済性 …………………… 104

■の
能力開発 ……………………………………… 74

■は
ハードルレート ……………………………… 170
ハーベスティング（収穫）…………………… 41
バイイングパワー …………………………… 104
ハイエンド ……………………………………… 85
パラダイム …………………………… 131,132
バリューチェーン ……………………………… 96
バリュエーション ……………………… 38,200
売却 …………………………………………… 15,38
範囲の経済性 ………………………………… 13,104
販売チャネル ………………………………… 32
販売促進活動 ………………………………… 32

■ひ
ビジネスシステム ……………………………… 96
ビジネスプラン ………………………………… 2,7
ビジネスプロセス …………………………… 152
ビジネスモデル …………………………… 9,30,96
ビジョン ……………………………………… 8,52

■ふ
ファースト・ムーバーズ・アドバンテージ（先行者利益）……………………………………… 99
ファブレス ………………………………… 98,108
フィージビリティ …………………………… 9,29
フィージビリティ・スタディ ……………… 10
フランチャイズ ……………………………… 109
フリーキャッシュフロー …………………… 167
フリーミアム ………………………………… 103
ブランド ………………………………………… 89
ブルーオーシャン戦略 …………………… 123
プラットフォーム …………………………… 135
プランニング・サイクル …………………… 210
プロフィット・シェアリング ……………… 238
分散型ビジネス ……………………………… 123
分散型事業 …………………………………… 124

■へ
β（ベータ）………………………………… 180
ベスト・ケース、ワースト・ケース分析 … 192
ベストプラクティス ………………………… 154
ベンチマーク ………………………………… 153
ベンチャー・キャピタル …………………… 15

ペイバック・ピリオド（回収期間）法 …………………………………………… 169,173
変動費 …………………………………… 105,196

■ほ
ホールプロダクト ……………………… 89,148
ボトルネック ………………………………… 150
報奨 ……………………………………… 230,238
補完財 ………………………………………… 112

■ま
マーケティング …………………………… 31,143
マーケティングの4P ………………………… 31
マクロ環境 …………………………………… 59
マネジメントチーム ………………… 10,35,223
マネジメントメンバー ……………………… 35

■み
ミッション ……………………………… 9,27,52,69

■め
メディア・ミックス ………………………… 145
メンタルモデル ……………………………… 246

■よ
4P ………………………………………… 31,144
要素コスト …………………………………… 104
予測キャッシュフロー ……………………… 161
予測損益計算書 ……………………………… 161

■ら
ライフサイクル ……………………………… 28
ラガード ……………………………………… 87

■り
リーダーシップ ……………………………… 228
リスクフリー・レート ……………………… 180
リスク・プレミアム ………………………… 180
利益モデル …………………………………… 101
流通チャネル …………………………… 13,110

■れ
レイト・マジョリティ ……………………… 87

■ろ
6R ……………………………………………… 86

ロイヤリティ …………………………………… 109
ロイヤルティ …………………………………… 86
ローエンド ……………………………………… 85

■わ
ワーキングキャピタル …………………………… 164
割引率 …………………………………… 169,177

執筆者紹介

【企画・構成・執筆】
嶋田毅（しまだ・つよし）
グロービス出版局長兼編集長。累計110万部を超えるベストセラー「グロービスMBAシリーズ」のプロデューサーも務める。
著書に『ビジネス仮説力の磨き方』（ダイヤモンド社）、『利益思考』（東洋経済新報社）、共著書に『グロービスMBAマネジメント・ブック［改訂3版］』『MBA定量分析と意思決定』『グロービスMBA事業開発マネジメント』（以上、ダイヤモンド社）など、共訳書に『MITスローン・スクール戦略論』（東洋経済新報社）などがある。

【執筆協力】
渡部典子（わたなべ・のりこ）
慶應ビジネススクール修了後、グロービスで教材開発、研修講師、出版業務などに携わった後、独立。現在は、ビジネス書の出版サポート、企業研修講師、コンサルティングなどに従事。
共著書に『グロービスMBAマーケティング［改訂3版］』（ダイヤモンド社）、訳書に『モスコウィッツ博士のものづくり実験室』（英治出版）などがある。

■旧版（1998年3月発行）執筆者
堀義人、小林裕亨、仮屋薗聡一、島田剛志、近藤眞知子、東方雅美、山内英二郎、皆木和義、町井俊也、大野龍隆、吉沢和彦

著者紹介

グロービス経営大学院

社会に創造と変革をもたらすビジネスリーダーを育成するとともに、グロービスの各活動を通じて蓄積した知見に基づいた、実践的な経営ノウハウの研究・開発・発信を行っている。

- ●日本語（東京、大阪、名古屋、仙台、福岡、オンライン）
- ●英語（東京、オンライン）

グロービスには以下の事業がある。(https://www.globis.co.jp)

- ●グロービス・エグゼクティブ・スクール
- ●グロービス・マネジメント・スクール
- ●企業内研修／法人向け人材育成サービス
   （日本・中国・シンガポール・タイ・米国）
- ●GLOBIS 学び放題／GLOBIS Unlimited（定額制動画学習サービス）
- ●出版／電子出版
- ●GLOBIS 知見録／GLOBIS Insights（オウンドメディア）
- ●グロービス・キャピタル・パートナーズ（ベンチャーキャピタル事業）

その他の事業：
- ●一般社団法人G1（カンファレンス運営）
- ●一般財団法人KIBOW（インパクト投資、被災地支援）
- ●株式会社茨城ロボッツ・スポーツエンターテインメント（プロバスケットボールチーム運営）

［新版］グロービスMBAビジネスプラン

1998年3月12日	初版第1刷発行
2009年7月14日	初版第17刷発行
2010年11月26日	新版第1刷発行
2024年6月3日	新版第6刷発行

著者　グロービス経営大学院

©2010 Graduate School of Management, GLOBIS University

発行所　ダイヤモンド社	郵便番号　150-8409
	東京都渋谷区神宮前6-12-17
	編　集　03(5778)7228
https://www.dhbr.net	販　売　03(5778)7240

編集担当／DIAMONDハーバード・ビジネス・レビュー編集部
製作進行／ダイヤモンド・グラフィック社
印刷／八光印刷（本文）・加藤文明社（カバー）
製本／ブックアート

本書の複写・転載・転訳など著作権に関わる行為は、事前の許諾なき場合、これを禁じます。落丁・乱丁本はお手数ですが小社営業局宛にお送りください。送料小社負担にてお取替えいたします。但し、古書店で購入されたものについてはお取替えできません。

ISBN 978-4-478-01474-5　Printed in Japan

大好評！グロービスMBAシリーズ

改訂3版 グロービスMBAマネジメント・ブック	グロービス経営大学院 編著
グロービスMBAマネジメント・ブックⅡ	グロービス経営大学院 編著
改訂4版 グロービスMBAマーケティング	グロービス経営大学院 編著
新版 グロービスMBA経営戦略	グロービス経営大学院 編著
改訂3版 グロービスMBAアカウンティング	西山 茂 監修／グロービス経営大学院 編著
新版 グロービスMBAファイナンス	グロービス経営大学院 編著
改訂3版 グロービスMBAクリティカル・シンキング	グロービス・マネジメント・インスティテュート 編
グロービスMBAクリティカル・シンキング コミュニケーション編	グロービス経営大学院 著
新版 グロービスMBAリーダーシップ	グロービス経営大学院 編著
新版 グロービスMBAビジネスプラン	グロービス経営大学院 著
グロービスMBAビジネス・ライティング	嶋田 毅 監修／グロービス経営大学院 著
グロービスMBA事業戦略	相葉 宏二／グロービス経営大学院 編
グロービスMBA事業開発マネジメント	堀 義人 監修／グロービス経営大学院 編著
グロービスMBA組織と人材マネジメント	佐藤 剛 監修／グロービス経営大学院 著
グロービスMBAミドルマネジメント	嶋田 毅 監修／グロービス経営大学院 編著
MBA定量分析と意思決定	嶋田 毅 監修／グロービス・マネジメント・インスティテュート 編著
MBAオペレーション戦略	遠藤 功 監修／グロービス・マネジメント・インスティテュート 編
MBAゲーム理論	鈴木 一功 監修／グロービス・マネジメント・インスティテュート 編

ダイヤモンド社